JN427611

한국어로 내려온
New Bible

새로운
성 경

제102권

7부 | 총10부

하안마음

하나님 말씀 중에서

1. 사랑의 하나님

- 세상을 창조하신 하나님은 모두를 사랑하신다. 인간만 특별히 더 사랑하지 않고, 우주 만물을 다 똑같이 사랑하신다. 그러니 하나님이 창조하신 천지 만물과 화친하고, 미물까지도 소중히 대하라.

- 하나님은 특정 종파나 민족만을 더 사랑하지 않으신다. 자기 자신만 구원받겠다는 욕심을 버리고, 자기 종파만 구원받는다는 편협한 교리에서 벗어나야 한다. 종파를 초월해서, 모두를 사랑하라.

- 원수까지 사랑하라 했으니, 이 세상에 사랑하지 못할 자가 누가 있겠는가? 종파가 다르다고 해서 부모 형제와 원수처럼 지내는 자는 인간의 근본을 모르는 자다. 가장 가까운 가족부터 사랑할 때 남도 진심으로 사랑할 수 있다.

- 한 사람을 원수같이 생각하던 마음에서 사랑하는 마음으로 돌리면, 자기 자신의 마음이 가장 기쁘고 행복하다. 하나님께서는 인간의 마음속에 무거움이 없이 기쁘고 행복한 삶을 살기를 바라신다.

- 이웃을 "내 몸처럼" 사랑하라 했으니, 마지막 한 장 남은 천국의 티켓도 이웃에게 양보하라. 자기 중심적인 신앙에서 벗어나서 남을 위해 살아야 한다.

- 독초도, 약초도, 이단도 사탄도 천사도 다 필요하기에 존재한다. 독초일지라도 극소량을 사용해서 생명을 살릴 수 있고, 약초라 하더라도 남용하면 생명을 잃을 수 있다.

- 세상 모든 것을 명약으로 활용하는 것은 인간의 지혜에 달렸다. 어떤 것이든 어떤 사람이든 적재적소에 꼭 필요한 명약으로 승화시키라.

- 사탄도 이단도 천사도 모두 하나님의 주관하에 존재한다. 진정한 하나님의 백성은 사탄과 마귀까지도 감화시켜서 천사로 거듭나게 한다.

2. 기도

- 하나님은 인간의 생각까지 모두를 다 알고 계신다. 우리의 소원도 이미 알고 계시기에, 소원의 기도를 할 필요가 없다. 우리가 받을 자격이 되면 내려 주신다.

- 죄를 짓고 아무리 회개를 해도 용서받지 못한다. 도둑질한 자는 용서해 달라고 기도하고, 도둑맞은 자는 도둑을 잡게 해 달라고 기도하면, 공의의 하나님은 누구의 편에 서시겠는가?

- 자기가 잘못한 것은 그 사람에게 직접 갚고 용서를 구하라. 그가 용서하면 하나님도 용서하신다. 땅에서 매면 하늘에서도 매이고, 땅에서 풀리면 하늘에서도 풀리는 이치다.

- "회당에서 기도하지 말고 골방에서 기도하라" 했다. 눈에 보이는 골방이 아니라, 골방과 같이 고요한 마음이다. 잡념을 버리고 하나님을 향해 마음을 집중하며, 사랑하고 용서하는 아름다운 생각만 나오도록 하라.

- "두드리면 열릴 것이다." 하는 것은 육의 소원을 위해 두드리라는 것이 아니라, 진리의 깨달음을 얻기 위해 두드리라는 것이다.

- 기도하는 방법: 생활 속에서 수시로 기도하는 삶을 살아야 한다.

- "저의 죄를 용서하여 주옵소서." 하는 회개의 기도를 하라.
- 범사에 "하나님! 감사합니다." 하라. 현재 가진 것에 감사하며, 과욕하지 말라. 자기 노력 이상의 것을 더 갖고자 기도하는 것은 도둑놈심보다. 공의의 하나님은 각자 노력한 만큼 주신다.
- "하나님 뜻대로 살아가겠나이다." 하며 마음의 각오를 다지라.

- 기도는 하나님의 말씀을 받아서 "행하는 것"이다. 하나님이 계심을 굳건히 믿고, 하늘을 향하여 한 점 부끄럼 없이 사는 삶 자체가 가장 위대한 기도이며, 삶이 곧 예배다.

3. 지도자

- 똑같이 사랑한다는 말을 해도, 순수하게 하는 말은 천사의 말이지만, 사기 쳐서 재산을 가로채려고 하는 말은 사탄의 말이다.

- 종교 지도자가 아무리 훌륭한 설교를 해도, 신도의 재물을 거둬서 더 큰 교회를 짓고 자기의 부귀영화를 바라며 설교하면 사탄의 가르침이 된다.

- "저희 교회는 만원사례요, 믿음은 다 같으니 이웃의 개척 교회에 가서 예배를 드리시오." 하며, 이웃 교회의 부흥을 먼저 생각하여 제 신도를 보내는 종교 지도자가 있다면 그를 따르라. 그가 하나님의 사랑을 실천하는 자다.

- "부자가 천국에 들어가는 것은 낙타가 바늘구멍을 통과하는 것보다 더 힘들다" 하였거늘, 지금의 교회에서는 부자가 되기만을 기도하고 소원하니, 이는 곧 천국을 포기하고 지옥 행 열차의 티켓을 사는 것과 같다.

- 예수는 빈손이었다. 종교 지도자가 예수보다 더 호화롭고 편안하게 살아간다면 잘못된 것이다. 부귀영화와 명예를 바라는 자는 절대로 갈 수 없는 좁고 협착한 길이 종교 지도자의 길이다.

- 종교 지도자는 유리로 비춰 봐 한 점의 부끄러움이 없이 살아야 한다. 의식주도 직접 일해서 해결하고, 예수의 가르침과 행함을 그대로 따라야 한다.

- 종말은 없다. 지금의 잘못 가는 종교 집단에게만 종말이 있다. 보이지 않는 하나님은 보이는 육의 종말은 관여하지 않으신다. 환경 파괴로 인간이 스스로 멸망을 자초하는 것이다. 종파끼리 싸우기 전에, 무너진 인성을 바로잡고 지구의 몸살을 해결하는 데 뜻을 모으는 게 급선무다.

4. 성전이란

- 이 세상 자체가 하나님께서 만드신 성전이다. 자연보다 더 아름다운 성전이 있는가? 보이는 건물이 성전이 아니라, 성스러운 마음가짐이 성전이다.

- 반석 위에 교회를 지으라 했다. 지상의 단단한 돌은 인간이 쪼갤 수 있으나, 마음속의 굳은 결의는 세상 무엇으로도 쪼갤 수 없다. 바르고 굳건한 믿음으로 성경의 가르침을 실천하는 것이 마음의 반석 위에 교회를 짓는 것이다.

- 손으로 지은 건물의 교회에 모여서 복음을 전하는 것이 아니라, 교회를 개인과 가정에 심어 주어야 한다. 무너지고 부서지는 건물을 짓지 말고, 마음속에 영원히 불변하는 참진리의 교회를 지으라.

5. 십계명

- 십계명은 인간이 죽어서 반드시 통과해야만 하는 열 개의 관문이다.

- 부모를 공경하지 아니한 자는 "네 부모를 공경하라." 하는 제5계명의 관문이 열리지 않으니 구원받을 수 없다.
- 살인, 간음, 거짓, 우상 등의 나머지 계명도 마찬가지다.

- 십계명은 하나님의 친필이다. 모기소리만 한 하나님의 음성이라도 들어 보겠다고 여기저기 찾아 헤매지 말고, 십계명부터 암송하고 지키라.

- 십계명은 영혼을 구원하는 양식이며, 십계명을 지키는 것이 구원을 받는 길이다. 인간이기에 지키고자 노력하고 또 노력한다면 지킬 수 있다.

- 십계명을 지키고 천사처럼 아름답게 살아가는 그 마음 하나면 세상에 이루어지지 않는 것이 없다.

6. 보물

- 하나님은 재물이 아니라 우리의 마음을 받으신다. 사랑을 실천하며 천사처럼 변하는 마음이 하나님께 바치는 보물이다.

- 보이지 않는 하나님께 재물을 바치려 하지 말고, 너희를 길러 준 부모에게 용돈 드리고, 찾아뵙고, 효성을 다하라. 그것이 하나님께 효도하는 것이다.

- 하늘에는 선과 악의 창고가 있다. 자기 창고에 선이 많으면 천국으로 구원을 받고, 악이 많으면 심판받아 지옥으로 간다. 그것이 바로 "선한 일을 행한 자는 생명의 부활로, 악한 일을 행한 자는 심판의 부활로" 나오는 것이다.

- "선악과를 따먹지 말라"는 것은 양심을 지키라는 것이다. 선과 악을 구분할 수 있는 양심을 최초에 인간에게 주셨다. 선한 열매는 취하고, 악한 열매는 버리며, 양심에 비추어 부끄럼 없는 삶을 살아가라.

- 가장 작은 거짓말을 하지 않고, 가장 작은 죄를 짓지 않으며, 가장 작은 선행을 하고, 가장 작은 악행을 멀리하는 것이 율법의 일점 일획도 빠뜨리지 말고 다 지키는 삶을 사는 것이다.

7. 우상

- 박물관에 있는 불상은 하나의 예술품이다. 그 조각품에 대고 제 소원을 빌 때 우상숭배가 된다. 십자가라 하여도 그 앞에서 소원을 빈다면 우상숭배하는 것이며, 하나님께 소원을 빈다면 하나님을 우상으로 전락시키는 것이다.

- 지금 기복신앙에 젖어 있는 모든 사람이 우상 앞에 절을 하고 있다. 조각품을 우상이라며 파괴하지 말고, 네 마음속에 있는 욕심의 우상을 무너트리라.

- 생수를 약초가 먹으면 약을 만들고 독사가 먹으면 독을 만든다. 같은 성경을 봐도 선한 지도자는 신도를 천사로 만드는 데 활용한다. 그러나 욕심이 가득한 지도자는 재물을 거두어들여 제가 부귀영화를 누리는 데 악용한다. 그가 바로 성경을 우상숭배의 도구로 전락시키는 거짓 선지자다.

- 성경을 한 획도 빼거나 더하지 말라는 것은, 그 가르침을 빠트리지 말고 온전히 지키라는 것이다. 성경 속에서 자기에게 유리한 구절만 보는 것은, 자기에게 불리한 구절들을 빼 버리는 것이다. 믿음이 제일이요, 행함은 구원과는 관계없다는 것은 자신에게 유리한 쪽으로 성경을 악용하는 것이다.

- 진정한 종교 지도자는 종파에 관계없이 어떤 종파든 어떤 책이든 접하고 보고 깨우쳐 견문을 넓히도록 인도한다. 참진리를 모르고 자신이 없는 자가 남을 이단이라며 배척하고, 신도들의 눈과 귀를 가린다.

8. 예수

- 예수의 재림은 없다. 예수가 다시 온다 해도, 과연 누가 그를 예수라고 믿겠는가? 예수와 같은 삶의 행함이 곧 예수의 재림이다. 각자 모두가 "재림 예수"가 되는, 차원 높은 믿음으로 가야 한다.

- 예수는 "주여 주여 하지 말고, 아버지의 뜻대로 행하라"고 했다. 예수가 전한 하나님의 뜻이 곧 "길이요, 진리요, 생명"이며, 그 가르침이 예수의 보혈처럼 소중한 것이다. 예수를 믿는 것은, 예수의 가르침을 믿고 따르는 것이다.

- 예수는 낮은 자로서 만백성을 섬기고자 했다. 만나는 모든 사람을 다 하나님이라 생각하라. 돈을 벌수록 겸손하고, 높은 지위를 얻을수록 낮아지라.

- 예수는 종파를 만들지 않았다. 인간이 만든 종교와 인간의 교리를 따르지 말고, 예수를 통해 전한 하나님의 참진리를 연구하고 따르라.

- 예수가 2천 년 전에 만백성을 위해 죽었으니, 지금 이 땅에는 예수의 가르침대로 사는 천사만 존재해야 한다. 예수가 죽어 가면서 바란 것은 만백성이 천사가 되어 예수의 자리를 채워 주는 것이지, 지금과 같이 재물을 바치면서 중언부언 제 소원만을 비는 백성들을 바란 것이 아니다.

9. 구원

- 천사가 사는 천국에는 천사만 갈 수 있으니, 천사 같은 마음을 길러야 한다.

- "천국 열쇠를 네게 주리니 땅에서 무엇이든지 매면 하늘에서도 매일 것이라" 했다. 땅에서 천사같이 사는 자가 하늘에서도 천사가 되어 천국에 들어간다. 모든 사람에게 천사같다는 말을 듣는 삶을 살아야 한다.

- 천사의 곱고 아름다운 마음은 부모를 공경하고 어른을 어른으로 대접하는 데에서 출발한다. 효도하는 자는 형제와 화목하게 지내기에 가정이 화목해지고, 이웃과 화목해지고, 국가가 화목해지고, 온 인류가 화목해진다.

- 그러므로 지상의 아름다운 소왕국은 가정에서부터 이루어야 한다.

- 선택된 14만 명만 구원받는 것이 아니라, 천사처럼 변하고자 하는 14만 명을 기초로 온 인류가 천사처럼 거듭나는 영적인 개혁이 시작되는 것이다.

- 천 년에 걸쳐서 하늘에서 이루어진 것같이 이 세상을 낙원으로 만들어, 만백성이 지상의 천국에서 살다가 죽어서 그대로 하늘의 천국으로 들어가는, 영원한 지상 낙원을 건설하는 것이 하나님의 계획이다.

- **이것이 구약과 신약에 이어 "새로운 성경"으로 역사하시는 하나님의 창조의 완성이다.**

- 지금의 믿음으로 구원받을 수 있다면 그 길을 가라. 그러나 자신이 없다면 하나님께서 직접 내리신 160권의 "새로운 성경"을 읽고 구원의 길을 보라!

하나님 머리말씀

이 새로운 성경을 읽는 너희 모두는
이 율법에 따라 행하면 영원히 구원받을 것이니라.

너희 인간이 수년, 수십 년, 평생
성서를 공부하고 기도하는 것은
하늘나라 나의 곁으로 오고 싶은 소망일진대,

몇천 년 전의 너희 인성과 생각이
지금의 너희와는 판이하게 다르니,

꺾여 가고 병들어 가는 너희를 고칠 수 있는 길은,
오늘 내가 선지자에게 내리는 새로운 성경과 같이
너희가 변화되는 것뿐이니라.

나의 예수가 태어난 것처럼
내가 아들 선지자를 선택하여
나의 새로운 성경을 온 세계에 전하고자 하니,

묵은 것은 버리고 새로운 것은 취하여,
너희 모두는
'여호와 하나님! 저의 죄를 용서하여 주옵소서.'
하는 기도문으로 기도하고, 죄를 뉘우치라.

이 새로운 성경은
수천 년간 내려온 성서를 요약한 것이니,
너희는 이 책을 정독하여 쉽게 깨달음을 얻고,
이대로 실천하여 하늘에 오르라.

대역자 머리말

■ 하나님의 율법을 지키는 선지자로 선택을 받도다.

저는 남들처럼 그저 열심히 살아온 평범한 사람이었습니다. 그러나 50대 중반에 사업에 실패하여 많은 부채에 시달렸으며, 건강도 악화되어 눈이 잘 안 보이고, 걷기도 어렵고, 두통이 심해서 잠을 이룰 수 없는 고통의 나날을 보냈습니다. 그때 제가 선택할 수 있는 것은 육의 삶을 끝내는 길뿐이었습니다.

죽기 직전에 그동안에 죄를 지은 이들에게 용서를 빌고 인생을 끝내기로 작정하였습니다. 어려서부터 지은 죄를 빌고 빌다 보니 끝이 없었고, 죽음으로도 그 많은 죄를 용서받을 길이 없다는 생각에 하염없이 눈물이 흘렀습니다. 그 순간 '재래식 화장실의 구더기는 죄를 짓지 않는데, 나는 인간으로서 구더기만도 못한 삶을 살았구나.' 하는 생각이 들면서 괴로움에 몸부림칠 때, 갑자기 하나님의 음성이 들렸습니다.

"나는 여호와 하나님이니라. 너는 십계명을 암송하고 내가 내려 주는 메시지를 받아 책으로 만들어 만백성을 구하라." 하시며, 제 눈을 손으로 문지르게 하시고, 아픈 머리와 다리를 손으로 두드리게 하셨습니다. 그러고 나니 눈도 잘 보이고 걸을 수 있었으며 머리의 통증도 말끔히 낫게 되었습니다. 그때부터 십계명을 암송하고 나면 들려주시는 말씀을 기록하였고, 1999년 8월부터 2004년 7월까지 권당 288쪽, 총 160권을 받아서 "새로운 성경"이라는 책으로 펴내게 되었습니다.

그러한 저에게 죽기보다도 힘든 길이 시작되었습니다. 모든 교인들이 저에게 사탄이요, 이단이요, 악마요, 마지막 시대에 온 거짓 선지자라 하면서 공격하였고, 저를 짐승을 보듯이 대하는가 하면, 편협한 종교 지도자들의 선동으로 신도들이 이 책을 직접 읽어보고 평가할 기회마저 막아 버렸습니다. 그래서 하나님의 말씀을 세상에 내는 데 많은 어려움을 겪으며, 피를 토하는 심정으로 책을 전하고 있습니다.

그러나 아무리 인간의 힘으로 막으려 해도, 하나님의 뜻이 세상에 전해지는 위대한 역사는 계속될 것입니다. 책으로 전해지는 "하나님의 말씀"은 세상 끝날까지 항상 우리와 함께하실 것입니다. 사람은 죽어도, 책에 기록된 말씀은 영원히 남으니까요.

■ 따뜻한 실천

하나님께서는 어려운 사람들에게 삶의 터전을 마련해 주고, 미래를 열어 주는 것을 기뻐하십니다. 어려운 이웃이 스스로 자립할 수 있도록 이끌어 주는 것이 진정으로 이웃을 돕는 것이라고 말씀하셨습니다. 그래서 일자리가 없는 제자들에게 작은 사업장을 만들어 주는 "달란트 사업"을 하고 있습니다. 식당, 반찬 가게 등을 차려 주고, 기존의 어려운 사업장이 자립할 수 있도록 돕고 있습니다(커피숍, 미용실, 의상실 등).

하나님께서는 교회에 나와서 모든 시간과 재물을 쏟기를 원하지 않으시고, 그 시간과 재물을 교육에 투자하여 스스로 미래를 열어 가기를 원하십니다. 그래서 제때 공부하지 못한 제자들에게 학업을 이어 가도록 하였습니다. 중화요리 주방장을 하며 초등학교 검정고시부터 공부하여 2012년에 방통대를 졸업한 36세 남성, 만학도들의 2년제 중학교에 입학해서 2007년에 명지대학을 졸업한 38세 여성, 중학교 검정고시를 시작으로 숭의여자대학을 졸업한 47세 여성 등이 있습니다. 그밖에도 많은 제자들에게 나이를 초월하여 배우고 깨우쳐서 사회 속의 당당한 일원이 되도록 인도하고 있습니다.

학자금 대출로 힘겨워하는 젊은이들을 위해 "따뜻한 바람 장학회"를 발족하여(2016년 12월) 대출받은 학자금 전액을 매월 갚아 주고 있습니다. 또한, 다문화 가정을 위해 "다문화 가족 랜드"를 조성하여, 각종 시설을 무료로 활용하도록 하고 있습니다.

이러한 따뜻한 실천이 아직은 미약합니다. 그러나 책의 수입이 늘고, 저와 뜻을 같이하는 분들이 늘어나면 계속 확대할 것입니다. 지도자로서 신도의 재물을 헌금으로 거둬들여 착복하는 것이 아니라, 하나님께서 기뻐하시는 일에 사용하도록 중매 역할만 하며 살아가고자 합니다. 이런 제가 과연 사탄이고 이단인가요? 하나님께서 기뻐하시는 일이라면, 저에게 사탄이라 하든 거짓 선지자라 하든 굽히지 않고 실천해 나갈 것입니다.

끝으로, 일상의 삶 속에서 "지금 내가 하는 행동이 과연 하나님께서 기뻐하실까, 슬퍼하실까?" 생각하고, 매사에 하나님께서 기뻐하시는 길을 택하기 바랍니다. 교회에 모여서 집단적으로 예배 드리는 것이 아니라, 개인이나 가정 단위로 새로운 성경을 읽어 스스로 깨우치고 그대로 행하면 충분합니다. 그것이 마음속에 성전을 짓고, 신령과 진정으로 예배 드리는 길입니다. 그러면 천국의 문에 들어서게 됩니다.

2017. 2. 1.

하나님 말씀 대역자 김용철

차 례

2003년 9월 ... 63

십 계 명

이 책은 십계명을 암송하고 나면 내려 주시는 "하나님의 음성"을 듣고 그대로 받아쓴 기록입니다. 하나님께서 십계명을 모세에게 내려 주셨지만, 그것은 만백성에게 내려 주신 것입니다. 마찬가지로 이 책의 모든 말씀도 저에게 내려 주셨지만, 만백성 각자에게 들려주시는 말씀입니다. 여러분도 이 책을 접할 때마다 십계명을 암송하고 나서 정독해 주시기 바랍니다.

제일은, 너는 나 외에는 다른 신들을 네게 있게 말지니라.

제이는, 너를 위하여 새긴 우상을 만들지 말고, 또 위로 하늘에 있는 것이나, 아래로 땅에 있는 것이나, 땅 아래 물 속에 있는 것의 아무 형상이든지 만들지 말며, 그것들에게 절하지 말며, 그것들을 섬기지 말라.

제삼은, 너는 너의 하나님 여호와의 이름을 망령되이 일컫지 말라.

제사는, 안식일을 기억하여 거룩히 지키라.

제오는, 네 부모를 공경하라.

제육은, 살인하지 말지니라.

제칠은, 간음하지 말지니라.

제팔은, 도적질하지 말지니라.

제구는, 네 이웃에 대하여 거짓 증거하지 말지니라.

제십은, 네 이웃의 집을 탐내지 말지니라.

나 여호와가 존재함을 믿는 그 자체가 구원의 길에 들어서는 기본이요, 근본이며, 나의 새로운 성경을 가슴에 안고 정독하는 자, 반석 위에 서서 하늘에 오르는 찬란한 빛을 보게 되는 영광을 얻게 됨이니라. 진정 나를 따르고 믿는 자는 감히 사탄이나 마귀도 근접하지 못하느니라.

〈하나님 말씀〉

2003년 8월

7,321 번째 하나님 말씀

2003년 8월 30일 08시 21분

1 사랑하는 나의 아들아!
2 "네, 아버님! 말씀하옵소서."
3 오늘의 고통과 시련이요, 너희의 마음
을 때리는 그 모든 아픔은 성장하는
길이요, 높이 날고 멀리 날기 위해 가
는 과정이라는 것을 잊지 말라.
4 오늘의 삶이 영원히 지속하는 것이
아니요, 너희가 죽어 나에게 올 때까
지 오늘과 같은 고통과 시련만 너희가
사는 삶이 아님을 알라.
5 너희를 멀리 날고 높이 날게 하기 위
해 나 여호와가 오늘날 너희의 심장
을 때리는 그 아픔과 고통 속에 강도
높게 훈련을 시키고 있음을 알아야 할
것이니라.
6 날짐승이 날기 위해 얼마나 많은 노
력을 하더냐?
7 날다 떨어지고 또 날다 떨어지며, 그
리하여 힘들고 어려워도 멀리 나는
훈련을 거듭함으로 인하여 그는 창공
을 마음대로 날 수 있으며, 멀리 날 수
있으며, 임의대로 행동할 수 있는 것
이 아니더냐?
8 사랑하는 나의 아들아, 너 또한 그러
하며 너의 제자들도 그러하니라.
9 그리하여 완벽하고 단단한 너희가 되
지 아니하면 멀리 날지 못하며 높이
날 수 없기 때문이니라.
10 그리하여 너희가 완전히 날 수 있을
때까지 훈련을 거듭하고 거듭하여 내
가 너희를 다스려 나가고자 함이니,
11 오늘의 고통이요, 가슴에 충격이 아무
리 크고 어렵다 해도 그건 다 일순간
이며, 시간이 지나면 지워질 것이며,
시간이 지난 다음에 오늘의 그 고통이
얼마나 밑거름이 되었으며 너희가 존
재할 수 있는 버팀목이 되는가를 그
때 알 것이니,
12 오늘의 충격과 오늘의 훈련과 오늘의
고통을 외면하려 하지 말며 피하려 하
지 말라.
13 어렵고 힘든 고통이요, 너희 마음을
때리는 아픔이 있다 해도, 그때마다
'나는 오로지 진실하게 살아갈 것이
며, 여호와 아버지의 뜻을 거역하지
아니하며 그분을 위해 살아가겠으며,
그분을 따라가는 자식이 되겠다'는 마
음 하나로써 모든 것을 인내하고 견디
고 나가는 것이 너희가 가야 할 길이
니라.
14 거기에는 타협이 있어서는 아니 되며
협잡이 있어서는 아니 되느니라.
15 사랑하는 나의 아들아, 너의 제자들에
게 그리 가르치라.
16 아무리 고통스럽고 어려운 길이 있어
도, 잘못된 사악한 자들과 타협하며
협잡하며 마음을 늦춰서는 아니 됨이
라 그리하라.
17 멀리 나는 날짐승이 오늘 힘들다 하여
날고 또 나는 그와 같은 훈련을 하지
아니하여 높이 날지 못하며 멀리 날지

못하면, 그는 바로 남의 먹이가 되는
그 형국밖에 더 되겠는가?
18 그러니 너희가 오늘의 고통과 시련
속에서 타협하고 협잡하는 그 순간에
너희는 사탄의 자식이요, 지옥으로 가
는 백성이 됨이니라.
19 그러니 절대 타협하지 말며 협잡하지
말며, 진실한 말만 하며 진실을 가지
고 살아가는 그와 같은 삶에 최선을
다하며, 나 여호와가 너희와 더불어
있다는 것을 잊지 말고 살아가도록 그
리 전하라.
20 머지않아 너희는 높이 날고 멀리 날
며, 창공에서 마음대로 비행할 수 있
는 그와 같은 독수리 모습처럼 될 것
이며, 이 세상 모든 것의 승자는 너희
이니라.
21 오늘의 상처가 크며 가슴에 맺힘이
크며 가슴의 아픔이 크면 클수록 너희
는 서서히 성장해 간다는 것을 잊지
말라 그리 전하라, 사랑하는 나의 아
들아!

7,322 번째 하나님 말씀

2003년 8월 30일 08시 29분

1 사랑하는 나의 아들아!
2 "네, 아버님! 말씀하옵소서."
3 석가가 무엇인가를 깨달으며 진리를
얻으며, 마음속에 있는 그 욕심이요,
악의 뿌리를 뽑아 버리기 위하여 얼마
나 많은 시간 속에서 기도했던가?
4 그리고 나의 아들 예수가 광야에서 얼
마만큼 시련을 겪으며 기도를 하고 몸
부림을 쳤더냐?
5 그들은 거기에서 무엇인가를 얻었으
며 무엇인가를 깨달았음이니라.
6 그러나 그들이 얻고 깨달은 것처럼 네
가 오늘 그 깊이만큼 깨닫고 알지는
못함이니라.
7 그러나 그들은 제한된 날짜 속에서 무
엇인가를 얻고 깨닫고자 기도하였음
이니라.
8 너는 지금 그들의 깨달음이요, 생각하
는 것을 따라가지 못하며 알지 못하나,
9 그 고통보다도 더한 역사의 삶을 지금
서부터 살아가는 것이 네가 가야 하는
길이니라.
10 석가가 기도하는 것이 무엇이었더냐?
11 욕심을 버리고자 하는 것이었으며, 그
마음을 다스리고자 하였으며, 사악한
뿌리를 뽑고자 하였음이니라.
12 또한, 나의 아들 예수는 어떠한 기도
였더냐?
13 마귀의 유혹이요, 모든 사악한 것을
지울 수 있는 그 용기와 힘을 얻고 자
신을 발견하기 위하여 그 기도를 하였
음이니라.
14 비록 너는 오늘 그 경지에 이르지 못
하였으나, 지금서부터 그 싸움은 그들
의 경지를 넘어야 하는 것이 네가 가
야 하는 길이며 네가 싸워야 하는 길
임을 잊어서는 아니 될 것이니라.
15 오늘 하루가 지나면 네가 하나를 깨달
을 것이며 내일 또 하나를 깨달으려면
오늘의 삶을 어찌 살아야 하는가?
16 그리고 깨달음 하나를 얻는다는 것은
고통의 짐을 지는 것이니라.
17 그러니 네가 죽을 때까지 그 고통의
짐을 벗으려 해서는 아니 되며 벗을

수가 없음이니,
18 네가 죽을 때까지 하나하나 깨우쳐 만
백성에게 전하며, 그를 실천하며 모범
을 보이고 가는 그 길은,
19 몇십 년, 몇백 시간, 며칠 동안 기도하
여 얻은 그 깨달음이요, 그리고 광야
의 기도에서 얻은 깨달음이요, 사탄과
싸워서 견디는 그 믿음보다도 더 강하
고 굳은 것으로써 가야만 나의 피조물
만백성들이 바로 설 수 있다는 것을
알아야 할 것이니라.
20 네가 지금서부터 수많은 것들과 싸워
서 그 악의 뿌리를 뽑으며 선한 자세
로 선다는 것은, 그들이 몇십 일 동안
기도하여 깨달은 그것을 능가하는 삶
을 살아야 함을 잊어서는 아니 될 것
이니라.
21 이제 내가 마지막이라 하였음이니, 그
것이 네가 가야 할 운명이니라.
22 석가가 몇십 년 동안 기도하고 악의
뿌리를 뽑아내며 그가 기도하여 원하
고 얻었던 것이 무엇이더냐?
23 모두 다 무상함이니라.
24 그러니 모든 것이 무상이요, 모두를
잊어버리는 마음이요, 그리고 욕심의
근원이요, 시기·질투하는 마음이요,
세상 사람들이 어디서 와서 어찌 살
다 어찌 죽어 가는 것인가 그 모든 이
치를 깨달으려고 그는 몇십 년 동안
그 기도를 했음이니라.
25 나의 아들 또한 사탄으로부터 견디는
그 힘을 얻고 그 싸움에서 이기기 위
해 몇십 일 동안 기도하였음이니라.
26 그리하여 그들은 모두 높은 것을 얻었
으며 높은 깨달음을 얻었음이니라.
27 그러나 너는 그보다 더한 삶을 지금서
부터 살아야 할 것이니라.
28 그것이 나 여호와가 마지막에 선택한
내가 역사하고자 하는 길을 가야 하
기 때문이니라.
29 네가 하나를 지우는 것은, 기도하는
자들이요, 그리고 무엇을 얻고자 몸부
림치는 자, 그 하나하나를 접하면서
네가 죽을 때까지 그 누구도 해낼 수
없는 그 많은 악의 뿌리요, 사악한 것
을 뽑아내며, 그 모두를 선한 것으로
돌리는 마음 자세로 다스려야 할 것이
니라.
30 너 자신을 생각해서도 아니 되며, 내
가 너를 돌과 같이 되라 하였음이니,
31 정녕 돌과 같이 되는 그 길을 가려면
네가 얼마나 고통스럽고 어렵고 힘든
그 길을 가야 하는가를 너는 마음 다
짐을 굳게 해야 할 것이니라.
32 악을 하나 선으로 바꾸고 고쳤을 때,
네가 지키고 행하는 그 고통은 이루
말할 수 없으며, 그 어려움은 이루 말
할 수 없을 것이니라.
33 그러나 너희는 그 길을 가야 하며 그
역사를 해야 하기 때문이니, 너희는
그 길을 가도록 그리해야 함을 절대
잊어서는 아니 될 것이니라.

7,323 번째 하나님 말씀

2003년 8월 30일 08시 46분

1 사랑하는 나의 아들아!
2 "네, 아버님! 말씀하옵소서."
3 너의 제자들과 만백성, 그리고 믿음의
길을 가는 그 백성에게 나의 법전을

전하고 전하여,
4 나의 뜻을 기록한 이 법전을 보고 그
들이 깨우치며, 한 구절을 읽고 그들
이 하늘의 빛을 볼 수 있는 그와 같은
은혜를 내리도록 하는 데 잠시도 소
홀히 해서는 아니 되는 것이 너희가
가야 할 길이니라.
5 또한, 너희가 살아 있는 동안에 이 대
목을 깨우쳐 주어야 할 것이니라.
6 이 세상에 살아가며 존재하는 속에서
너희가 세속에서 지은 죄에 대한 것은
너희가 살아 있는 동안에 그 모든 문
제를 해결해야 할 것이며,
7 그에 대한 모든 것을 사면을 받는 그
와 같은 삶을 행하지 아니하고는 정녕
나에게 오를 수 없다는 것을 그들에게
전해야 할 것이니라.
8 육이 존재하는 이 세상에 살아가면서
발생한 모든 잘못된 문제들, 그리고
너희가 지은 죄를 해결해야 함을 명
심해야 하며,
9 그를 행하지 아니하고는 절대 나에게
와 상을 받을 수 없으며 나로부터 심
판을 받을 때 면죄부를 받을 수 없다
는 것을 그들의 가슴에 꼭 심어 주도
록 그리하라, 사랑하는 나의 아들아!
10 나 여호와는 너희가 죄짓지 않고 살
아가는 그 모든 방법과, 또 온 세상이
죄짓지 아니하고 살아갈 수 없는 여건
이며 죄 속에서 살아갈 수밖에 없는
오늘의 그 세속의 삶에서, 너희가 죄
를 짓지 아니하고 살아갈 수 있는 그
방법을 다 깨우쳐 주었음이니라.
11 그리하여 내가 십계명을 너희에게 내
렸고, 나의 아들 예수를 내려보내어
죄짓지 않는 삶을 살아갈 수 있도록
하였으며,
12 그리고 구약과 신약의 성경 속에 죄를
짓지 아니하고 용서받을 수 있으며 그
죄에 대해서 모든 문제점을 해결하는
방법을 기록하여 전하였음이니라.
13 그러나 너희는 그 길은 어렵고 힘들기
에 선택하지 아니하였음이니라.
14 구약과 신약 속에서 너희가 죄를 용
서받으며 죄를 짓지 아니하며 그리고
지은 죄를 모두 해결하는 방법을 가르
쳤으나,
15 그것은 어렵고 힘들며 인간이 걷기 너
무나도 어려운 길이니라.
16 그러나 너희가 그 길을 가며 육의 세
상에서 지은 죄를 해결하지 아니하면
아니 된다는 그 두렵고 무서움을 모르
기에,
17 그들이 이리 피하고 저리 피하며, 저
희가 필요한 것만 골라서 쓰는 그와
같은 형국으로 지금의 종교 집단이요,
지도자요, 믿음의 길을 가는 백성이
흘러왔음이니라.
18 그러니 그들은 정녕 나에게 오를 수
없다 함을 너희는 알아야 할 것이니
라.
19 저희가 생각나는 대로 가감하며, 저희
뜻대로 교회의 법대로 육의 생각대로
그 지도자들이 가르쳤으며,
20 또한 나의 피조물 만백성들은 그리 배
워왔으며 그리 세뇌되어,
21 그들의 머릿속에는 그 지도자가 가르
친 것 외에는 어떠한 것도 받아들이지
못하며 제 것으로 소화시킬 수 없는
불쌍한 나의 피조물 만백성으로 그리

만들어졌음을 알아야 할 것이니라.
22 그러나 내가 너희를 사랑하기에 버리
지 아니하며 내가 너희 손을 놓지 아
니하며 재앙으로 다스리지 아니하며,
너희에게 다시 한 번 기회를 주는 것
이 무엇인 줄 알겠느냐?
23 나의 법전을 세상에 내려보냄을 너희
는 여기서 알아야 할 것이니라.
24 이제 나의 법전의 소중함을 너희는
알라.
25 그 속에 너희가 죄를 짓지 아니하고
살아가는 방법이요, 인간이 살아가는
방법이 다 기록되었으며,
26 너희가 죄를 지었다 해도 그 죄를 해
결하는 방법이요, 그 문제를 해결하는
방법이요, 너희가 육의 세상에서 용서
를 받을 수 있는 그 방법을 모두 다 상
세히 풀어서 기록하여 전함이니,
27 그 속에 모든 비밀의 답이 다 있음을
알아야 할 것이니라.
28 나 여호와가 직접 너희에게 내리는
것이요, 내가 너희에게 죄를 짓지 않
고 사는 방법, 그리고 죄지은 것을 해
결하며 너희가 구원을 받는 그 모든
비밀을 하나하나 쉽게 풀어 나의 법전
에 기록하여 너희에게 내려보냄이니
라.
29 그러니 쉽게 깨달아 나에게 오를 수
있는 이 법전을 읽지 않고, 이를 사탄
이요, 사악한 자라 말하는 자는 정녕
나에게 오를 수 없다는 것을 알라.
30 나의 아픈 마음을 너희가 과연 아는
가?
31 내가 나의 아들을 통하여 너희에게
말하였느니라.
32 너희가 말하기를, 예수가 재림하여 죽
을 자와 살 자를 구분한다 말하였으며,
33 나 여호와가 직접 내려가 너희를 구분
한다 해도 그를 믿지 아니하며, 더 큰
사탄이요, 더 사악한 자가 왔다 말할
것이니라.
34 나의 아들 예수가 내려가도 예수의 형
체를 쓰고 온 자요, 내가 직접 내려가
도 왕사탄이요, 창조주가 아니라 하며,
35 너희는 지금 가진 물리적인 힘과 종
교 집단이 가진 모든 것을 동원하여
우리를 핍박할 것이며, 받아들이지 아
니하는 것이 타당하다 하지 않겠느냐?
36 지금 바로 그와 같은 형국이 이루어지
고 있음이니라.
37 너희가 죄를 짓지 아니하고 살아가는
방법, 그리고 육의 세상에서 지은 죄
는 육에서 해결해야 하기 때문에 해
결하는 방법, 하늘에 오르는 방법이
요, 그 모든 비밀을 나 여호와의 가슴
을 태워 나의 아들을 통하여 책으로써
근거하여 너희에게 내려보내거늘,
38 어찌하여 이를 사탄이요, 이단이요,
사악한 자요, 마지막 거짓 선지자가
와 세상을 혼란케 하는 행위라 그리
뒤집어씌우는가?
39 이를 찢어 버리는 자, 태워 버리는 자
는 나에게 축복받으며 영광을 받는다
하며, 나의 아들까지 이 세상에 존재
하지 못하도록 사악한 생각을 하며,
그와 같은 계획을 하는 자들이 수없이
있을 것이니라.
40 이것이 바로 나 여호와가 직접 내려가
너희를 깨우쳐 아무리 소리치고 외쳐
도 왕사탄이라며 듣지 아니하고, 나의

아들 예수가 내려가도 듣지 아니하고
믿지 아니할 것이니라.
41 그 형국이 지금 이루어졌음이니, 너희
는 거기서 깨어나야 함을 잊지 말라.
42 정녕 나의 뜻이요, 나의 성령이라는
것, 그리고 너희가 하늘에 오르는 길
이라는 것을 믿고 깨우쳐야만 너희가
나에게 올 수 있다는 것을 잊지 말라.

7,324 번째 하나님 말씀

2003년 8월 30일 08시 51분

1 사랑하는 나의 아들아!
2 "네, 아버님! 말씀하옵소서."
3 너희에게 모든 은혜를 주었으며 너희
를 태어나도록 하였으며 모든 것을 베
풀어 준 나 여호와라 그리 말하느니라.
4 그리고 너희의 모든 것을 다 아는 하
나님이요, 나 여호와라 말하느니라.
5 그리고 내가 너희에게 내려 주고 베
푸는 것에 죽도록 모두를 다 바쳐도
그 은혜에 보답하지 못하는 하나님이
라 너희가 그리 말하느니라.
6 너희 마음속까지 들여다보고 있으며,
너희가 생각하는 것까지 모든 것을 다
아는 하나님이라 그리 말하며, 나에게
경배하는 자들이라 그리 말하느니라.
7 그러니 너희는 나 여호와에게 정녕
사랑의 편지를 쓸 수는 없겠느냐?
8 너희의 모든 것을 다 알고 너희에게
모든 것을 다 내려 준 나 여호와에게
감사한다면, 너희는 나에게 사랑이 그
득 담긴 사랑의 편지를 과연 쓸 수 없
는가?
9 너희가 나에게 사랑의 그 시를 써서
정녕 붙여 줄 수는 없겠느냐?
10 너희의 사랑이 그득 담긴 편지요, 사
랑의 시를 그득히 써서 나에게 붙여다
오.
11 이것이 내가 너희에게 바라는 마음이
니라.
12 나 여호와를 너희가 가장 사랑하는
연인처럼, 너희가 가장 사랑하는 연인
에게 네 가슴에 담긴 모든 뜻과 네 생
활의 일부를 기록하여 전하고 주고받
는 것처럼, 그리고 연인을 사랑하는
것처럼, 정녕 나의 모습을 너희 가슴
속에 담고 살 수는 없겠느냐?
13 너희가 사랑하는 연인의 사진을 가지
고 다니며 그 그림을 가슴에 넣고 다
니는 것처럼,
14 너희의 그 작은 마음속에 나 여호와가
같이 존재하는 모습을 담고 살아갈 수
는 없는가?
15 영원히 변하지 않는 나에 대한 사랑이
요, 영원히 변하지 않는 나와 너희와
의 그 사랑을 실천할 수 없는가?
16 영원히 변하지 않는 사랑을 할 수 있
는 사람이 있으며 그 사랑을 나눌 수
있는 사람이 있는 것이 얼마나 행복
하고 기쁨인 줄 알겠느냐?
17 나는 너희와 영원히 변하지 않는 사
랑을 나누며, 또한 너희는 창조주 아
버지라는 나와 영원히 변하지 않는 사
랑을 나눌 수 있는 그 행복한 사랑이
무엇인 줄 알겠느냐?
18 정녕 행복이 넘치는 그 사랑을 영원히
변하지 않는 사랑을 우리는 과연 할
수 없겠느냐?
19 나 여호와를 그리면서 나 여호와가 너

희와 항상 같이 있다는 생각, 그리고 나의 그림이요, 나의 형상을 너희가 사랑하는 연인의 그림을 몸에 지니고 다니듯이 너희 가슴속에 과연 나를 지니고 살 수는 없겠는가?

20 영원히 변하지 않는 우리의 사랑을 바라느니라.

21 영원히 변하지 않는 사랑을 너희와 나는 정녕 할 수 없단 말이던가?

22 너희와 나와 영원히 변하지 않는 사랑을 하고자 하는 것이 나 여호와의 뜻이니라.

23 그러니 너희가 연인의 모습을 담고 다니듯이, 너희가 사랑하는 연인을 가슴에 품고 다니듯이, 정녕 나의 그림을 나의 사진을 너희 가슴에 안고 살 수는 없겠느냐?

24 나의 형상을 가슴에 사진처럼 깊이 간직하고 사는 그와 같은 삶을 살라.

25 그리고 사랑이 그득 담긴 편지요, 사랑이 그득 담겨 넘치는 사랑의 시를 듬뿍 써 그 시를 나에게 붙여다오, 사랑하는 나의 아들딸들아!

7,325 번째 하나님 말씀

2003년 8월 30일 09시

1 사랑하는 나의 아들아!

2 "네, 아버님! 말씀하옵소서."

3 나의 피조물 만백성 너희가 살아가면서 나쁜 이야기도 듣고 또 들으면 그러려니 생각하는 것이 너희 마음이요, 생각이 그리되어 있음이니라.

4 그리하여 주관을 지키지 못하는 것이 아니더냐?

5 너희가 듣고 또 듣는 그와 같은 속에서 살다 보면 진실인지 진실이 아닌지 조차 분별하지 못하며, 그와 같이 흐트러지고 무너지게 되어 있는 것이니라.

6 천사와 같이 아름답게 사는 자가 도둑질했다고 하면, 너희가 보기에 천사와 같은 자라 해도 남이 도둑이라고 계속 이야기하면,

7 그 말이 사실인가 아닌가 의혹하기 시작하며,

8 세월이 지나면서 계속 그 말을 듣다 보면 그를 믿게 되는 것이 인간 너희가 가진 마음 자세이니라.

9 그러니 지금 나의 피조물 만백성 너희에게 예수의 보혈로써 구원을 받았다, 너희는 천국의 표를 받았다, 그리고 너희는 천국에 갈 수 있다는 이야기를 수천 년 동안 반복하여 듣고 듣다 보니, 그것이 기정사실화되었음이니라.

10 그러니 그들이 너무나 굳게 세뇌되었으며, 지금 그것이 아니라면 정신 분열을 일으키기 직전까지 그리 세뇌되었으며, 오로지 그것만을 믿고 살며 그것이 저희의 모든 생명줄이라 알고 사는 자들이니라.

11 그들 앞에 나의 법전을 들이부어 놓으며 나의 법전에 있는 내용을 들려주면 그들은 정신 분열을 일으키고 말 것이니라.

12 그와 같이 세뇌된 것이 오늘의 나의 백성이요, 믿음의 길을 가는 자들이요, 믿음을 가르치는 자들이 똑같이 그리되었으니, 신앙생활 하는 자들이

그리 다 젖어 있음이니라.
13 그러니 이를 어찌 다스려야 한단 말
이더냐?
14 그러니 그들이 나의 법전을 접하며 그
를 읽고 깨우치는 자는 사고를 내게
되어 있으며 일을 저지르게 되어 있으
며,
15 태워 버리며, 찢어 버리며, 이를 회수
하여 세상에 빛을 보지 못하도록 하는
것이 나에게 은혜를 받는 것이라 그리
하니,
16 그것이 정신분열자들이 하는 것이며
세뇌된 자들이 하는 것이니라.
17 그러니 모든 종교 집단 속에서 구원
을 받았다는 백성을 서서히 녹이고 다
스리며 그 마음을 달래 주며,
18 그들이 생각할 수 있으며 한 발짝 물
러나 세상의 이치를 깨달으며, 세상에
존재하는 것은 나 여호와의 뜻이요,
모든 것이 소중하다는 것을 읽고 깨우
치고 들여다볼 수 있도록,
19 그와 같은 유한 마음으로 이끌어 가는
데 최선을 다해야 하는 것이 너희가
가야 할 길이라는 것을 절대 잊지 말
라, 사랑하는 나의 아들딸들아!

7,326 번째 하나님 말씀

2003년 8월 30일 11시 23분

1 사랑하는 나의 아들아!
2 "네, 아버님! 말씀하옵소서."
3 너희가 인간사 세상을 살아가면서 호
사다마라 그리 말하느니라.
4 너희는 인간사에 어떠한 역사가 이루
어질 때, 감사하며 은혜를 생각하지
아니하고, 더 욕심을 내며 무엇인가를
더 이루고자 생각함으로 인하여 다 이
루었던 것, 그리고 얻을 수 있는 영광
을 모두 저버리며 잃게 되는 것이 너
희 삶이니,
5 그 모든 것은 과욕이요, 욕심으로부터
이루어지는 것이니라.
6 너희는 오늘의 이 세상에 생명을 가지
고 나와 삶이니,
7 너희는 생명을 갖고 세상에 태어났음
은 아나, 너희가 마지막 인생의 삶을
살며 그 숨을 거두는 것, 그리고 육의
삶이요, 그 삶의 종말을 거두는 그 순
간은 아무도 모른다 그리하였음이니
라.
8 그러니 너희는 그 죽음을 대비하여 오
늘의 삶을 바로 살아야 할 것이며,
9 나에게 부름을 받고 와 심판대에 섰을
때, 너희는 나를 아버지라 부를 수도
없으며 돌아갈 수도 없으며 돌이킬 수
도 없다 하였음이니라.
10 언제 불려올지도 모르는 자가 과연
함부로 인생의 삶에서 흥청망청 미래
를 생각하지 아니하는 삶을 살 수 있
던가?
11 너희 자신을 돌이켜 봐야 할 것이니
라.
12 너희는 남의 불행이요, 남의 고충을
네 것이라 받아들이지 못하며, 너희
또한 그와 같이 될 것이라는 것을 생
각하지 못하는 자가 수없이 있음이니
라.
13 그리하여 있는 자가 어려운 자의 심정
을 모르며, 권력 있는 자가 약한 백성
의 고충을 모름이니라.

14 높은 자리에 있을 때 서민의 고충을
알며, 많이 가진 자가 배고픈 자의 심
정을 아는 그것이 하늘의 뜻이요, 하
늘의 이치임을 너희는 알아야 할 것
이니라.
15 인간은 자기가 소유한 것이 영원히 지
속할 것이라 그리 생각하느니라.
16 내일모레 저에게 닥쳐오는 그 불행을
모르는 것이 너희이니라.
17 너희는 영원히 죽지 않는 삶을 살 것
같은 마음을 가지고 오늘의 삶을 사느
니라.
18 그리하여 자기 앞에 더 많은 것을 쌓
아 놓고자 하며, 더 많은 것을 역사하
고자 하며, 더 좋은 것을 걸치고 이루
고자 그리 생각하고 삶이니라.
19 너희가 나에게 불려오는 그 시간은 나
외에 아무도 모르며 나만 아는 것이
니라.
20 그러니 언제 올지 모르는 그 운명이라
면, 과연 너희가 어찌 살아야 하는가
를 알아야 할 것이니라.
21 아름다운 모습이요, 남에게 부끄럼이
없는 삶을 사는 그것이 너희 자신을
다스리는 길이며 준비된 삶이라는 것
을 알아야 할 것이니라.
22 이제 나의 아들을 따르는 제자들이요,
만백성 너희는 알라.
23 너희는 이 세상에 영원히 사는 삶이
결코 아니며,
24 너희가 그리 연연하는 것, 그리 이루
고자 하며 무엇인가를 역사하고자 하
는 그 욕심의 근원을 버리지 못하고
살아왔던 그 모든 것은 단 1초의 순간
의 역사 속에 모두 무너지며 막을 내
리게 되어 있다는 것을 알고,
25 그때 가서 후회하고 발버둥치는 삶을
살지 말라.
26 내가 일찍이 법전에 기록하여 전하였
음이니, 이제 너를 따르는 제자들이
요, 나의 법전을 읽고 깨우친 백성 너
희는 오늘의 삶이 마지막 삶이라 그리
생각하라.
27 너희가 오늘의 삶이 마지막인 그 순간
에 과연 미워하는 사람, 사랑하는 사
람, 더하는 사람, 덜하는 사람, 그리고
무엇인가를 더 역사하고자 하며 더 취
하고자 하는 그 욕심으로 너희 자신
을 저버리며,
28 천국에 오는 길이 아니요, 나 여호와
의 뜻을 거역하며 지옥으로 가는 그
길의 삶에 설 수 있을 것인가?
29 이를 깊이 깨우쳐 행하도록 그리 전하
라, 사랑하는 나의 아들아!

7,327 번째 하나님 말씀

2003년 8월 30일 11시 27분

1 사랑하는 나의 아들아!
2 "네, 아버님! 말씀하옵소서."
3 나로부터 선택된 사랑하는 백성이요,
사랑하는 나의 아들을 따르는 그 제자
들이요, 그리고 법전을 가지고 연구하
고 공부하며 만백성을 구하고자 노력
하는 너희에게 전함이니,
4 너희는 일회용 인간의 삶을 살지 말라
명함이니라.
5 너희가 이 세상에 살아가면서 한번 쓰
고 버려지는, 너희가 말하는 일회용이
라는 것이 얼마나 많으며 그 기구가

얼마나 많더냐?
6 인간 세상의 삶을 일회용 기구처럼 살
아서는 안 되는 것이 나의 아들을 따
르는 제자들이요, 나의 법전을 읽고
깨우친 백성임을 알아야 할 것이니라.
7 너희가 이 세상에 사는 것은 잠깐 왔
다 가는 하루살이 벌레만도 못하며,
잠깐 켜졌다 꺼지는 불빛만도 못한 것
이 내가 내려다보는 너희의 생명이요,
삶이라 그리 말하였음이니라.
8 그러니 너희가 이 세상에 존재하고
살면서 육의 삶을 위하여 모든 역사를
하고 산다면 결국 무엇이던가?
9 육의 세상의 향락을 위해 편하게 잠깐
한번 쓰고 버리는 일회용 인생의 삶이
니,
10 나의 아들을 따르는 제자와 백성은
절대 일회용 인생을 살지 말라.
11 너희는 거듭나고 다시 태어나는 영원
히 사는 삶을 위하여 살아가도록 그리
해야 할 것이며, 영원히 나에게 쓰임
을 받는 기구로써 거듭나지 아니하면
아니 됨을 알아야 할 것이니라.
12 나 여호와가 하늘에 존재하고 있으니,
너희가 나에게 오르며 나와 너희가
담소를 나눌 수 있는 그 은혜를 입는
그것이 너희가 영원히 쓰이는 기구라
는 것을 절대로 잊지 말라.
13 지금 모든 백성이 어떠한 삶을 사느
냐?
14 너희는 일회용 삶을 위해 급급해 있으
며, 한 번 쓰고 버려지는 일회용 삶을
위해 모든 것을 다 바치는 어리석은
자들이 바로 너희라는 것을 내가 나
의 법전에 이것저것을 들어 깨우쳐 주
었음이니,
15 이제는 일회용 인생을 살지 말도록 그
리하라, 사랑하는 나의 아들딸들아!
16 너희는 어떠한 길을 선택할 것인가?
17 나에게 빌려 쓰는 그 모든 것을 두고
떠나며, 나에게 빌려 쓴 것을 하나도
가지고 오지 못하는 일회용으로써 존
재하는 육의 삶을 살 것인가?
18 그렇지 않으면 모든 것을 다 바쳐 영
원히 살며 영원히 존재하는 그 삶을
위하여 영원히 쓰이는 기구로 존재하
기 위해 살 것인가?
19 그 모두는 다 너희 몫이며, 너희의 행
함이요, 너희의 역사함에 있음을 알아
야 할 것이니라.
20 나 여호와는 너희에게 원하느니라.
21 영원한 삶을 위해 사는 너희가 되기
를 나 여호와는 간곡히 바라는 것이니
라.
22 그러려면 그 모든 것을 다 놓을 수 있
는 마음이 되어야 함이니라.
23 이 세상에 사랑하는 것, 미워하는 것,
질투하고 시기하는 것, 그리고 제가
더 갖고자 하는 것, 제가 더 이루고자
하는 것, 그 모두를 다 접어 두고 그를
놓지 아니하면 너희는 어떠한 것도
이룰 수 없는 것이니라.
24 너희가 욕심이요, 또한 그 마음의 생
각을 비우지 못한다면, 너희 스스로
일회용으로 쓰이기를 바라며 일회용
으로써 존재하다 없어지는 것을 원하
는 것이니라.
25 이제 나의 법전을 읽고 깨우친 백성이
요, 나의 아들을 따르는 제자 너희는
일회용 기구로 쓰이지 아니하며, 영원

히 쓰이는 기구로써 나와 더불어 존재 할 수 있는 그 세상을 위한 삶을 살도록 그리하라.

26 그리하고자 하면, 너희는 모든 것을 다 놓을 수 있으며 다 버릴 수 있는 그와 같은 마음이 되어야 할 것이니라.

27 나에게 모든 것을 빌려 쓰는 것이며, 내 것을 관리하며 쓰다 오는 그것에 노예가 되지 말라, 사랑하는 나의 아들딸들아!

7,328 번째 하나님 말씀

2003년 8월 30일 11시 35분

1 사랑하는 나의 아들아!

2 "네, 아버님! 말씀하옵소서."

3 이 세상에 존재하며 육이 살아 있는 오늘의 세속의 삶이 인생의 전부인 것처럼 착각하고 살아가는 것이 나의 피조물 만백성들이니라.

4 만백성 너희가 그리 믿고 살아가고 있음이니, 여기서 너희는 사후의 세계요, 다음 세계의 그 역사함을 들여다 보지 못하며 그를 깨닫지 못해서는 아니 될 것이니 그리 알라.

5 그 모두를 깨달으려고 많은 역사의 세월 속에 많은 백성이 피나는 고통과 노력을 하였음이니라.

6 그러나 그들도 그 답을 얻지 못하고 죽어 감이니, 그저 '산은 산이요, 물은 물'이라는 그 말을 남기고 갔음이니라.

7 그러하니 너희는 그 모든 깨우침을 이제는 알아야 할 것이니라, 오늘의 삶이 전부가 아니요, 다음 세상이 있다는 것을.

8 그리하여 '나'를 위주로 사는 삶을 살지 말라 함이니라.

9 너희가 다음 세상이 있는 것을 모르며 다음의 역사함을 모르기에, 그저 오늘 너희 자신을 위하는 그와 같은 삶을 살아가는 것에 전부를 다 바치다 보니, 욕심이요, 욕망의 싹이 트기 시작하였으며,

10 정녕 선과 악을 구분하는 능력마저도 상실하였으며, 그를 구분하려 하지도 아니하며, 그를 찾으려 하지도 아니하며, 그를 들여다보지 아니하며,

11 흘러가는 물속에 얽혀살듯이 그저 죄면 죄요, 선이면 선이요, 그와 같은 삶을 오로지 육의 행복의 욕구만을 이루고자 하여 사는 것이 오늘의 너희 삶이 아니더냐?

12 그러니 너희가 타락될 대로 타락되었으며 쓰러질 대로 쓰러졌다 함이니라.

13 어떠한 것이 악의 기준이요, 어떠한 것이 선의 기준인지 그 자체도 모르고 사는 것이니라.

14 정녕 내가 너희에게 물어보고자 함이니, 너희는 행복이 어디까지가 행복이며 불행이 어디까지가 불행인가 그 답을 말할 수 있는 자가 있는가?

15 그 답을 말할 수 없는 너희는 바로 무엇이더냐?

16 악의 기준이요, 선의 기준이요, 그것도 지금 분별하지 못하고 헤매는 것이니,

17 그를 이와 같이 흔들어 놓는 것은 모든 종교 집단이요, 지도자들이 참진리가 아니요, 비진리를 가지고 나의 피조물 만백성들을 이끌어 왔기 때문이

니라.
18 그러니 너희는 어디까지가 진정한 행
복이요, 어디까지가 불행한 것인지 그
걸 모르니,
19 정녕 너희는 그 끝을 모르고 그저 달
려가고 있음이니라.
20 끝까지 갈 데까지 달려가며 그 욕구를
채우기 위해 그저 밤낮을 가리지 아
니하고 행복의 끝이 어디인지 모르며,
그저 끝까지 갈 데까지 취하고, 더 얻
고자 더 높고자 하는 것이니,
21 욕구의 만족을 이룰 때까지, 그리고
너희가 다 이루었다고 스스로 만족할
때까지 그 답을 찾고자 그저 그 길을
달려가며 발버둥치며 살아가는 것이
너희이니라.
22 그를 위하여 발버둥치고 욕구를 채우
기 위해 살아가는 그 모두가 너희는
다음 세상에 너희가 존재함을 믿지
아니하며 그 세상에 오고자 하지 아니
하는 것이니라.
23 너희가 그와 같이 욕구요, 욕심의 만
족을 위하여 살아가다가 정녕 넘을 수
없는, 너희 힘으로써 도저히 막을 수
없고 중단할 수 없는, 그 누구도 넘지
아니하면 아니 되는 그 죽음에 직면하
였을 때,
24 그때서야 너희는 육의 세상에 살았던
삶이 전부가 아니며 다음 세상이 있으
며,
25 그 찬란하고 무섭고 두려우며 황홀하
고 또 고통스러운 그 두 갈래 길의 삶
이 있다는 것을 그때 알게 되며 그때
깨닫게 됨이니라.
26 인생의 삶이 전부가 아니라는 것을 심
판대에서 느끼고 깨달을 때는 이미 늦
었음이니,
27 영원히 사는 세상이 있음을 알게 되었
을 때, 그때는 아무리 몸부림치고 돌
아가고자 해도 돌아갈 수 없으며,
28 하늘에 오르는 그 길에 발을 들여놓고
자 하여도 그 발끝마저도 들여놓을 수
없는 것이 너희며 그때는 모두 끝남
이니라.
29 그때 너희가 울고불고 통곡해도 아무
것도 이루어짐이 없으니,
30 그때 통곡하기보다, 어렵고 힘든 오늘
의 삶에서 모두 청산하고 계산하는 그
와 같은 삶으로 살지 아니하면 아니
됨을 알아야 할 것이니라.
31 그와 같은 역사가 있다는 것을 내가
오늘 나의 아들을 통하여 기록하여 너
희에게 전함이니라.
32 그리고 책으로 전하여 영원히 보존하
여 기록을 남기고자 하는 것이 나 여
호와의 뜻이니, 이를 접하는 자들이
얼마나 행복한 자들이며 얼마나 축복
받은 백성인가?
33 이 세상에서 더 이상 받을 수 없는 고
귀한 것을 받은 너희가, 모든 백성이
생각하는 시기와 질투요, 음해하는 마
음을 지우고 용서하는 마음을 갖지 못
하고 산다면,
34 너희는 과연 어떠한 위치에 서 있는지
아는가?
35 오늘의 삶을 완전히 무너트리는 자요,
오늘의 삶의 의미를 모르는 자들이니
라.
36 오늘의 삶을 완벽하게 살고 완벽하게
준비했어도, 나에게 와 심판을 받을

때 한 점의 부끄럼이 없는 당당한 모
습으로 설 수가 없거늘, 너희가 완벽
한 삶을 원하지 아니하며 그저 흘러가
는 대로 더불어 살고자 하는 마음 자
세에서 너희가 변화된 백성이요, 역사
한 백성이라 말할 수 있겠는가?
37 이것이 나 여호와가 너희를 바라보며
우려하는 마음이요, 너희를 바라보는
불안한 마음임을 알라.
38 진정한 참진리의 길을 봐야 하며, 나
여호와의 뜻에 의한 삶의 그 길이 바
로 하늘에 오르는 길이요, 모두를 얻
는 길이니라.
39 너희가 참진리를 연구하며 나의 아들
을 통하여 내리는 나의 법전이요, 나
의 강론을 듣고 깨달을 때, 거기서 진
정한 삶의 그 길이요, 거짓과 진실을
밝히는 그 빛이 거기에 있음이니라.
40 나의 법전의 소중함은, 너희가 거짓과
진실을 밝혀 낼 수 있으며 그를 깨달
을 수 있는 내용이 거기 있기 때문이
니라.
41 진정한 참진리의 길을 가지 않는 자
는 영원한 삶을 저버리는 자들이며,
잠깐 비쳤다 꺼지는 불빛만도 못한 육
의 삶을 위하여 모든 것을 다 거는 자
들이니라.
42 그리하여 내가 나의 법전에 상세히 풀
어 세상에 내려보냄이니, 나의 법전만
이 거짓과 진실을 구분할 수 있는 그
빛을 거기서 알게 되며, 너희가 찾을
수 있는 것이 거기 있기 때문이니라.
43 그러니 거짓과 진실을 구분할 수 있는
그 능력이 있는 자가 과연 진실을 선
택하여 가겠는가, 거짓의 길을 선택하
겠는가?
44 그러니 거짓과 진실을 구분하는 그 빛
을 바로 볼 수 있으며 그 빛을 볼 수
있는 것이 위대함이니,
45 그를 발견하고 그를 찾으려면 나의
법전을 가슴에 안고 정독하는 그 길밖
에 없다 함을 명심하고 또 명심해서
받아들여야 함을 잊지 말라.

7,329 번째 하나님 말씀

2003년 8월 30일 11시 43분

1 사랑하는 나의 아들아!
2 "네, 아버님! 말씀하옵소서."
3 너희는 알아야 하느니라.
4 나의 법전이 곧 육신이요, 뼈요, 너희
를 지탱하는 것이며, 너희를 지배하는
영혼의 정신이라는 것을 잊어서는 아
니 될 것이니라.
5 이는 곧 나의 성령이요, 나의 뜻이기
때문이니라.
6 너희가 형성되고 존재하는 것은 나의
뜻을 알고 그대로 행하는 것에 삶의
존재 의미가 있기 때문이니라.
7 나의 뜻을 이해하지 못하는 백성은 나
와 관계없음이니,
8 육이 존재하지 못하는 것이며 사람의
형태를 가꾸지 못하는 자요, 깨달음이
없는 자라는 것을 알아야 할 것이니라.
9 나의 법전을 접하고 깨우치지 않는 백
성은 육신이 없으며 영혼이 없는 자라
는 것을 내가 오늘 기록하여 전함이니
그를 알라.
10 나의 뜻을 알지 못하는 자들은 육이
있어도 육의 삶이 아니요, 정신이 존

재하나 정신의 삶이 아니니라.
11 창조주의 말씀이요, 나 여호와의 뜻이
너희의 육이요, 정신이라는 것을 잊지
말라.
12 내 법전을 읽고 깨우치지 않는 자는
육신이 있어도 육신이 존재하는 자가
아니요, 뼈가 있어도 뼈가 있는 자가
아니요, 사람이라 하여 사람이 아님이
니라.
13 그러니 그 무서운 의미를 알아야 할
것이니라.
14 너희가 거듭나는 것은 나의 성령으로
써 역사함이니라.
15 나의 참진리인 나의 뜻을 이해하는 자
만 육으로써 다시 태어난 자요, 정신
으로써 영원히 다시 태어나는 자이기
때문이니 이를 명심해야 할 것이니라.
16 내가 일찍이 성경에 기록하여 나의 아
들 예수를 통하여 너희에게 전하지
아니하였던가?
17 너희는 그를 깊이 깨우쳐야 할 것이
니라.
18 말씀이 사람이 되어서 너희와 같이한
다는 가르침을 내가 전하였음이니,
19 곧 너희는 나 여호와의 말씀이요, 나
의 뜻이 사람이 되어서 너희와 같이한
다는 그 뜻이 무엇이던가?
20 내가 가르치는 말의 뜻이요, 나의 성
령의 뜻이 사람으로 변하는 것이 아님
이니라.
21 성서에 기록된 내용을 종교 지도자 집
단 너희가 알지 못함이니, 말씀이 사
람이 되어서 너희와 같이한다는 그러
한 가르침은 무엇이던가?
22 나의 뜻이요, 나의 말씀이라 함을 이
해하는 것, 그리고 너희가 깨닫는 그
와 같은 변화를 이루는 것이 말씀이
사람이 됨이라는 것을 알아야 할 것이
니라.
23 너희가 나의 뜻을 깨닫고 의미를 알았
을 때 그걸 깨닫는 자가 곧 말씀이 사
람이 되는 자이기에, 육으로써 사람이
되는 것이 아님을 알라.
24 나의 말씀으로써 너희가 사람이 되며
형체가 되며 무엇이 이루어지는 것이
아니라,
25 형체가 있고 육체를 가지고 있으며 육
을 가진 너희가 나 여호와 하나님의
말씀이요, 나의 뜻을 받아들여 그걸
완전히 이해하고 깨달았을 때, 너희가
사람이 되며 내가 너희와 같이한다는
그 의미를 알겠는가?
26 나의 아들 예수가 무엇이 너희와 다른
지 알고 있느냐?
27 나의 아들 예수는 내가 명하는 것을
받아 움직였기 때문에 내 뜻을 백 퍼
센트 알고 이해하고 따르고 행한 것이
너희와 차별화되는 것뿐이니라.
28 그러니 말씀이 사람이 되어서 너희와
같이한다는 그 깨우침을 이제 알아야
할 것이니, 나 여호와의 뜻을 이해하
는 것이니라.
29 나 여호와의 뜻을 이해하며 내 뜻을
알며 내가 역사하고자 하는 것은 구
약과 신약에서 아니요, 지금 내가 내
리는 나의 법전에서만 이 뜻을 알게
될 것이며 나의 의미를 알 것이니라.
30 나의 뜻을 이해하는 자가 거듭남이며
새로운 생명으로써 다시 태어남을 알
아야 할 것이니라.

31 나의 말씀이요, 나의 뜻을 이해하는
것, 그것이 사람이 말씀으로써 된다는
그 소중한 의미를 깊이 깨우치라.
32 지금이라도 너희가 나의 뜻이요, 나의
법전을 읽고 깨우치는 것이 나 여호와
의 말씀으로써 사람이 됨이니, 내 뜻
을 완전히 이해한 자에게만 해당하는
것이요,
33 내 뜻을 이해하지 못하는 자는 나로
부터 말씀으로 다시 태어난 사람이 될
수 없다는 사실을 알라.
34 그러나 나의 법전을 접하고 깨우치지
못한다면 과연 너희는 무엇이더냐?
35 육과 영혼이 모두 죽는 자이니, 말씀
으로써 거듭나는 자가 될 수 없음이니
라.
36 말씀으로써 사람이 되고자 하면 나의
뜻을 완전히 이해하는 자들이니, 너희
가 나의 십계명대로 지키고자 노력하
며 나의 법전대로 읽고 깨우쳐 지키는
데만 전념을 다하라.
37 너희는 좌우를 볼 수 없으며, 인간관
계에 시시비비를 할 수 없으며, 인간
관계에 다툼할 수 없으며,
38 미워하는 자, 싫어하는 자, 그와 같은
말을 할 시간이 없음이니라.
39 나의 법전을 읽고 또 읽어 그 내용대
로 행하여 나의 말씀으로써 사람이 되
어 거듭날 시간도 없거늘,
40 어찌하여 너희는 하늘을 보고 한숨지
으며, 땅을 보고 원망하며, 돌부리를
차며 너희 자신을 저주하는 그와 같
은 생각을 할 수 있는가?
41 너희는 얼마나 어리석고 불쌍한 자더
냐?
42 오로지 나 여호와가 너희를 선택하였
으며 너희를 부르면 내 말씀이요, 내
뜻을 완전히 받아들여 이해하고 깨우
쳐서 예수와 같이 말씀의 사람이 되라
하였느니라.
43 너희는 그 말씀의 사람이 되기도 바쁘
거늘, 어찌하여 좌우를 볼 수 있으며
시시비비하는 마음을 가지고 있을 수
있는 것인가?
44 너희처럼 어리석고 불쌍한 자들이 없
음이니라.
45 내가 너희에게 진주요, 보석을 주었거
늘 그걸 잘 관리하고 다스리지 아니하
고, 그저 진흙탕에 던지는 그와 같은
행위를 하는 것이 너희가 말 한마디
행동 하나 잘못하는 거기에 있음을 알
라.
46 그 모두를 내가 다 접수하고 있으며,
너희가 생활기록부에 모두 기록하여
나에게 전함이니라.
47 그러니 그와 같은 자는 육도 죽이고
영혼도 죽이며 모두 다 죽는 자이니라.
48 이를 접한 백성 너희는 세상에서 삶이
마음에 달렸다는 것을 알아야 할 것
이니라.
49 너희가 살아가는 세상사에 마음이 어
찌 변하며 어찌 살아가느냐에 따라서
거기에 달렸음이니, 이 뜻을 깊이 깨
우쳐 행하도록 그리해야 할 것이니라.
50 정녕 나의 아들을 따르는 제자들이요,
나의 법전을 읽고 깨우치는 백성 너희
는 창조주 아버지인 나 여호와의 '말
씀'으로써 사람이 되어야 할 것이며,
말씀이 사람으로서 거듭남을 잊지 말
라, 사랑하는 나의 아들딸들아!

51 내가 너희 모두를 사랑함이니, 내가
너희를 사랑하는 것만큼 네 이웃을 사
랑하며 모든 주변을 사랑하는 그 마음
을 어찌하여 못 갖는가?
52 그러니 너희가 어리석은 백성이라 함
이니라.
53 그리하여 나에게 사랑을 가득 담은
편지를 쓰라 했으며, 사랑이 담긴 시
를 써서 나에게 붙이라 명했음을 알
라, 사랑하는 나의 아들딸들아!
54 시를 쓰고 편지를 쓰라, 그리하여 네
마음을 다스리도록 그리하라.

7,330 번째 하나님 말씀

2003년 8월 30일 11시 49분

1 사랑하는 나의 아들아!
2 "네, 아버님! 말씀하옵소서."
3 오늘날 나에게 부름을 받은 백성이요,
선택된 백성이요, 초청을 받은 백성,
그리고 나의 아들을 통하여 내리는 강
론을 들으며 나의 법전을 읽고 깨우치
는 너희가 얼마나 소중하고 귀한 백
성인 줄 알겠느냐?
4 너희 자신의 소중함을 먼저 알라 하였
음이니라.
5 모세의 그 시대는 어떠한 시대였느냐?
6 율법의 시대요, 율법으로써 모두를 다
스리며, 율법으로 모두를 역사한 율법
시대가 모세의 시대였음이니라.
7 그다음 예수의 시대는 과연 무엇이었
느냐?
8 실천의 시대요, 실행의 시대이니라.
9 복음을 전하는 시대요, 복음을 교육하
는 시대요, 죄 없는 백성이 세상에 존
재하는 그 길을 깨우쳐 주고 가르치는
그와 같은 시대였음이니라.
10 지금의 제3의 시대는 과연 어떠한 시
대더냐?
11 이제 율법 시대를 거치고 실천이요,
실행의 시대를 거쳐,
12 복음을 전하며 교육을 받으며 그 교육
에 의해서 깨우친 백성, 그리고 너희
가 죄 없는 세상을 만들고자 했던 그
뜻에 따라 죄 없는 세상을 만들고자
죄짓지 아니하고 살아가는 백성,
13 그리고 모든 것을 저버리고 그저 인간
의 향락에 젖어 살아가는 자,
14 그리고 지금의 잘못 가는 믿음의 길
이요, 지옥행 열차를 탄 그 자체가 믿
음의 길인 줄 알고 울고불고하는 백성,
15 그 모두를 거둬들이는 것이 제3의 시
대요, 심판의 시대요, 그와 같이 역사
함을 알라.
16 심판의 시대는 곧 무엇이냐?
17 마지막 시대요, 너희가 거듭나고 거듭
나지 못하는 그와 같은 시대가 여기에
있음이니,
18 마지막 시대에 모든 것을 역사하는 데
선택된 백성이요, 그리고 마지막에 모
든 것을 집중하여 나의 피조물 만백성
들을 하늘에 오르는 그 길에 한 번의
기회를 내려 만백성을 구하는 대역사
를 앞에서 시행하는 자들이요, 실천하
는 자들이 너희기에,
19 너희가 얼마나 귀하고 소중한 자들인
지 알겠느냐?
20 수천 년 동안 흘러오는 나의 피조물
만백성 종교 집단이요, 지도자 그들이
이와 같은 이치를 알지 못했기 때문에

모두 다 제자리를 지키지 못하였음이
니라.
21 모두 내가 가르치고 전하는 그대로,
율법의 시대에 율법을 지키며 그대로
그 자리를 지키는 백성이요, 예수 시
대에 실행하는 시대에 그대로 실행하
고 지켰다면 오늘에 이와 같은 험악
한 세상은 되지 아니하였을 것이니라.
22 모두 제자리를 지키지 아니하였음이
니라.
23 모두 제자리를 지켰다면 지금의 형국
은 절대 이루어지지 아니하였음이니
라.
24 너희가 잘못 가르쳤으며 제자리를 이
탈하였으며 잘못 이해를 하고 있으며
그리고 잘못 가고 있으며 잘못 행동
하기 때문이니라.
25 그중에서 가장 두렵고 무서운 것이 종
교 집단이요, 지도자요, 저 자신이 변
하는 역사도 모르며 제 위치도 모르며
제 주제도 파악하지 못하는 자들이
26 그저 재물을 거둬들여 호의호식하는
삶을 살기 위해 나의 피조물 만백성
들을 이끌어 가는 그와 같은 형국이
가장 큰 죄악이요, 가장 잘못된 근본
임을 알라.
27 그리하여 내가 나의 법전을 통하여 이
제 거둬들일 자와 버릴 자를 심판하는
마지막 시대를 열었음이니,
28 여기에 모두 거둬들이고 또 선별하는
임무를 띤 너희 자신이 엄격히 그를
행해야 할 것이니라.
29 내가 수확을 하여 그를 창고에 잘 쌓
고자 하거늘, 중간에서 빼돌리고 중간
에서 감추며, 안다 해서 남에게 나누
어 주며 이웃사람에게 주는 그와 같은
행위를 한다면, 자신도 죽으며 그 받
은 자도 죽음이니라.
30 그러니 너희는 정의로우며 곧으며 바
른 생활로 가지 아니하면 아니 되느
니라.
31 그리하여 너희가 중요하다는 것을 잊
지 말라.
32 마지막 시대에 거둬들이고 다스려 내
창고에다 쌓아야 할 너희가 거둬들이
고 분별하기가 힘들다 하여 그저 썩은
것을 그대로 집어넣어 같이 담아 놓는
다면, 그 모두는 다 썩어져 먹지 못하
고 쓰지 못하게 됨이니,
33 너희는 엄격한 자세로 엄격한 심사관
으로서 존재해야 함을 잊어서는 아니
될 것이니라.
34 너희가 힘들다 하여 마음대로 이리 던
지고, 누가 말한다 하여 이리 주고 저
리 주고, 이리 갖다 바치고 저리 갖다
바치는 그와 같은 행위를 해서는 절대
로 아니 될 것이니라.
35 나 여호와의 창고에 쌓으라 함은, 완
벽한 제품만을 창고에 쌓아 놓은 선별
하는 작업을 너희가 하는 것이니라.
36 선별하는 작업의 대명을 받은 너희가
마음 한 곳에 흔들리는 마음이 있으며
욕심의 마음이 있으며 더 갖고자 더
이루고자 하는 인간 세상의 인연 관계
를 끊지 못하는 마음을 가지고 있다면,
37 썩은 것도 그저 담을 수 있는 자들이
요, 이리 빼고 저리 빼서 내 눈을 속일
수 있는 자들이니,
38 그와 같은 백성으로서는 내 역사함을
앞에서 이룰 수 없기에, 완벽한 백성

이요, 너희를 완벽하게 만들고자 하는 것이 나의 훈련 방법임을 알라, 사랑하는 나의 아들딸들아!

7,331 번째 하나님 말씀

2003년 8월 30일 12시 04분

1 사랑하는 나의 아들아!
2 "네, 아버님! 말씀하옵소서."
3 너희가 세상사 살아가면서 이 세상 속
에 작은 모임이요, 큰 모임이요, 작은
단체요, 큰 단체가 형성되어 살아감이
니라.
4 그리고 또한 국가가 형성되며 큰 국가
요, 작은 국가요, 이와 같이 모두 역사
하는 속에서 이루어지는 것이니라.
5 그러니 국가를 경영하든 작은 단체나
큰 단체를 이끌어 가든, 거기에 협조
하지 아니하며 동조하지 아니하며 정
말 반대를 위해서 반대만 하며 그와
같이 반대를 일삼는 사람들이요, 또
집단이 있다면,
6 과연 그들은 회원으로서 자격이 있는
자들이던가?
7 그 속에 속해 있으면서도 반대를 위한
반대를 하는 자들은 자격이 없으며 그
회원의 자격이 없는 것이 아니더냐?
8 나 여호와의 크나큰 사랑 속에 나의
뜻을 거역하는 집단이 있다면 그 집단
은 과연 나의 백성이라 말할 수 있겠
는가?
9 지금 가는 모든 자들이 나의 참진리
요, 하늘에 오르는 나의 이치를 거역
하는 자들이요, 순종하는 자들이 아니
니라.
10 알면서 그리 이끌어 가고 알면서 그리
가는 자들이 있음이니, 이를 바라보는
나 여호와의 마음이 얼마나 아프고 저
린지 너희가 알겠느냐?
11 반대를 위한 길을 가니 그들은 반대를
위한 반대가 아니요, 저희의 부귀영화
를 위해 나의 사랑하는 백성을 참진
리를 깨우치는 것이 아니요, 비진리를
가지고 지금 이끌어 가고 있음이니,
그를 보는 나 여호와의 마음이 그리
아프니라.
12 너희가 세상사에 살아가는 모든 것은
정답과 오답이 있으며 거기서 찾을 길
이 있다 하였음이니, 너희가 연구와
연구를 거듭하여 정답을 찾는 그와 같
은 삶을 살아야 하는 것을 잊어서는
아니 될 것이니라.
13 사랑이라는 것도 진실하며 아름다움
이요, 그리고 너그러움이요, 모든 것
을 용서하는 마음도 두 가지 마음으로
변할 수 있는 것이 인간 세상의 삶이
며, 그 생각 또한 그와 같이 다름을 알
아야 할 것이니라.
14 똑같이 사랑하는 마음을 가진 두 사람
이 있음이니라.
15 그리고 두 사람은 남을 사랑하며 남의
허물을 덮어 주고자 하며 아름다움을
볼 줄 아는 그와 같은 마음을 똑같이
가지고 있으나,
16 한 사람은 너그러움과 친절함과 남의
과오를 덮어 주고자 하는 자요, 한마
음으로써 그들과 더불어 같이 가고자
하며 너그러운 마음으로써 모두를 인
내하고 사랑하는 마음으로 가는 자이
니,

17 그와 같이 인간의 잘못과 실수를 잘
덮어 주고 헤쳐 가는 그 마음이 사랑
하는 마음이니라.
18 또한 똑같이 사랑하는 마음을 가진
다른 사람은 남이 잘못됨을 용서하지
못하며, 그를 덮어 주지 못하며, 무자
비하게 폭로하고 그와 같은 것을 비방
하며 그리고 그를 공격하는 마음이 사
랑의 마음이라 할 수 있으며 사랑의
역사함이라 할 수 있음이니라.
19 사랑을 표현하는 마음은 다 두 가지
방법이 있는 것이니라.
20 똑같이 사랑하는 마음도 그 방법이요,
표현에 있어서 그와 같이 차이가 있음
을 알아야 할 것이니라.
21 너희가 남을 사랑하며 참진리요, 아름
다움을 숭배하며 너그러운 마음을 가
지고 사랑하는 마음이 100이라면, 똑
같이 100을 가진 자가 두 사람이 있을
때,
22 앞에 있는 자는 모두를 덮어 주고자
하며 너그럽게 용서하는 것을 사랑으
로써 생각하고 나가며,
23 뒤에 있는 자는 그를 다스려 가르치고
또 그들에게 매질하여 폭로하고 그를
가지고 비방하여 그를 바로 세우고자
하는 그 사람도 또한 사랑이니라.
24 그러니 공박하는 사랑과 덮어 주고자
하는 사랑, 그 모두는 사랑은 사랑일
것이니라.
25 그러나 어떠한 길을 선택해야 할 것인
가 하는 것은 너희 몫이며 너희가 가
야 할 길임을 알아야 할 것이니라.
26 지금의 종교 지도자요, 집단들이 어찌
가고 있는가?
27 후자의 사랑의 길을 선택한 자와 같은
사랑의 베풂의 길이 모든 종교 지도
자요, 집단이요, 그 신도들이 가는 길
이라는 것을 알아야 할 것이니라.
28 이제 사랑하는 나의 아들을 따르는 제
자들이요, 만백성 너희는 알아야 할
것이니라.
29 똑같이 사랑하는 그 강도는 같음이니
라.
30 그리고 사랑하는 마음도 똑같으니라.
31 그러나 똑같은 사랑을 하되, 표현하는
방법, 활용하는 방법, 쓰이는 방법, 운
영하는 방법에 따라서 그 사랑이 또한
천태만상으로 변하게 됨이니,
32 그 사랑 또한 똑같은 사랑이라 하나,
후자와 전자를 잘 선택해서 그를 베풀
어 가는 사람이 현명한 백성이며 나의
뜻을 거역하지 않는 백성이니라.
33 사랑은 똑같은 사랑이되 표현의 차이
에서 그와 같이 무서움이니라.
34 공박하는 사랑을 보이는가, 덮어 주는
사랑을 보이는가?
35 인자한 사랑으로 베푸는가, 비방하는
사랑으로써 베푸는가?
36 사랑은 사랑이라 다 말할 수 있으나
여기에서 선택의 몫은 너희 것이니라,
사랑하는 나의 아들딸들아!

7,332 번째 하나님 말씀

2003년 8월 30일 12시 12분

1 사랑하는 나의 아들아!
2 "네, 아버님! 말씀하옵소서."
3 너를 따르는 제자들이요, 법전을 읽고
깨우쳐 살아가는 그 백성에게 내가

무한한 사랑을 내리며 그 길을 인도해
주고 있음을 너희는 알아야 할 것이
니라.
4 물질적인 사랑이요, 오늘의 어떠한 그
역사함만 사랑이 아니라, 고통과 시련
의 그 역사함이 사랑임을 알아야 할
것이니라.
5 실패를 거듭하는 그 속에서 너희가
깨달아지며 성장함을 알아야 할 것이
니라.
6 내가 참된 강한 용기를 가진 나의 백
성으로 만들기 위해 너희가 인내함을
얻도록 육의 고통과 어려움과 시련과
실패에 실패를 거듭하게 하며, 그 경
험을 쌓게 하는 강도 높은 훈련을 시
키고 있음을 너희는 알아야 할 것이
니라.
7 너희가 고통과 어려움과 시련과 역사
하는 그 실패의 아픔을 경험하고 느끼
는 훈련을 거치지 아니하고는 바로 설
수 없기 때문이니라.
8 내가 너희에게 실패를 거듭하는 고통
과 어려움의 시련을 주는 것은 모두
미래에 내가 너희를 크게 쓰고자 하
며,
9 그 자리가 너무나 중요하고 크기에 너
희에게 함부로 그 자리를 맡길 수가
없기 때문이니라.
10 너희가 어린아이에게 줄 수 없는 것을
주어서는 안 되듯이, 그를 성장시키고
클 때까지 기다리는 그 부모의 마음처
럼,
11 어린아이에게 부모가 재산을 넘겨주
며 마음대로 모든 것을 관리할 수 있
도록 모든 권한을 주던가?
12 그를 훈련시키고 다스려서 그가 잘
이끌어 갔을 때 편안한 마음으로 줄
수 있을 것이니라.
13 그래서 내가 너희에게 실패요, 실패를
거듭 훈련을 시키니, 성공보다 실패의
경험의 어려운 고통이 큰 은혜요, 사
랑임을 알라.
14 너희가 차지할 자리가 너무나 크며
너희가 역사할 자리가 너무나 크기
때문이니라.
15 그리고 크게 너희를 쓰기 때문이니,
큰 것을 너희에게 주었을 때 그 임무
를 수행할 수 있는 능력을 완전히 갖
추도록 하고자 함이니,
16 그 임무를 수행하지 못했을 때 거기에
서 오는 파장은 더 이상 감당할 수 없
기 때문이니 그리 알라.
17 나 여호와의 뜻과 나의 마음을 갖고
그대로 전하고 가르치기 위해서는 너
희가 고되고 힘든 강도 높은 훈련의
역사함이 없이는 아무것도 지탱할 수
없으며,
18 너희가 나의 뜻을 전하며 이끌어 갈
수 없는 것이니라.
19 너희가 가는 길은 험하고 힘든 그 길
만 남아 있음이니라.
20 내가 나의 아들에게 전하여 뭐라 말하
였느냐?
21 나의 아들이 가는 길은, 예수가 광야
에서 40일 동안 그 고통의 기도를 했
으며 거기에서 진리요, 무엇인가를 깨
우치고자 했던 그 고통보다도 더 험악
한 길을 가야 하며,
22 석가가 깨우치고자 하여 그 목숨을 던
져 수행했던 그 고통보다도 나의 아들

은 더 길고 먼 길을 그보다 더 차원 높
은 깨달음이요, 그보다 더 위대한 나
의 뜻을 알아 만백성에게 전하는 그
길을 가기에,
23 그들보다 열배 백배 더 힘들고 어려
운 고통의 길을 가는 것이 나의 아들
이요, 나의 아들이 역사하는 길이라는
것을 너희는 모를 것이니라.
24 나의 아들이 가는 길에 그 고통과 시
련은 석가가 무엇인가를 얻고자 마음
을 비우며 욕심을 털고자 기도했던 것
과 나의 아들 예수가 광야에서 사탄과
싸워 이겼던 그 역사함보다도 몇십
배 더 강한 고통의 훈련이요, 그 역사
함을 가야 할 것이니라.
25 그리하여 그들이 만 개를 버려 만 개
를 얻었다면, 나의 아들은 그보다 더
한 것을 얻어야 하기 때문이니라.
26 이는 나를 대신하여 행하는 자이기 때
문에 그는 끝까지 어렵고 힘든 그 길
을 가야 함이니,
27 그 마음속에 있는 사악한 마음이요,
잘못된 욕심을 모두 다 버려 천사와
같이 다시 태어나기 위해 그는 얼마
나 어렵고 힘든 길을 가야 하겠는가?
28 잠깐 며칠이요, 몇 달을 기도하고 깨
우쳐서 얻은 그 진리가 아니라, 영원
히 죽을 때까지 깨우쳐 가야 하며, 그
많고도 많은 진리를 다 세상에 전해야
하며, 그 험악하고 험악한 산을 넘어
야 한다 함이니라.
29 그러니 내가 너희에게 뭐라 했으며
그 아내에게 뭐라 말하였더냐?
30 나의 아들이 가는 그 앞에 어떠한 여
인이든 연필 한 자루를 더 쥐어 주는
그 수고로움도 주지 말라 하였음이니
라.
31 흔들리는 길고 긴 높은 사다리를 올라
가기에, 백지 한 장 드는 것도 그에게
는 버거움이요, 힘이 든다 했거늘,
32 어찌하여 너희는 오늘의 행동을 그리
함부로 하며 깨달음이 없이, 인간의
생각이요, 인간의 욕심을 버리지 못하
고 그 고리를 놓지 못하는 행위를 그
리 함부로 할 수 있단 말이던가?
33 나의 아들은 예수가 광야에서 기도하
여 깨달은 것보다 더 고통스러운 길이
요, 그 몇십 배의 길고 긴 세월을 고통
속에 가야 하며,
34 석가가 깨우치고자 기도했던 그 깨우
침을 얻은 것보다도 더 높은 깨달음을
얻기 위하여 그는 고통스러운 수행의
길을 가야 하며 멀고도 먼 길을 가야
하니, 그는 만신창이가 되어 가는 자
이니라.
35 그러니 그에게 이쑤시개와 같은 작은
것 하나를 쥐여 주고 얹어 주는 것도
지탱하기 어렵다 하였거늘,
36 너희가 오늘 가는 그 행동이요, 마음
속의 그 자세가 어떠한가?
37 천사와 같은 아름다운 마음을 가진 자
만 그 옆에 존재할 수 있다 하였음이
니,
38 너희가 그런 마음을 가지고 나의 아들
과 더불어 가고자 하지 아니할 때, 너
희는 사악한 형국의 모습으로 변화됨
이니라.
39 지금 공동묘지를 지어 놓고 그 안에서
짐승과 같은 형국으로 아우성을 치는
것이 종교 집단이요, 지도자들이라 하

였으니,
40 너희가 그 길을 정녕 가고자 하며 거기에 더불어 어울리고자 하는 자 있거든 함부로 행동하며 함부로 말하며, 육신의 생각의 욕심을 버리지 말라.
41 육의 생각이 무엇이고 육이 가진 것이 과연 얼마나 위대한 것이며 대단한 것이더냐?
42 모든 것을 나에게 빌려 쓰며 내 것을 가지고 관리하는 그와 같은 신분을 가진 자들이 어찌하여 그것에 노예가 되는가?
43 재물의 노예가 되고 명예의 노예가 되어 사약을 받아서 귀양살이를 가는 어리석은 자보다도 천배 만배 어리석은 것이 너희이니라.
44 그는 육의 세상에서 이루어지는 것이며, 백 년도 안 되는 세상에서 사약을 받으며 귀양을 가는 것이나,
45 너희는 영원히 사는 나의 세상에 와 귀양살이보다 사약을 받는 것보다도 더 어려운 그 길을 가기 위해 자초하는 것이 오늘 나의 아들이 가는 그 앞에 이쑤시개를 갖다 들고 가라 하며 휴지를 들고 가라 하며 종이를 들고 가라 그리하는 자들이니 그 무서움이 어떤 것인가를 알라.
46 애써 노력하여 가고자 하며 그 어렵고 힘들게 가는 그 길에 너희가 그 길을 쓸어 주고 안내하는 자가 되지는 못할망정 그 길을 막고 미는 자가 되어서는 아니 될 것이니라.
47 그것이 나로부터 선택된 백성이 할 수 있는 일이요, 창조주 내가 초청한 손님이 내 아들을 면박하며 내 아들에게 고통을 주며 그를 무너트리며 그에게 시련을 주는 그와 같은 손님이 되어서야 되겠는가?
48 오늘에 내리는 그 의미를 가슴에 칼을 대어 살점을 도려내는 아픔보다도 깊게 깨우쳐야 할 것이며, 깨닫고 반성하여야 함을 알라, 사랑하는 나의 아들딸들아!
49 너희를 사랑하기 때문에 내가 오늘 이 말을 전함이니라.

7,333 번째 하나님 말씀

2003년 8월 30일 12시 17분

1 사랑하는 나의 아들아!
2 **"네, 아버님! 말씀하옵소서."**
3 너를 따르는 제자들이요, 나의 법전을 읽고 깨우친 만백성 너희는 알아야 할 것이니라.
4 나 여호와가 너희에게 내리는 그 고통과 그 어려움의 모두요, 그 문제점을 피하고 도피하려 하지 말라.
5 절대로 너희의 고통과 시련에서 도피하며 우회하여 돌아가고자 하는 마음을 가져서는 절대로 아니 됨이니라.
6 이제 마지막 시대에 내가 불러 쓰고자 하여 선택된 백성 너희는 어떠한 고통과 훈련이요, 실패를 거듭한다 해도 용감히 도전하고 접근하는 그 길이 너희가 바로 오는 길이며 나에게 향한 길임을 알라.
7 너희가 정녕 실패를 거듭하며 어렵고 힘들거든, 더 큰 실패요, 용기요, 그리고 더 어려움을 너희에게 달라 그리 말하라.

8 더 큰 힘이요, 견디기 어려운 그 고통
이요, 너희가 무엇인가 역사하고자 하
는 그 속에서 더 접근하며 더 받아 다
스리고 나가고자 하는 그 용기가 있어
야 너희가 나에게 올 수 있는 백성임
을 알라.
9 지금의 모든 믿음의 길을 가는 백성이
요, 신도들을 과연 어찌하는가?
10 어렵고 그 힘든 길을 가지 아니하려
하며 그를 피해 가려고 하느니라.
11 그리하여 저희보다 더 큰 힘을 가진
자, 그리고 더불어 위대한 것을 가진
자로부터 무엇을 얻으려고 그것으로
부터 의지하고자 하는 그들은 그 고통
을 피해 가고자 하는 것이니라.
12 그리고 그 고통을 피해 쉽게 무엇인가
를 이루고자 하는 자들이니라.
13 그러나 너희는 그리하지 말라.
14 그들이 더 큰 힘을 가진 자, 더 능력을
가진 자에게 기대하고 원하는 것이 바
로 무엇이더냐?
15 나 여호와를 찾으며 나에게 목매어 매
달리는 자들이니, 그들은 어렵고 힘든
그 길을 피해 가고자 하는 자들이니라.
16 그러나 나로부터 선택된 나의 아들딸
너희는 쉽게 가는 길을 선택하지 말
라.
17 그리하여 그 길을 가고자 하지 말라.
18 너희는 어렵고 힘든 그 고통에 더 큰
어려움을 너희에게 달라 하라.
19 그리고 그걸 헤쳐 나가고자 하는 용
기와 시련 앞에 직접 접근하는 그와
같은 삶을 살라.
20 그것이 너희가 바로 설 길이며, 어렵
고 힘든 나의 법전을 세상에 전하는
그 역사를 이룰 수 있는 길이니라.
21 너희는 더 접근하며 더 달라 말하며
나에게 더 가까이 오라.
22 그 고통과 시련을 스스로 찾아가라.
23 그리고 너희가 접근하여 너희 것으로
만들어 모든 것을 해결하는 그 역사의
길을 가라.
24 그것이 나 여호와로부터 큰 상을 받는
길임을 알라.
25 너희는 편해지는 것, 너희가 가질 수
있는 것, 얻을 수 있는 것, 정해진 그
숫자 속에서 더 달라 그리 말하며, 정
해진 고통 속에서 그 고통을 더 안고
자, 더 해결하고자, 더 감내하고자 하
는 마음으로 기도하는 자가 없음이니,
26 여기서 너희는 간단한 이치를 깨달아
야 할 것이니라.
27 더 달라 이루어 달라 하며 편한 길을
가고자 하는 자와,
28 남들이 받아야 할 그 고통을 대신 지
고 가며 대신 역사하겠다 하여 그 고
통을 나에게 더 주십사 그리고 나에게
더 얹어 주십사 하며 고통을 찾아 나
가는 용감한 백성은 과연 누구의 백
성이요,
29 어떤 것이 하늘의 나 여호와의 뜻인가
를 너희는 알고도 남음이 있을 것이
며, 그와 같은 지혜는 내가 너희에게
주었음을 알라.

7,334 번째 하나님 말씀

2003년 8월 31일 07시 04분

1 사랑하는 나의 아들아!
2 "네, 아버님! 말씀하옵소서."

3 모두 똑같이 살아가는 인생에서 너희
가 마음 한자리를 어찌 먹느냐에 따라
서 다르다 하였음이니라.
4 악한 마음을 가지고 사는 자는 악함이
요, 사탄이요, 선한 마음을 가지고 사
는 것은 천사라 그리 말하였음이니라.
5 너희가 선한 마음을 먹는 것은 선택
하기가 힘들고 어려우나,
6 그 어렵고 힘든 고통보다 너희가 악
이 되어 지옥 불에 가 받는 고통은 감
히 상상할 수가 없음을 알아야 할 것
이니라.
7 너희가 선한 마음을 가지고 살아 하늘
에 올라와 나로부터 상을 받는 그것은
너희가 상상할 수 없으며 감히 견딜
수 없는 그와 같은 관계가 이루어짐을
알아야 할 것이니라.
8 그러니 똑같이 살아가는 그 인생 속에
서 너희가 마음 한자리를 어찌 먹느
냐에 따라서 하늘과 땅 사이보다도 더
멀고도 먼 거리가 생긴다는 것을 절대
잊어서는 아니 될 것이니라.
9 너희가 마음 한자리를 먹고 사는 것이
어떠하더냐?
10 마음을 잘못 먹고 사는 자는 모두 썩
은 과일과 같은 자가 되며, 마음을 바
로 먹고 사는 것은 만백성의 양식이
되는 싱싱하고 아름다운 과일이 되는
것이 너희가 마음 한자리 먹기에 달
린 것이니라.
11 너희가 마음 하나를 잘못 먹으면 냄
새 나는 오물이 너희에게 그득히 차
있는 그와 같은 삶을 사는 것이요, 너
희 몸이 더러운 냄새나는 오물로 차
있는 것이며,
12 너희가 마음 하나를 잘 먹음으로 인해
서 신선한 피와 육으로써 이루어진 사
람의 형체로 달라짐을 알아야 할 것이
니라.
13 과연 너희는 썩고 썩어 냄새나는 사
람으로서 살아갈 것인가, 그렇지 아니
하면 신선한 사람으로서 세상을 살다
나에게 올 것인가?
14 너희는 썩어서 냄새 나는 자가 과연
나에게 올 수 있다고 생각하는가?
15 그와 같은 자는 정녕 나에게 올 수 없
음을 알아야 할 것이니라.
16 인간으로서 인간다운 모습으로 사는
자가 나에게 올 수 있음이니, 그것이
마음 한자리 먹기에 달린 것이며 행동
하기에 달렸음을 알라.
17 너희는 행동이 그와 같이 무서움을
알아야 할 것이니라.
18 너를 따르는 제자들과 나의 법전을 읽
고 깨우친 만백성 너희는 알아야 할
것이니라.
19 너희가 마음을 어찌 먹고 어찌 행동하
느냐에 따라서 다 썩은 과일이 되느
냐, 만백성의 양식이 될 수 있는 싱싱
한 과일이 되느냐,
20 그리고 너희 자신의 몸 안이 다 썩은
것으로 채워져 그 오물이 썩는 냄새가
하늘을 진동하며 나의 얼굴을 돌리도
록 하는 그와 같은 썩은 자가 되어 죽
어 지옥으로 갈 것인가,
21 그렇지 않으면 정녕 사람으로 살다 나
에게 올 것인가?
22 그것이 마음먹기에 달렸으며 행동 하
나하나 하기에 달렸음이니, 그 행동이
얼마나 중요한지 알아야 할 것이니라.

23 너희가 해서는 아니 되는 짓을 하는
것, 그리고 진실한 삶을 살지 않는 것,
그리고 진실한 마음이요, 진실한 행동
으로써 하지 아니하는 것, 그 모두는
다 너희 자신을 다 썩게 하며 썩은 오
물로 너희 몸을 채우는 것이니,
24 너희 몸에서 썩어져 온갖 냄새가 나는
그와 같은 형국을 생각해 보라.
25 그런데도 너희가 마음 한자리를 잘못
먹고 사악한 마음으로 갈 수 있는가?
26 너희는 지옥 불이 얼마나 무서운 것인
가를 생각하지 못함이니라.
27 인간이 살다 죽었을 때 무덤이라 하
는 그 속에 묻힘이니라.
28 죄가 사악하고 무거운 자, 그리고 용
서받지 못할 자 중에 그 무덤에서 영
원히 나오지 못하고 그 관 속에 묻혀
영원히 그 안에 존재한다고 생각해 보
라.
29 숨을 쉴 수도 없는 그 답답한 관 속이
요, 그 흙 속에 육이 죽어 있는 그곳에
너희의 죄 하나로 영혼도 그곳에서 나
오지 못하고 갇혀 영원히 흙 속에서
그와 같은 벌을 받을 수 있다는 것을
한번 생각해 보라.
30 지금 살아 있는 너희가 무덤 속의 관
에 묻혀서 숨을 쉬지 못하고 나오지
못하며 살아 있는 형국으로 그곳에
영원히 묻혀 있다 생각해 보라.
31 지금 너희의 육과 영혼이 있는 그대
로 묻혀 있을 때 과연 어떻겠느냐?
32 그 고통보다도 더 무서운 지옥 불에서
죄가 있으면 벌을 받는다는 것을 잊어
서는 아니 될 것이니,
33 그런데도 너희가 흉악한 짓이요, 더러
운 짓이요, 추한 짓이요, 그리고 마음
을 잘못 먹으며 행동을 잘못하며 그리
하여 썩은 냄새가 나는 인간으로 될
수 있는가?
34 무덤 속에 산 채로 묻혀 갇혀 있는 것
보다도 더 무섭고 더 무서운 벌을 지
옥에 와 받는다는 것을 잊어서는 아니
될 것이니 그리 알라.
35 그와 같이 견딜 수 있고 그곳에서 영
원히 살 수 있다고 생각하거든 죄를
짓고 살며 썩은 자가 되도록 그리하라.
36 끓는 유황불 속이요, 끓는 불속이요,
기름 가마에 들어가서 그 고통을 참는
다 생각해 보라.
37 그래도 너희가 죄를 지을 수 있으며
사악한 짓을 할 수 있으며, 진실한 마
음을 갖지 아니하고 살 수 있다고 생
각하는가?
38 이것이 너희가 앞으로 겪어야 할 일임
을 잊지 말라.
39 이를 너의 제자들에게 전할 것이며,
40 나의 법전을 읽고 깨우친 백성 너희는
각성하라.
41 그 무서운 벌을 현실 속에서 받는다
생각하면, 과연 그래도 너희가 사악한
생각이요, 사악한 행동이요, 진실한
마음이요, 진실한 행동으로 살아가지
아니하고 견딜 수 있는가?
42 시간이 없음이니라.
43 그 모든 지옥의 죄가 무엇이며, 너희
가 죄를 지었을 때 나에게 받는 그 고
통이 무엇인가를 내가 나의 아들을 통
하여 이 법전에 기록하여 너희에게 전
함이니,
44 이를 보고 아름답게 마음을 고쳐먹으

며 변화되는 삶을 살지 아니하면 아니
될 것이니라.
45 내가 사탄이요, 사악한 자라면 나의
아들에게 그와 같은 무서운 하늘의 죄
의 법도를 가르쳐 주겠느냐?
46 너희가 이대로 관 속에 묻혀 살아나지
못하며 그대로 거기에 육신이 숨을 쉬
고 생각을 할 수 있는 자체로 묻혀 있
다 생각해 보라.
47 영원히 묻혀 있을 것이니 그리 알라.
48 그와 같은 속에서 과연 얼마나 견딜
수 있다고 생각하는가?
49 그 고통은 너희가 상상할 수 없으나,
그것은 아무것도 아님을 알라.
50 그런데도 죄를 지으려거든 지으라.
51 죄를 짓지 아니하도록 다스리는 것이
너희를 사랑하는 나 여호와요, 창조주
아버지가 너희에게 내리는 것이니,
52 사탄이요, 마귀가 너희에게 그리 내리
겠는가?
53 사탄과 마귀라면 너희에게 죄를 짓고
사는 것은 말로써 용서를 받으면 다
용서를 받을 수 있으며 그 죄는 아무
것도 아니며, 나에게 와 심판을 받을
때 그건 무게가 없다고 그리 너희를
가르칠 것이니라.
54 그러나 나는 창조주이며 나의 아들을
나의 아들로서 내가 그를 통하여 너
희를 깨우치고자 하며 다스리고자 함
이니 그리 알라.
55 오늘의 나의 아들을 보지 말라.
56 미래의 나의 아들을 본다면 너희가
지금 살아가는 마음이요, 행동을 어찌
해야 할 것인가 너희 스스로 알 것이
니,
57 내 아들을 보며 탓하지 말며 네 이웃
을 보고 탓하지 말며 남을 보고 탓할
시간이 없음이니라.
58 내가 법전에 기록한 그 내용대로 너희
자신이 변하는 것도 지금 시간이 없음
을 알라, 사랑하는 나의 아들딸들아!

7,335 번째 하나님 말씀

2003년 8월 31일 07시 11분

1 사랑하는 나의 아들아!
2 "네, 아버님! 말씀하옵소서."
3 너희가 인간 세상에서 서로 힘을 합칠
때, 그 합쳐진 힘은 배 이상의 힘을 발
휘하며 역사한다 하였음이니라.
4 그러니 작은 단체는 작은 단체대로 하
나가 되며 큰 단체는 큰 단체대로 하
나가 되고 또 국가는 국가대로 하나가
되었을 때, 그들이 역사하는 그 힘과
능력은 감히 감당하기 어려우며, 이
세상에 누구든지 패자가 없음을 알아
야 할 것이니라.
5 하나가 되어 움직이는 그 힘이야말로
각자의 능력보다 수십 배의 능력을 발
휘하는 것이라 그리하지 아니하였던
가?
6 너희가 혼자 힘을 발휘하여 열 개의
돌이라는 것을 혼자 하나씩 움직이는
것보다, 열 사람이 모여서 하나씩을
치우면 그 돌 열 개를 치우기는 얼마
나 쉽더냐?
7 이치가 그러하니라.
8 나의 아들 예수를 세상에 보낸 그 뜻
이 무엇인 줄 알겠느냐?
9 너희가 하나가 되라 하였음이니라.

10 너희가 하나가 되어 하늘에 오르는 길
을 모든 백성이 즐기며 웃고 웃으며
꽃길을 따라 나에게 오는 그와 같은
하나가 되는 역사를 위하여,
11 나의 아들 예수를 통하여 너희가 나
의 뜻에 동참하여 하나가 되게 하기
위해 나의 아들을 세상에 내보냈음이
니라.
12 그리하여 너희가 하나의 길에서 하나
의 진리를 따라 그 깨달음을 갖고 다
같이 내가 이루고자 하며 역사하고자
하는 그 모든 길에 동참하게 하기 위
해 사랑하는 나의 아들딸이 하나가 되
는 것을 역사하고자 했으나,
13 사악한 악마의 후예들이요, 사탄의 종
들이 그 험악한 일을 저질렀으며, 나
의 아들이 인간으로서 견디기 어려운
가장 고통스러운 그와 같은 행위를 하
지 아니하였던가?
14 그러면서 너희는 나의 아들이 너희
죄를 대속하기 위하여 세상에 보내진
자이며, 그리고 독생자를 창조주 나
여호와가 너희를 위하여 보냈다 그리
말하며 가르치느니라.
15 그리하여 너희는 죄가 없는 자들이며,
죄를 다 대속받은 자들이며, 그리고
너희는 하늘에 오를 수 있는 자들이라
죄가 없다 함이니라.
16 하나가 되도록 하고자 내가 나의 아들
을 세상에 내려보내어 그 역사를 이루
었던 것을, 지금의 너희가 그 뜻을 어
찌 이루었으며, 그와 같은 역사가 과
연 이루어졌느냐?
17 너희는 그러한 나의 아들을 죽이는 그
순간에 지금 나의 백성이 하나가 되
었다고 말하느냐?
18 천 갈래 만 갈래 개인마다 갈라져 있
으며 그 모든 종파는 종파대로 다 갈
라졌음이니, 이를 보는 나 여호와의
마음이 어떻겠는가?
19 나 여호와는 너희가 천 갈래 만 갈래
갈라진 것만큼 내 가슴이 찢어지고 아
픔을 너희는 알아야 할 것이니라.
20 모두 하나가 되어 나의 길에 역사하며
나의 뜻에 동참하는 백성이 되라 하였
거늘, 너희가 하나 찢어지는 것만큼
내 가슴이 찢어지는 그와 같은 아픔을
겪는다면 과연 너희는 알겠는가?
21 그를 바라보는 나 여호와의 마음이 어
떻겠느냐?
22 여기서 너희는 생각해 봐야 할 것이
니라.
23 하나가 둘이 되고 둘이 하나가 되는
그와 같은 역사는 정반대의 역사이니
라.
24 찢어지고 찢어지는 것은 쓸모가 없음
이니라.
25 두 사람이 한 사람이 되는 것이 인간
의 형태로써 그 역사의 힘이 배로 가
중되어 역사한다 그리하였음이니라.
26 그리하여 사랑하는 나의 아들을 세상
에 보낸 그 이유가 모두가 하나가 되
어 내 뜻을 역사하며, 내 뜻에 동참하
여 하늘에 오르는 그 길을 다 같이 즐
겁게 웃으며 나에게 올 수 있도록 그
리 나의 아들을 보냈건만, 너희가 그
리했음이니라.
27 그리하여 지금 수천수만 헤아릴 수
없는 종파가 세상에 생겼음이니,
28 그 종파마다 몸담은 자, 또 그 종파 속

에서 서로 시시비비하며 서로 질투하
여 그 암투 속에서 또 갈라지고 갈라
진 것이 얼마나 수없이 갈라져 있는가?
29 지금 갈라진 너희는 참진리요, 나 여
호와의 은혜에 감사하는 하나의 마음
으로 뭉쳐진 것이 아니요, 개인마다
갈라진 그와 같은 형국이 되어 있음이
니라.
30 내가 너희를 사랑하기에, 버리고자 하
였으나 지금 다시 너희를 이끌어 가
고자 하는 것이 나 여호와의 뜻이며,
하나로써 동참시키는 그와 같은 시대
를 열고자 함이니라.
31 그리하여 제3의 시대를 열었음이니,
이는 지금 동참하지 아니하는 자는 버
릴 것이며 동참하는 자는 하늘에 오르
는 길을 올 수 있는 그 시대가 열렸음
을 알라.
32 모든 집단이요, 작은 집단이든 큰 집
단이든 국가를 경영하든 거기에서 반
대를 위한 반대만을 일삼는 자는 그
소속 일원이 아니며 그 회원이 아니며
그 식구가 아니라는 것을 내가 너희에
게 말했듯이, 지금의 모든 종교 집단
들은 나의 뜻을 거역하는 그와 같은
형국이니 과연 어떠한 자들인가?
33 이제는 내가 더 이상 그들을 묵과 할
수 없으며, 버릴 자와 구할 자를 선별
하는 것이 제3의 시대가 열린 그 역사
이니, 두 번 다시 너희에게 기회는 없
음을 알라, 사랑하는 나의 아들딸들아!

7,336 번째 하나님 말씀

2003년 8월 31일 07시 22분

1 사랑하는 나의 아들아!
2 "네, 아버님! 말씀하옵소서."
3 너희가 하늘에 오르는 길이요, 나에게
오르고자 하며 두렵고 무서운 지옥 불
에 던져지지 아니하며 천국의 그 나라
에 올 수 있는 것은, '나는 존재하지
않는다'는 삶을 살지 아니한다면 너희
는 결코 이 길에 오를 수 없음을 알라.
4 자기가 존재함을 의식하며 자기를 생
각하는 그와 같은 삶을 갖고는 절대
너희는 이 길을 갈 수 없으며 이 역사
를 이룰 수 없다는 것을 알라.
5 자기 자신이 존재하지 않는다는 그와
같은 육의 삶을 살아야 할 것이니, 그
길을 가지 못한다면 너희는 법전을
가슴에 안고 정독하며 깨우치는 그 길
을 간다 한들 아무런 필요가 없음을
알아야 할 것이니라.
6 이제 너의 제자들이 깨우친 경지가 높
은 만큼 그들이 자기의 존재를 버리는
그와 같은 삶을 살지 아니하면 아니
된다 하였음이니라.
7 내가 나의 아들을 통하여 너희에게 뭐
라 말하였느냐?
8 나의 아들이 가는 길은 석가가 간 그
고통의 길보다도 더 어렵고 힘든 길을
가야 하며, 예수가 광야에서 사탄과
시험하는 그 40일간의 투쟁보다도 더
어렵고 힘든 길을 간다 하였음이니,
너희 또한 그러하니라.
9 너희가 하나를 깨우치면 두 개를 더
깨우쳐야 하며 두 개를 깨우치면 세

개를 깨우치고 그 세 개를 깨우치면
또 그 배로 깨우쳐 행하고 지키고 가
야 하는 그 삶을 살아야 함이니,
10 육의 세상의 모든 것을 다 버리는 것
이 하늘에 오르는 길이요, 너희가 만
백성에게 거울이 되는 길이 아니더냐?
11 석가가 그와 같이 기도드린 것이 무엇
인 줄 알겠느냐?
12 그가 육이 가진 욕심이요, 너희가 가
진 수천수만 가지 잘못된 생각을 털
어 버릴 수가 없기에, 그를 털어 버리
기 위해, 그 모두를 버리기 위해 인간
으로서 왕자의 자리를 버렸으며,
13 그 고통 속에 그가 죽어 가면서까지
역사하고자 했던 것이 그것이니라.
14 그러나 그들은 40일이요, 그 어떠한
기간의 고통으로써 끝났음이니라.
15 그리고 그들은 모두 일찍 죽었음이니
라.
16 나의 아들 예수 또한 그 40일의 고통
속에서 사탄과 싸워 이기는 그 역사를
그가 만백성에게 전하는 길이 정녕 얼
마나 짧았더냐?
17 또한, 짧은 속에서 그들이 받아들일
수 있는 것은 한계가 있지 아니하던가?
18 너희는 앞으로 살 수 있는 그 육의 삶
을 위하여 그 역사함으로써 나에게
선택되고 불렸으니, 그들보다 많은 세
상을 살아야 하며 많은 삶을 살아야
할 것이 아니더냐?
19 그러니 그들보다 더 고통스럽고 어려
운 길을 가는 것이 지금 나의 아들이
가는 길이요, 그 제자 너희가 가는 길
이라 하였음이니라.
20 오늘 아침 내가 너희에게 명하기를,
자신이 존재하지 아니한다는 삶을 살
지 아니하면 나에게 오를 수 없다 하
였음이니, 이를 깨닫고 너희 자신을
버리고 난 다음에, 나 여호와가 너희
에게 그다음 단계를 또 내릴 것이니라.
21 너희가 죽을 때까지 지키고 변화될 것
을 나 여호와는 나의 아들을 통하여
너희에게 명할 것이니,
22 너희가 그를 행하고 지켜 살아가며 변
화될 것은 아직도 끝이 보이지 아니함
이니라.
23 그러니 그들보다도 더 고통스러운 역
사요, 그들보다도 더 큰 역사를 이루
며 그들보다도 더 위대한 일을 이루고
가는 자들이 나의 아들이요, 지금 선
택된 너희라 그리하였음이니라.
24 그러니 너희는 오늘 이 순간부터 너희
자신이 존재하지 않는 그와 같은 삶을
살아야 할 것이니라.
25 인간은 계명을 지키고 살 수 없다는
것을, 너희는 계명을 지키고 사는 것
이라 하며, 그걸 지키고자 하는 그 고
통의 계단을 넘고,
26 또 오늘은 너희 자신이 존재하지 아
니하며 남을 위하는 기도를 하며 남을
위한 삶을 사는 그 역사를 한 단계 한
단계 충실히 시행하고 역사해야 할 것
이니라.
27 그러니 그들도 뽑아내지 못했던 것,
그들도 버리지 못했던 그 모든 것을
너희는 살아서 다 버려야 할 것이니
그리 알라.
28 그러하기 때문에 어려운 역사의 길고
긴 고통의 세월 속에서 너희가 나와
더불어 내 뜻에 동참하여 만백성을 구

하는 그 역사를 이룸이니라.
29 내가 너희에게 일찌이 말하지 아니하였던가?
30 산속에서 혼자 스스로 깨달으면 무엇하느냐?
31 그 깨달음을 만백성에게 전하는 것이 중요하며, 인간 세속에서 깨달아 같이 가는 것이 소중하다 하였음이니라.
32 아무리 깨달음이 높고 경지에 올라왔다 해도, 그 깨달음을 지키기 위해 스스로 저만 목숨을 끊어 간다면 과연 그것은 가치가 있는가?
33 가치가 없음이니라.
34 그러나 너희는 살아서 그 모든 것을 행하는 자들이니라.
35 곧 살아서 역사하는 자들임을 알아야 할 것이니라.
36 그러니 너희의 고통과 그 시련은 이루 말할 수 없을 것이니 그리 알라.
37 너희가 먹지 못하고 굶는 것이 아니요, 너희 마음속에 있는 사악한 악마의 공장에서 수없이 사악한 것을 만들어 내는 것을 뿌리째 뽑으려면,
38 너희야말로 길고 긴 세월동안 죽기 아니면 살기로 싸우지 아니하면 견딜 수 없음이니라.
39 오늘은 너희 자신이 존재하지 않는다는 그와 같은 삶의 훈련에 들어가도록 그리하며,
40 내가 나의 아들을 통하여 너희에게 명한 것을 하나하나 지키고 살아가도록 그리하라.
41 작은 악습들을 다 버려야 하는 그 고통의 세월을, 바로 그 누구도 갈 수 없는 고통의 길을 가는 것이 너희요, 나에게 초청받은 백성이요, 나로부터 선택된 백성 너희가 가야 할 길임을 잊지 말라, 사랑하는 나의 아들딸들아!

7,337 번째 하나님 말씀

2003년 8월 31분 12시 12분

1 사랑하는 나의 아들아!
2 "네, 아버님! 말씀하옵소서."
3 모든 것이 마음먹기에 달렸다고 너희에게 깨우쳐 주지 아니하였더냐?
4 너희가 험악한 마음을 먹으면 썩고 병든 자요, 너희 몸에서 썩은 내가 나나,
5 너희가 아름다운 생각을 하며 바르게 살고자 하는 마음을 가지고 살면 너희 몸에서 향기가 난다고 말하지 아니하였더냐?
6 너희가 역사하는 모든 것도 그와 마찬가지니라.
7 오늘 나의 성전에 와 기도하고 강론을 듣는 너희가 '우리는 할 수 있다'고 생각한다면 너희는 이 세상을 받쳐 들 수 있는 그와 같은 역사의 힘이 날 것이며,
8 '우리는 할 수 없다' 생각하면 들 수 있는 것도 들 수 없는 것이 너희 마음 자세이니라.
9 너희는 비록 나약하나, 이 지구를 받치겠다 하여 손을 벌려 받친다면 이 지구를 받칠 수 있는 그 역사가 있을 것이며,
10 받치고자 하는 자가 힘에 부칠 때, 지나가는 자가 너희를 도와 같이 힘을 합치는 자가 있을 것이니,
11 너희의 용기와 자신감이요, 그 마음가

짐이 중요함을 알라.

12 너희는 이 세상에 나로부터 선택된 백성이요, 이 세상에 너희보다 하늘의 이치요, 창조주 나 여호와에게 근접해 있는 백성이 없느니라.

13 너희에게 대적할 자가 어디 있으며, 너희보다 현명한 자가 어디 있으며, 너희보다 은혜를 받은 자가 어디 있다 생각하는가?

14 너희는 하나가 되어 모든 역사를 할 수 있으며, 너희 손으로 이룰 수 있다는 그와 같은 마음을 가지고 살아야 함을 알아야 할 것이니라.

15 너희가 사람의 병을 고치는 것도 그렇지 않더냐?

16 처음에 병들어 약할 때는 약한 약을 쓰나,

17 그 약을 계속 쓰고 쓰다 보면 만성이 되어 그 약은 그 병을 다스릴 수 없으니, 더 많은 양을 써야 하며 독한 약을 쓰게 되어 있는 것이 이 세상에 너희가 살아가는 진리이니라.

18 나의 아들 예수가 뭐라 말하였느냐?

19 그가 있는 성전에 와 장사하는 행위를 하는 자들에게 '사탄의 자식'이라 하며 그 상판을 뒤집어엎는 행패를 부린 것을, 너희는 나의 아들 예수의 거친 성격 탓이라 그리 생각할 것이 아니라,

20 그가 그와 같이 하지 아니하면 아니 될 정도로 그 환경과 상황이 얼마나 사악해졌으며 얼마나 악독한 형국이면 그가 그와 같은 행위를 했겠는가 생각해봐야 할 것이니라.

21 내가 나의 아들을 통하여 나의 법전에 기록하기를, 너희가 들으면 가슴이 섬뜩하며 너희가 이해하지 못한 것을 많이 전하나,

22 그와 같이 독한 약으로써 다스리지 아니하면 아니 되는 오늘의 현실이요, 시국이기 때문에 그러함을 알아야 할 것이니라.

23 나의 아들 예수가 그 성전에서 장사하고 거래하는 자의 그 상판을 들어엎으며 발로 차며 사탄의 자식이라 광분했던 것은,

24 의인이라는 나의 아들이 그리했을 때, 그들은 보통 말로써 다스리고 말로써 깨우쳐서는 도저히 역사할 수 없는 백성이었기 때문에 그리했던 것을 이제 너희는 알아야 할 것이니라.

25 내가 대장정의 160권의 나의 법전 속에 너희가 들어서 가슴 아픈 이야기며 섬뜩한 그와 같은 이야기요, 잘못 가는 모든 자를 엄히 탓하는 그 비정하게 나의 아들을 통하여 너희를 일깨워 주는 것은 순수한 방법으로써 순수한 마음으로써 다스리고 이끌어 갈 수 없이 썩어져 있기 때문이니라.

26 너희는 독한 약으로써 치료하지 아니하면 아니 되는 그와 같은 형국이 되어 있기 때문에 오늘의 이 역사가 이루어짐이니, 그 뜻을 깊이 깨우쳐 알아야 할 것이니라.

27 내가 너희에게 뭐라 말하였느냐?

28 나의 법전이 세상을 덮을 것이며, 너희는 한 인간인 나의 아들이 인간의 생각으로써 160권의 법전을 기록하여 세상에 내며, 나의 성령이요, 그 진리의 뜻을 만백성에게 전하는 그 역사를

이룰 수 있다고 생각하는가?
29 나는 너희에게 시한을 정해 주었으며
기간을 정해 주었음이니라.
30 내가 너희에게 정해진 그 기간에 나
의 법전이 역사하지 못할 때 나의 성
전을 떠나며 나의 법전을 찢어 버려
도 될 것이거늘,
31 어찌하여 그때까지 너희의 모든 것을
다 던지는 마음 자세를 갖지 못하느냐?
32 너희가 모두를 버리고 자신을 던지며
자기를 지워야 나에게 오르는 길을 올
수 있다 함이니,
33 그것은 너희 스스로 행하는 것이 아
니요, 다른 사람들이요, 너희 이웃 형
제들만이 자신을 던지고 너희를 따라
와야 하는 것처럼 착각하지 말라.
34 너희 먼저 모두를 다 놓을 수 있으며
너희 먼저 자신을 버리며 너희를 놓는
그와 같은 행동과 그 마음가짐으로써
너희들이 맨 앞에 앉아 변화되며 형제
에게 그와 같은 길을 오기를 바라야
할 것이니라.
35 너희 자신이 그리 변하는 것을 생각지
아니하며 남들은 그리 변하여 너희에
게 올 것이라 그리 생각하는 자체가
너희가 아직도 변하지 아니한 형국임
을 알아야 할 것이니라.
36 오늘 너희는 나의 뜻을 들어서 알 것
이니라.
37 오로지 '우리는 할 수 있다, 우리는 역
사할 수 있다'는 그 열망을 품고 하나
가 되어 역사한다면 내가 너희를 도
울 것이며,
38 너희 스스로 하나하나 갈라지며 '나는
할 수 없으며, 우리는 할 수 없으며,
우리는 그저 세월이 흐르는 대로 가다
깨우쳐 나만 구원을 받을 것이다.' 하
는 그와 같은 개인 생각을 하고 간다
면,
39 너희와 너희 형제는 모두 아무것도 이
루어질 수 없을 것이니 그리 알라.
40 너희는 오늘부터 '우리는 할 수 있다.'
그리 부르짖고 가도록 그리하라.

7,338 번째 하나님 말씀

2003년 8월 31일 22시 28분

1 사랑하는 나의 아들아!
2 **"네, 아버님! 말씀하옵소서."**
3 내가 이 세상에 의인이 하나 있으면
천지와 바꾸지 아니한다 하였음이니,
그 의인이 얼마나 소중하고 귀한 것인
가를 알겠는가?
4 너희는 이 세상에 살아가면서 모든 것
에 하나의 어떤 역경에 부닥칠 때마
다, 지금이 재앙의 시대라 그리 말하
며 재앙이 내린다고 말함이니라.
5 인간 세상에 살아가는 나의 피조물 만
백성 너희는 알아야 할 것이니라.
6 나 여호와가 너희에게 재앙을 내릴 때
는 불의 재앙이요, 물의 재앙이요, 이
러한 것으로써 재앙을 내리는 것이 아
님을 알라.
7 지구의 일부가 떨어져 나갔다 해서,
한 나라가 물속에 잠겨 보이지 아니한
다 해서 너희는 그와 같은 것을 재앙
이라 말하나,
8 성령인 하늘의 뜻의 재앙은 그와 같은
것이 아님을 알아야 할 것이니라.
9 나 여호와가 정녕 재앙을 내렸을 때는

너희 자신이 이 세상을 지배하는 백
성으로서 존재하지 못하는 그와 같은
역사가 이루어짐을 알아야 할 것이니
라.
10 너희가 이 세상에 살아가면서 하나의
책임을 주며 어떠한 임무를 주었는데,
그가 그 임무를 수행하지 못할 때 그
를 어찌하는가?
11 곧 갈아치우느니라.
12 그리고 그를 다른 사람으로 바꾸는
것이니라.
13 그것이 바로 오늘의 재앙의 역사와 같
음을 너희는 알아야 할 것이니라.
14 나 여호와가 너희에게 재앙을 내리는
것은 일부의 어떤 변동이요, 일부의
재앙이라 그리 말하지 말라.
15 인간이 모든 동식물을 지배하며 통제
하고 살 수 있도록 하였음이니라.
16 그러나 너희가 나의 뜻을 거역하며
내 뜻을 따르지 아니하여 내가 너희에
게 재앙을 내린다면,
17 너희보다 더 나은 자가 너희를 지배
할 수 있는 그와 같은 형체로써 내가
이 세상에 내려보냄이니,
18 그들로 하여금 너희를 지배하게 하는
그와 같은 역사가 바로 재앙임을 알아
야 할 것이니라.
19 너희를 지배할 능력이 있는 것을 내가
세상에 보냄이니, 어떠한 형태든 너희
를 다스리는 자요, 너희가 감히 대적
할 수 없는 그와 같은 능력이 있는 하
나의 미생물이요, 형체로써 너희를 다
스릴 수 있도록 그리하는 것이니, 그
게 바로 재앙이니라.
20 너희가 지금 모두를 다스리며 짐승을
모두 관리하고 너희 지혜를 넘지 못
하는 그와 같은 형국으로 살아가듯이,
21 너희가 그 지혜를 감히 넘을 수 없으
며 그들을 통제할 수 없는 그와 같은
무서운 능력을 가진 자요, 그리고 너
희를 지배할 수 있는 그와 같은 형체
로써 내가 세상에 내려보냄이니,
22 그리하여 그들로 하여금 너희를 지배
하는 것이 재앙임을 알아야 할 것이
니라.
23 이 세상에 한 사람의 의인이 있다 해
도 그를 존속시키며 그를 지탱하기 위
하여 내가 모든 역사를 함이니라.
24 지금 지구가 땅속에 꺼져 바다에 침몰
하여 큰 피해가 온다 해도 이 세상에
단 하나의 너희가 말하는 의인이 있
다면, 나는 너희를 지배할 수 있는 능
력이 있는 자요, 너희보다 월등한 지
혜와 능력을 가진 그와 같은 미생물
이요, 어떠한 형체로써 너희를 통제할
수 있는 자를 내가 대신하여 내려보내
지 아니함이 여기 있음이니라.
25 그러니 하나가 떨어지며 하나의 나라
가 없어지는 것은 하나의 의인이 세상
에 나오기 위한 보조물이요, 거기에
받침돌이요, 희생물이라는 것을 알아
야 할 것이니라.
26 지금 나의 피조물 만백성이요, 나의
법전을 읽고 공부하는 백성 너희가
있기에 내가 오늘의 노함을 참으며 너
희가 있기 때문에 기다린다 함을 알
아야 할 것이니라.
27 그러니 너희는 지구의 한 곳이요, 한
나라요, 어떠한 형체가 이 세상에서
없어진다 해도 그것이 내가 내리는 심

판의 재앙이라 그리하지 말라.
28 너희는 그저 어떠한 태풍이 불어오거
나 또는 어떠한 한파가 와 많은 생명
을 잃었을 때 나 여호와의 재앙이며
나의 심판이라 그리 말하나,
29 내가 정녕 재앙으로 너희를 심판할
때는 너희는 이제 지배를 받는 자들
이요, 너희를 지배하는 그와 같은 형
체를 모두 내려보내 다스리게 할 것
이니라.
30 그것이 바로 너희에게 재앙임을 알아
야 할 것이니라.
31 너희가 연극을 하는 것처럼, 이 세상
에 사는 너희에게 책임을 주었을 때
그 책임의 주역이 제 역할을 하지 못
할 때 그를 갈아치우는 것처럼,
32 너희가 제대로 가지 못하며 더 이상
나의 뜻을 따르지 아니하며 거역하며
순종하지 아니하고 사악한 형국으로
흘러갈 때,
33 내가 이 지구를 잘라서 또 지구를 침
몰시켜서 너희의 목숨을 잃게 하여
일부만 존재하는 그와 같은 세상이 아
니 됨을 알아야 할 것이니라.
34 이제는 너희를 통제할 수 있는 미물
을 이 세상에 보내어 너희를 다스리
게 하는 그와 같은 형국이 바로 재앙
이니, 너희가 굴복하는 자가 되는 것
이 바로 재앙임을 알라.
35 너희가 이 세상을 지배할 수 없으며
모든 것을 통제하지 못하며 그들의 통
제를 받는 그와 같은 무서운 변화를
이룰 수 있는 것이 나 여호와며, 그것
이 바로 재앙이라는 것을 알아야 할
것이니라.
36 나의 법전을 세상에 내려보내며 나의
아들을 따르는 제자들이요, 너희로 하
여금 새로운 세상을 역사하고자 하며
새로운 세계를 역사하고자 하며 하늘
과 같은 역사를 이곳 지상에서 이루고
자 함이니라.
37 그러니 만일 너희가 바로 가지 못하
며 무너질 때 나 여호와가 분노하여
재앙을 내릴 때는 너희를 통제하는
자가 세상에 오며, 너희는 그와 같은
자들의 지배를 받아야 한다는 것을
잊지 말라.
38 그것이 정녕 내가 너희에게 내리는 재
앙임을 알아야 할 것이니 깊은 의미를
깨우쳐야 할 것이니라.
39 너희를 존재하게 하기 위해 이 세상
을 만든 것이 아니니라.
40 내가 하늘과 같은 낙원을 지상에 만들
기 위해 이 세상을 존재케 했으며,
41 이 세상에 생명을 가지고 존재하는 모
든 것을 위하여 내가 세상을 만든 것
이지, 인간 너희만을 위하여 이 세상
을 존재하게 하였으며 이 세상을 만들
어 너희에게 주었다 생각하지 말라.
42 내가 이 모든 우주를 창조할 때 너희
를 위해 창조한 것이 아니요, 내가 하
늘과 같은 낙원을 지상에 만들고자 창
조하였으며, 그리고 여기에 존재하는
모든 생명체를 위하여 은혜를 내렸음
이니, 너희는 그와 같은 것의 일부분
임을 알라.
43 그리하여 너희에게 동물의 왕이요, 모
두를 다스릴 수 있도록 높은 지혜를
주었거늘 너희가 그 지혜를 가지고
나의 뜻에 동참함이 아니요, 나에게

거역하며 순종하지 아니할 때,
44 내가 너희를 지배할 수 있는 능력 있는 자요, 너희가 감히 그들과 대적할 수 없는 그와 같은 형체인 것을 세상에 내려보내 그들이 통제하게 된다는 것이 재앙이라는 것을 잊지 말라, 사랑하는 나의 아들딸들아!

7,339 번째 하나님 말씀

2003년 8월 31일 22시 36분

1 사랑하는 나의 아들아!
2 "네, 아버님! 말씀하옵소서."
3 내가 너희에게 뭐라 일렀느냐?
4 오늘의 너를 따르는 제자요, 나로부터 선택된 그 백성은 내가 너희에게 상을 내려 모든 것을 다스려 나가는 그와 같은 백성으로서 선택된 자라 그리하였음이니라.
5 너희가 오늘의 고통과 시련이 있는 만큼, 육의 세상에서 나로부터 고통의 길을 가는 것만큼 내가 그 이상의 상을 내릴 것이며, 너희는 그를 받는 백성이라 그리하였음이니라.
6 그리하여 나에게 선택된 백성은 그것이 일반 백성과 차별화라 그리 말하였음이니라.
7 내가 너희에게 은혜를 내려 너희를 깨우치고자 하며, 모든 역사함을 보여 줌으로 인하여 내가 너희에게 약속한 것을 이루어 주기 위하여, 내가 너희에게 은혜를 받은 자들이요, 선택된 자들이라 그리 말하였음이니라.
8 그 모두를 너희가 볼 것이며 그 모두를 받을 것이니라.
9 내가 나의 아들을 통하여 너희에게 전한 이야기요, 너희와 약속한 것이 이루어지지 아니한다면 그것은 나 여호와의 뜻이 아니요, 참진리가 아님을 알아야 할 것이니라.
10 지금의 모든 종교 집단이요, 지도자 너희가 잘 가르쳐야 할 것이며, 함부로 나의 뜻이라 전해서는 아니 될 것이니라.
11 너희가 예수가 재림하여 죽은 자와 산 자를 구분한다는 그것도 너희가 그와 같은 말을 하며 수천 년 동안 세월이 흘러왔지만, 그것이 이루어지지 아니하였다면 그것은 나의 뜻이 아니요, 내가 너희에게 약속한 것이 아님을 알아야 할 것이니라.
12 죽은 자의 육신이 다 살아난다 말하는 자, 그리고 그와 같은 자가 나의 아들이 와 선별할 때 다 이루어지며 역사한다는 것이 몇천 년 동안 흘러오면서 그와 같은 것이 이루어지지 아니하였다면 그것은 누가 한 말이던가?
13 나 여호와가 한 약속은 반드시 이루어지며 내가 명한 것은 지켜지기 때문에 나 여호와의 뜻이요, 창조주가 명한 것이니라.
14 그러니 너희가 함부로 말을 하며 함부로 이야기하여 그것이 이루어지지 아니하고 역사하지 않은 것을 또 너희 후손들에게 또 다음 후손의 종교 지도자가 그 이야기를 계속 반복하고 있음이니,
15 올 것이라 역사할 것이라 하는 것이 이루어지지 아니하며 역사하지 아니한다면 그것은 나 여호와의 뜻이 아니

며 내가 너희에게 명한 것이 아님을
알아야 할 것이니라.
16 내가 나의 아들에게 약속한 것, 내가
역사하는 것은 모두 다 이루어지며 행
하여짐이니라.
17 그러니 그것이 나 여호와의 뜻이요,
참진리요, 창조주의 명이라는 것을 너
희는 알아야 할 것이니라.
18 이 세상을 창조한 나 여호와가 약속하
여 기록된 것을 어찌하여 내가 역사하
지 아니하며 그와 같이 이루어지지 아
니하겠는가?
19 너희는 그것을 알아야 할 것이니라.
20 너희 종교 지도자요, 집단에서 가르치
는 것이 이루어지지 아니하고 역사하
지 아니하는 것은 나 여호와의 뜻이
아니요,
21 내가 약속한 것이 아니요, 너희가 만
든 약속이요, 너희가 나의 피조물 만
백성들을 우롱하기 위해 만든 각색한
것이라는 것을 이제는 알아야 할 것
이니라.
22 이루어지지 않는 것을 이루어진다고
기다리지 말라.
23 너희는 계속해서 나의 아들 예수가
재림한다고 하나, 나 여호와는 재림이
없다 하였음이니, 과연 어떤 것이 창
조주 나 여호와의 뜻이던가?
24 너희가 몇천 년 동안 기다리고 또 기
다리며 울고불고 재림한다 하였으나
하지 아니하였음이니라.
25 그리고 너희는 죽은 자가 다 살아 올
라간다 하였음이니라.
26 그러나 그와 같은 역사는 이루어지지
아니하였음이니라.
27 그러니 이루어지지 아니한 것을 정녕
나 여호와의 약속이요, 내가 너희에게
명한 것이라 말하는가?
28 나 여호와의 명이요, 내가 약속한 것
은 반드시 이 세상에서 이루어지며 행
함이니라.
29 그러니 몇천 년 동안 흘러오면서도 행
하지 아니한 것을 또 재탕하며 나의
피조물 만백성들의 재물을 갈취하지
말라.
30 너희가 재림한다는 것을 나는 재림하
지 아니한다 하였으며 재림하지 아니
하고 몇천 년이 흘러왔음이니라.
31 앞으로 몇천 년 동안 흘러가면서 너희
는 또 나의 아들 예수가 재림한다 하
며 후손에게 가르치며, 다시 나오는
종교 집단이요, 지도자들이 그와 같은
말을 해서 나의 피조물 만백성들을 우
롱하지 말라.
32 너희는 언제까지 재림하며 죽은 자가
무덤에서 살아나온다는 그와 같은 역
사가 이루어진단 말이던가?
33 행해지지 아니하는 것은 다 너희가
만든 약속이요, 너희가 인간 세상에서
만든 조작극임을 알라.
34 너희가 지금의 신약 시대에서 이루어
질 것이며 역사한다는 것이 몇천 년
동안 흘러오면서 이루어지지 아니했
다면 이것은 진정한 나 여호와의 약속
이 아니니 그리 알라.
35 지금 나의 피조물 만백성 너희가 가
는 길, 오늘의 힘들고 어려우나 너희
가 역사한 만큼 그를 내가 반드시 내
릴 것이니라.
36 그리하여 너희를 깨우치게 할 것이며

바로 서게 할 것이니 그리 알라.
37 그러나 너희는 여기서 알아야 할 것
이니라.
38 오늘의 나 여호와의 마음이 얼마나 안
타깝고 고통스러운지 알겠는가?
39 너희가 깨우치는 것만큼 너희가 역사
하는 것만큼 내가 너희에게 상을 내
리고자 하나,
40 너희가 그것도 받을 만한 자격이 되지
아니하였으며 받을 수 있는 준비가 되
지 아니하였으며 받을 수 있도록 변화
되지 아니하였음이니, 과연 나 여호와
의 뜻이 어떠한 것이던가?
41 그러니 나로부터 내린 그 상을 받을
수 있도록 변함이 우선임을 알아야 할
것이니라.
42 내가 너희에게 상을 내려 주며 그 상
을 받은 은혜를 느끼며 감사함을 느끼
며 너희의 깨달음이 전진하며 변하는
역사를 이루고자 하여 내가 너희에게
내리고자 하나,
43 그 은혜와 상을 받을 수 있는 준비가
되지 아니한 너희기에 내가 내리지
못함이니, 나 여호와의 아픈 마음이
거기 있음을 알아야 할 것이니라.

7,340 번째 하나님 말씀

2003년 8월 31일 22시 41분

1 사랑하는 나의 아들아!
2 "네, 아버님! 말씀하옵소서."
3 너희가 살아가면서 재물이 있는 자,
그곳에 부귀영화와 인생의 행복이요,
그 모두가 끝나는 것으로 생각하고
살지 말라.
4 그리고 권력을 누리고 사는 자, 그리
고 지배하고자 사는 자는 모든 행복을
그것으로써 기쁨으로 생각하지 말며,
그것이 너희가 누릴 수 있는 최고의
기쁨이라 그리 생각하지 말라.
5 그것이 행복이요, 축복이라 그리 생각
하는 백성만큼 어리석은 자가 없음이
니라.
6 재물이 여유 있다 해서 부귀영화를 누
린다 하여 가장 기뻐함이요, 권력을
가졌다 해서 가장 기뻐하며, 그것으로
써 기뻐하는 삶을 살아서는 아니 될
것이니라.
7 너희가 정녕 기뻐해야 하는 그 마음은
나 여호와가 가진 생명록에 너희 이
름이 기록되어 있는 그와 같은 삶을
사는 그것이 너희에게 가장 기쁨이요,
영광이요, 축복임을 알아야 할 것이니
라.
8 너희는 나에게 오를 수 있는 영광을
얻을 때 기뻐할 줄 알며 행복이요, 축
복이라는 것을 알아야 할 것이며, 그
리고 기뻐할 수 있는 삶을 살아가지
아니하면 절대 너희가 그리 갈구하는
다시 태어나는 거듭나는 역사는 없음
을 알아야 할 것이니라.
9 지금의 모든 종교 집단에 속해 있는
자는 모두 다 정도를 벗어난 믿음을
가고 있음을 알아야 할 것이니라.
10 인간 세상에서 살아가면서 정도가 있
으며 너희가 지켜야 할 도리가 있으
며, 분수를 모르고 설쳐서는 아니 되
는 것이 너희 삶이지 않던가?
11 너희가 나에게 오르는 그 믿음도 마찬
가지니라.

12 믿음도 정도가 있음을 알아야 할 것
이니라.
13 믿음의 정도를 벗어나서 믿음의 길을
가는 길은 정녕 실패자가 됨을 알아야
할 것이니라.
14 정도의 믿음을 가지 아니하고 광분하
여 가는 믿음, 그리고 지나치게 미쳐
서 설치는 그와 같은 믿음으로 가는
길, 제 분수를 모르고 가는 길, 그리고
정도를 벗어나서 가는 그와 같은 믿음
은 비뚤어지게 되었으며 타락하게 되
어 있으며 무너지게 되어 있는 것이
니라.
15 그러니 지금의 모든 종교 집단이요,
지도자요, 신도 너희가 가는 믿음의
길이 무엇인 줄 아는가?
16 정도를 벗어나도 한참 벗어나서 광분
의 믿음으로 가고 있다는 것을 알라.
17 너희가 정도의 한계를 벗어날 때는 삐
뚤어지며 무너지며 모두를 다 잃게 되
며 나와 관계없는 그와 같은 믿음이라
하였음이니라.
18 오늘의 종교 집단이요, 지도자요, 그
신도들이 가는 것은 바로 정도를 넘어
도 한참 넘었으며, 끝이 안 보일 정도
로 모두 다 솟구쳐 있음을 알아야 할
것이니라.
19 정도를 벗어난 믿음이니 그건 타락된
것이요, 잘못된 것이요, 나 여호와와
는 관계없는 믿음이요, 관계없는 백성
이라 함을 너희는 깊이 깨우쳐야 할
것이니 그리 알라.

7,341 번째 하나님 말씀

2003년 8월 31일 22시 47분

1 사랑하는 나의 아들아!
2 "네, 아버님! 말씀하옵소서."
3 나 여호와는 사랑의 하나님이요, 베푸
는 하나님이라 너희가 그리 말하느니
라.
4 그리고 절대적인 용서의 하나님이라
너희는 그리 말하고 있음이니라.
5 그러나 너희는 여기서 깨우치고 알아
야 할 것이니라.
6 너희는 내가 사랑으로써 너희에게 모
두를 내리며 사랑으로써 너희에게 베
풀어 주며 용서해 주는 하나님이라 말
함이니, 그건 그러하니라.
7 그러나 너희가 나로부터 사랑을 받을
수 없는 그와 같은 행위를 했을 때 그
리고 나의 뜻을 거역했을 때는 어떠
한 형국에 있는 줄 아느냐?
8 거기에 대한 가차없는 체벌이 내려짐
을 너희는 잊지 말아야 할 것이니라.
9 너희가 사랑을 받을 수 없는 행위를
했을 때, 사랑을 받아서는 아니 될 추
한 행위를 했을 때, 그리고 나로부터
용서받지 못할 행동을 했을 때,
10 나 여호와는 사랑의 하나님이요, 용서
하는 하나님이라 하나 도저히 그걸 묵
과 할 수 없을 때는 바로 체벌의 하나
님이라는 것을 알라.
11 그것이 바로 그 대가를 치르는 그 역
사함이요, 심판이 있음을 너희는 알아
야 할 것이니라.
12 모세의 역사함이 너희에게 크나큰 교
훈임을 알라.

13 모세보다도 더 나의 뜻에 순종하며 모
세만큼 열성을 다하며 나의 명에 따라
살아간 그와 같은 백성은 없었음이니
라.
14 그러나 그도 나의 뜻을 제대로 나타내
지 못하였기에 그는 그리 원하고 소원
하던 그 결과를 얻지 못하였으며 그도
중도에 나에게서 떨어져 가는 그와
같은 삶을 산 것이 모세이니라.
15 그러니 너희는 모세의 삶을 교훈으로
삼아야 할 것이며, 모세에게 내렸던
그 체벌의 두려움과 무서움을 알아야
할 것이니라.
16 모세보다 더 열심히 더 순종한 백성도
없으며 대역사를 이룬 백성도 없음이
니라.
17 그러나 그도 나의 체벌로 인하여 그
가 원하고 갈구하는 그곳에 이르지
못하였음이니, 그도 또한 나에게 체벌
을 받았음이니라.
18 그러니 사랑의 하나님이요, 용서하는
하나님이라 너희가 그리 말하고 내가
그와 같은 마음을 가지고 살아가도,
19 너희가 정녕 그를 받지 못하며 내가
용서하지 못할 행위를 했을 때, 무서
운 체벌이 너희에게 내려지며, 체벌을
내리는 하나님이라는 것을 너희는 잊
지 말라.
20 나 여호와의 뜻을 너희가 제대로 나
타내지 못할 시에,
21 나의 아들을 따르는 그 백성이요, 선
택된 너희가, 나의 법전을 읽고 깨달
은 백성이 이를 가지고 만백성을 구
하는 그 역사를 할 때, 너희가 나의 뜻
을 제대로 전하지 못하며 나의 뜻을
나타내지 못했을 때,
22 너희 또한 그 체벌을 면치 못함을 알
아야 할 것이니라.
23 그러니 깨달은 자가 그를 나타내지 못
하며, 그를 행하지 아니하고 거역하며
순종하지 아니하였을 때, 너희에게 내
리는 그 체벌은 다른 백성보다도 무서
움을 알아야 할 것이며,
24 결정적으로 너희가 소망하는 것, 나에
게서 멀어진다는 것을 잊지 말라.
25 지금 나의 법전을 만들고 기록하여 전
하는 나의 아들 또한 마찬가지이니라.
26 나의 뜻을 바로 전하지 못하며 나의
뜻을 바로 역사하지 못하며 내가 원
하는 그 역사를 이루지 못했을 때, 나
의 아들 또한 그 무서운 체벌을 받으
며 그 체벌이 내려진다는 것을 너희는
알아야 할 것이니라.
27 내가 너희를 선택하고 명했을 때는
그만큼 능력이 있고 자질이 있는 자이
기에 너희에게 명했거늘,
28 너희가 바로 전하지 못하며 역사를 이
루지 못하는 것은, 너희는 게으른 자
요, 나태한 자요, 내가 내린 명을 감히
두려운 줄 모르며 절대적인 것을 모르
며 꼭 이루어진다는 것을 너희는 모르
고 있음이니라.
29 나 여호와의 뜻이요, 나의 계획은 모
두 그대로 이루어지며 행하여지는 것
이요, 이루어지지 아니하는 것이 없는
것이 나 여호와의 뜻이라 하였거늘,
너희가 그걸 완벽히 믿고 따른다면 내
가 전하고자 역사하는 것을 바로 전하
며 바로 그 길을 가며 내가 원하는 그
뜻대로 행하지 아니할 수는 없을 것이

니라.
30 너희가 행하지 않는 것은 나태함이요,
게으름이요, 나를 믿지 아니하며 순종
하지 못하기 때문에,
31 너희는 두 마음을 가진 자요, 이중의
마음을 가진 자들이니, 너희는 다른
백성보다도 무서운 체벌로써 내가 너
희를 다스림을 절대 잊지 말라, 나의
아들딸들아!

7,342 번째 하나님 말씀

2003년 8월 31일 22시 52분

1 사랑하는 나의 아들아!
2 "네, 아버님! 말씀하옵소서."
3 나의 뜻을 가르치며 나의 뜻에 따라
만백성을 하늘에 구원하는 길로 인도
하고 전한다는 백성, 또한 나의 법전
을 읽고 깨우쳐 만백성을 구하는 대명
을 받은 백성, 너희는 다 똑같은 이치
임을 알아야 할 것이니라.
4 그러니 어떠한 마음자리를 가지고 그
길을 가느냐 하는 그것이 얼마나 소중
한지 알아야 할 것이니라.
5 나의 뜻을 전한다 하며 가르친다는
백성이 나 여호와와 함께하는 그와
같은 생활이요, 삶으로 가지 아니한다
면 그들은 나의 백성이 아님을 너희
는 알아야 할 것이니라.
6 나의 뜻에 따라 살아간다며, 나의 뜻
에 의하여 만백성을 가르치며 그리고
나에게 오를 수 있는 그 길을 안내한
다며 가르치는 그 백성, 나의 법전을
읽고 깨우친 백성 너희는 다 똑같음
을 알아야 할 것이니라.
7 너희가 그와 같은 역사를 한다고 전하
면서 나 여호와와 함께하지 않는 백
성, 그리고 내가 원하는 그 방향을 알
지 못하는 백성, 그리고 순종하며 같
이 따르지 못하는 백성은 너희에게 미
래에 어떠한 체벌이 행해지는지 알아
야 할 것이니라.
8 너희는 이중의 마음을 가진 자들이니
라.
9 나의 뜻에 따라 역사하며 나의 피조
물 만백성을 구한다는 모든 백성이요,
지도자는 나와 함께하는 자가 되어야
할 것이니,
10 나와 함께하는 자가 과연 어떠한 자던
가?
11 썩고 썩은 냄새가 나는 자리에 나와
더불어 할 수 있는가, 너희 몸에서 아
름다운 향기를 품어내는 그와 같은 자
가 나와 같이할 수 있는 자들인가?
12 그러니 나와 같이 하지 못하는 자들은
다 위선자들이요, 거짓된 자들이요,
믿지 못할 자들이니,
13 그들의 미래의 체벌은 너희가 상상할
수 없음을 알아야 할 것이니라.
14 이제 너희는 그와 같은 이치를 깨달
아야 할 것이니라.
15 내가 법전에 기록한 그 내용을 정독하
여 읽고 하나하나 지키지 아니하면 아
니 되며,
16 이 밤 내가 나의 아들을 통하여 내리
는 그 모든 뜻도 너희가 가슴에 안고
행했을 때 너희는 나에게 오를 수 있
는 백성이라는 것을 잊지 말라.
17 두 마음을 가진 자, 정녕 나와 함께하
지 못하는 자는 그 체벌이 어떠한 것

인가를 머지않아 내 앞에 왔을 때 알
게 될 것이니라.
18 나 여호와의 뜻에 역사해도 정녕 나
와 같이 하지 않는 자, 내 뜻을 따르지
않는 자, 나와 더불어 가는 그 길을 가
고자 노력하지 아니하는 자, 그 모두
는 나와 아무런 관계도 없으며,
19 내가 이루고자 하는 그 역사를 같이할
백성이 아님을 너희는 알아야 할 것
이니라.
20 그러니 나의 뜻에 따라 나의 성령이
요, 그 모두를 가지고 나의 피조물 만
백성을 깨우친다는 자들이 나와 함께
갈 수 있는 자질이 없으며 나와 함께
할 수 있는 능력이 없으며,
21 나와 함께하지 않는 그와 같은 지도자
요, 그 백성은 심판대에서 나를 찾고
울고불고해도 나는 너희를 모른다는
말을 할 수밖에 없음을 너희는 알아
야 할 것이니라.
22 지금 가는 것이 모두 불법의 행동을
하는 자들이니라.
23 너희는 불법의 행동을 해서는 아니 되
는 것을 알라.
24 너희가 불법의 행동을 하고 나에게 왔
을 때 나는 정녕 너희를 모른다 할 것
이니라.
25 아무리 너희가 많은 역사를 이루었다
하며 많은 백성을 깨우치고 전했다 해
도,
26 그는 나의 뜻이 아니요, 나와 같이 하
는 것이 아니요, 사탄의 자식으로 전
락한 자들이기 때문에 나는 너희를
모른다 함을 잊지 말라.

7,343 번째 하나님 말씀

2003년 8월 31일 23시 06분

1 사랑하는 나의 아들아!
2 "네, 아버님! 말씀하옵소서."
3 나의 아들 예수를 이 세상에 보내어
그 고통의 길을 가게 한 것은 과연 내
가 어찌하여 그 길을 역사했겠느냐?
4 나의 피조물 만백성들이 나의 뜻에 동
참하여 하나로 이루고자 하는 것이 나
여호와의 뜻이라 내가 너희에게 일찍
이 깨우쳐 전했음이니라.
5 나의 법전에 또한 그리 전하여 너희를
깨우치고자 했으며, 이미 성서에 그와
같은 기록을 내가 일찍이 너희에게 전
했으나,
6 어찌하여 그를 소홀히 하며 그를 가슴
깊이 깨우쳐 행하려 하지 아니하는가?
7 지금의 집단 너희는 과연 하나가 되
어 있는가?
8 나 여호와의 뜻이 너희가 내 뜻에 동
참하여 하나가 되는 것을 바라는 길이
며 원하는 길이라 한다면 너희는 과연
그 길을 가고 있는가?
9 그를 너희 스스로 돌아다봐야 함을
잊어서는 아니 될 것이니라.
10 내가 나의 아들을 통하여 성서에 이미
기록하였느니라.
11 '내 아버지께서 내 안에 내가 내 아버
지 안에 있는 것같이 저희도 다 하나
가 되어 우리 안에 있게 하라'는 것이
나 여호와가 이루고자 하는 뜻이며,
12 나의 아들을 세상에 보낸 뜻임을 너희
는 알아야 하지 않겠는가?
13 그리 기록하여 전하였으나 너희는 어

찌하여 그를 소홀히 그저 읽어 넘기는
가?
14 '세상으로 아버지께서 나를 보내신 것
은 너희가 나를 믿게 함이요, 하나가
되고자 하며 내 뜻에 동참하는 그와
같은 백성을 만들기 위해 내려보냈다'
는 것을 내가 일찍이 기록하여 너희에
게 깨우쳤음이니라.
15 그러나 이 구절을 공부하며 이것을 정
독하여 강론하고 가르치는 자들은 과
연 그와 같은 의미가 무엇인지를 알고
있는가?
16 정녕 나 여호와가 하나를 이루기 위
해, 하나로 만들기 위해 나의 뜻에 동
참하게 하려고 나의 아들 예수를 내려
보내어 그와 같이 역사하였거늘, 너희
가 과연 나의 뜻을 이루고 행하는 백
성이더냐?
17 너희는 수천수만 개로 갈라져 있으며,
나의 뜻을 거역하는 일만 수천 년 동
안 행하였으며, 그를 역사하는 그와
같은 집단으로 흘러왔음을 알아야 할
것이니라.
18 그러니 내가 너희가 이를 지키지 못
하였기에 나의 법전에 기록하여, 나의
뜻에 동참하는 하나가 되는 백성을 역
사하기 위해 나의 아들 예수를 그리
보냈다고 다시 부연 설명을 하여 너
희를 깨우치고자 함이니, 성서에 기록
되어 있는 그 내용을 읽어 보라.
19 지금까지 오는 종교 집단이요, 지도자
요, 구원을 받았다 광분하는 신도라는
자, 너희는 한번 그 성서의 그 대목을
읽고 나의 법전을 읽었을 때, 성서에
내가 기록한 그 의미를 알게 될 것이
며 그 참뜻을 알 것이며, 성서의 비밀
을 아는 눈이 뜨일 것이니 그리 알라.

7,344 번째 하나님 말씀

2003년 8월 31일 23시 11분

1 사랑하는 나의 아들아!
2 "네, 아버님! 말씀하옵소서."
3 내가 나의 아들 예수를 통하여 성경에
기록하였음이니라.
4 그리하여 나의 아들 예수가 뭐라 기록
하였던가?
5 '내게 주신 영광을 내가 저희에게 다
주었사오니, 이는 우리가 하나가 되는
것같이 저희가 하나가 되게 하려 함
이라' 그리 기록되어 너희에게 깨우쳐
주었음이니라.
6 그러니 지금의 종교 집단이요, 신도
너희가 과연 지금 나의 아들의 죽음
의 그 뜻을 따라 너희가 과연 하나가
되었으며, 하나가 되고자 하는 그 소
망이요, 나의 뜻을 과연 순종하며 지
키고 왔다 말하는가?
7 너희는 내가 직접 내린 친필로 쓴 십
계명도 지킬 수 없다고 말하는 것처
럼, 자연스럽게 이를 지키려 하는 것
이 아니라 그저 자연스럽게 흘러가는
물처럼 이 뜻을 거역하며 그를 중시하
지 아니하고 살아가는 것이 오늘의 종
교 집단 지도자임을 알아야 할 것이
니라.
8 너희가 어떠한 형태로 흘러가든 나는
너희의 그 속마음을 알고 있으며, 너
희가 행하는 그 사악하고 간교한 뜻
을 나는 다 알고 있음이니라.

9 나의 아들 예수의 죽음의 고통을 내가 눈감고 거둬들이지 아니하고 모르는 체했으며 손을 놓았던 것은, 너희가 하나가 되기를 바랐으며 하나로써 역사하기를 바라는 것이 나의 뜻이요, 나의 소망이었음이니라.

10 그러나 너희는 이를 행하지 아니하며, 오로지 입으로써만 '주 예수'를 찾으며, 예수를 찬양하며 그를 찾기만 하면 구원을 받는다고 가르치는 것이니라.

11 너희는 나 여호와의 뜻을 따르고 내가 존재함을 믿는 자들이며 나를 경배 한다고 말로 함이니, 과연 그것이 너희가 행할 수 있는 역사라 생각하는가?

12 너희는 지금 말로써만 모두를 다 이루고자 함이니라.

13 말로써 믿음의 길을 가는 백성 너희가 나에게 와 심판을 받을 때 그것이 얼마나 간교한 방법이며, 사악한 자들의 욕심의 뿌리에서 이루어진 믿음인가를 알게 될 것이니라.

14 내가 너희에게 모든 백성이 하나가 되는 소망이 나의 뜻이라 하였으나, 너희는 지금 수천수만의 종파가 생겼으며 수천수만으로 갈라져 있으며,

15 모든 백성이 마음과 생각이 다르며 믿음의 길이 다르며, 하나가 되어 가는 백성이 없음이니라.

16 그러니 이것이 오늘날 너희가 만들어 놓은 결과요, 지금까지 역사해 온 그 모두를 내가 들여다봤을 때, 오늘에 그와 같이 사악한 형국으로 이루어진 것이 너희들이니라.

17 내가 내려다보는 그 속이 다 썩어졌으며 사악한 자들이요, 간교함이 극치에 달한 것이 너희이니, 나의 뜻을 정면으로 거역하며 이를 행하고자 생각지도 아니하는 너희이니라.

18 그러니 너희는 나와 관계없다는 것이며, 너희는 사탄의 자식이기에 내가 너희와는 아무런 관계없으며, 사탄의 자식이 된 너희는 나에게 오를 수 없다 함이 여기에 있음을 알아야 할 것이니라.

19 내가 모두 하나가 되도록 역사했음이니라.

20 그리하여 내가 나의 아들에게 준 것만큼 나의 아들이 너희에게 모두를 다 전하고 깨우쳐 하나가 될 수 있는 그 길을 가기 위해 나의 아들이 그와 같이 어렵고 힘들며 인간으로서 인내할 수 없는 고통의 길을 마다하지 아니하고 갔으나, 그 결과가 무엇이더냐?

21 나의 아들 예수의 이름을 찬양하며 입으로만 영광이요, 축복받은 백성이라 그리하는 것이 오늘의 형국이니라.

22 나의 뜻을 정면으로 거역하고 살아가면서 하늘에 오를 수 있는 백성이요, 나를 경배하고 간다는 자들이니, 이를 내려다보는 나 여호와의 마음이 과연 어떠하겠는가?

23 듣기도 싫으며 쳐다보기도 싫으며, 그 메아리조차 내 귀를 스치는 것을 역겹게 생각하고 있음을 알아야 할 것이니라.

7,345 번째 하나님 말씀

2003년 8월 31일 23시 19분

1 사랑하는 나의 아들아!
2 "네, 아버님! 말씀하옵소서."
3 모세의 모든 역사함이요, 아브라함의
모든 역사요, 믿음의 증거요, 노아의
방주요, 그리고 예수의 모든 신약의
시대요, 그리고 욥의 역사요, 그 모든
기적과 역사는 무엇 때문에 존재한 줄
알겠느냐?
4 오늘날 너희를 천사와 같은 마음으로
되게 하기 위해 그 모두가 보조 자료
로써 그 역사가 흘러갔음을 알아야 할
것이니라.
5 하늘의 이치요, 모든 뜻은 네 가슴에
있음이니라.
6 너희 가슴이 변하는 마음이요, 너희를
천사와 같은 마음을 가지고 살아갈 수
있게 하기 위해 지금까지 모든 것은
본보기요, 너희를 가르치려고 모두 역
사한 것이라는 것을 알아야 할 것이
니라.
7 하늘에 오르는 길이요, 나에게 역사하
는 것이요, 그 모두는 다 너희 마음이
요, 너희 가슴속에 있음을 알아야 할
것이니라.
8 가장 큰 교회도 너희 가슴에 있으며,
가장 큰 성전도 너희 가슴에 있음이
니라.
9 너희 마음 하나를 어찌 다스리느냐에
따라서 하늘에 오르고 못 오르는 역
사가 거기에서 이루어지기 때문이니
라.
10 모든 주체는 너희 개인이라는 것을
잊지 말라.
11 개인이 주역이 되며 주체가 되기 때문
에 너희가 가장 소중하며 가장 위대한
것이며, 너희 몸 안에 다 있음을 알아
야 할 것이니라.
12 너희가 천사가 되고 못 되는 것도 네
마음속에 있으며 네가 어떠한 형태로
살아가든 그 모두는 네 마음에서 스스
로 결정됨이니, 구원을 받고 못 받는
것 또한 네 마음속에 있음이니라.
13 그러니 지금까지 역사한 모든 것, 신
약이요, 구약이요, 그 성서까지도 무
엇인 줄 알겠느냐?
14 그걸 분석해서 내가 너희에게 깨우쳐
주는 것은 너희가 이를 깊이 깨우쳐
행하도록 하며 그 역사를 믿으라 함이
니라.
15 바로 너희 자신 한 사람 한 사람이 천
사와 같이 변하는 그것을 위하여 그
역사가 이루어졌다는 것을 잊지 말라.
16 너희가 하나하나 천사로서 변하는 그
것이 가장 위대한 것이며 너희가 구원
을 받는 것이요, 하늘에 오르는 이치
라는 것을 절대 잊지 말라.
17 가장 위대한 것은 너희 가슴에 있으
며, 너희 자신에게 달렸음을 알라.
18 그리하여 내가 너희에게 마음을 좁쌀
보다도 더 작게 만들되, 그곳에서 위
대한 마음이 튀어나올 수 있도록, 그
리고 화산처럼 폭발할 수 있는 그와
같은 능력으로써 다스리라 함이 여기
있음이니라.
19 너희가 믿음이라는 것은 무엇이며 성
서는 무엇이고 구약은 무엇이며 신약
은 무엇이며 이와 같은 것에 시시비비

를 하지 말며 모세의 역사가 어떠한
것이요, 욥의 역사가 어떠한 것이며
노아의 방주가 어떠한 것이며 예수 신
약의 시대가 어떠했는가?
20 그걸로 갑론을박하지 말며 그걸로 시
시비비하지 말며 너희에 대입시키지
말라.
21 너희와 아무런 관계가 없음이니라.
22 그 모두는 너희 개인이 천사가 될 수
있도록 변하기 위한 그 본보기요, 그
를 받칠 만한 가르침임을 알아야 할
것이니,
23 이제 너희가 행해야 할 것은 너희 자
신이 천사가 되는 그것만이 하늘에 오
르는 길이요, 나에게 역사하는 길이
요, 그것보다도 더 소중하고 위대한
믿음이 없음을 알라.
24 너희 자신이 변하는 믿음이 가장 위대
한 믿음이요, 그 모두를 위하여 지금
까지 몇천 년 동안 이루어졌던 그 기
적의 역사는 너희 개개인이 천사가
되어 나에게 오를 수 있도록 준비시키
며 그를 깨우치고자 내가 너희에게 역
사했음을 알아야 할 것이니라.
25 내가 성경에 일찍이 기록하여 가르쳤
음을 너희는 어찌하여 모르는가?
26 그리하여 모든 것은 너희가 직접 구
원하는 길이 아니요, 너희에게 하늘에
오르는 그 길을 제시해 준 것이며 너
희를 깨우쳐 주기 위해 제시함이니라.
27 나의 아들 예수는 너희가 하늘에 오
르고 못 오르는 것을 결정하며 그 역
할을 절대 할 수 없음이니라.
28 예수는 오로지 너희가 악에 빠지지
않고 나로부터 하늘에 오르는 길을 바
라볼 수 있도록 하는 것이 예수가 이
세상에 내려와서 역사한 것이요, 그
대명이 그것이라는 것을 알아야 할
것이니라.
29 이와 같은 말을 전할 때 너희는 나의
아들을 사탄이요, 마귀요, 사악한 자
라 말하나, 내가 성경에 이미 기록하
여 너희에게 전하였음이니라.
30 너희 말대로 한자도 빼도 안 되며 더
해도 안 되는 그 성경에 내가 기록하
여 전했음이니,
31 그 성경의 구약이요, 신약 그 모두는
책일 뿐이라고 내가 말한 그 의미가
여기 있음을 알라.
32 성경에 기록하여 내가 뭐라 말하였느
냐?
33 예수가 이 세상에 온 것은 너희를 하
늘나라 나 여호와에게 오르게 하고자
함이 아니요, 나에게 오르고 못 오르
는 것을 심판함이 아니요, 세상에서
너희를 데려가기 위함이 아니라고 성
경에 기록되어 있음이니라.
34 나의 아들 예수가 세상에 와 역사한
것은 나의 피조물 만백성 너희를 세상
에서 데려가기 위함이 아니라 거기에
기록되어 있음이니라.
35 오직 너희가 악에 빠지지 않게 보존하
기 위함이라 하였음이니,
36 정녕 너희가 악에 빠지지 아니하고
선한 삶을 살 수 있도록 너희를 보존
시키기 위하여 나의 아들 예수가 세상
에 내려와 역사했다 거기에 기록되었
으니,
37 너희는 이 대목을 읽고 깨우쳐서 과연
어찌 대답할 것인가?

38 너희가 나의 법전을 읽고 깨우치면 그
대목의 의미를 알 것이니라.
39 내가 너희에게 다시 말함이니, 나의
아들 예수가 말했음이니라.
40 자신이 세상에 온 것은 너희를 하늘
나라로 데려가기 위함이 아니라, 너희
가 악에 빠지지 않도록 보존하는 그
역사의 임무를 띠고 예수는 그것으로
써 세상에 내려왔다고 성서에 기록되
었음이니라.
41 한 자도 빼도 더해도 아니 되며 한 획
을 고쳐서도 안 된다고 가르친 그 의
미를 너희는 어찌하여 역으로 이용하
며 그걸 가당치 않은 말로써 나의 아
들 예수가 구원자요, 구세주요, 너희
를 하늘에 오르는 길로 인도한다 하는
가?
42 나의 아들은 세상에서 너희를 데려가
기 위해 이 세상에 온 것이 아니라 하
였음이니라.
43 악에 빠지지 않도록 너희를 보존하기
위해서 예수가 와서 역사한 것이라
기록되었음이니 그 구절을 읽고 깨우
치도록 하라.
44 예수는 구원하여 하늘에 오르고자 함
이 아니요, 하늘에 오르는 것이 아니
요,
45 하늘에 오르는 길과 그 방법이요, 그
빛을 가르쳐 주며 그 빛이 무엇인가를
깨우쳐 주었으며 그 빛을 따라가는 길
이 어떠한 형태요, 어떠한 방법으로
가는 것인가, 그것을 깨우쳐 주기 위
해 하늘에서 나의 명을 받고 내려온
것이니,
46 하늘에 오르도록 하는 것이 아니며,
예수는 오르고 못 오르는 그와 같은
역사를 할 수 없음이니라.
47 하늘에 오르고 못 오르는 것은 나 여
호와요, 내 뜻에 따라 모두 행하여지
고 이루어짐이니, 너희가 나의 법전의
가르침을 보고 이리도 깨우치지 못한
다면 이는 너희의 복이니라.

7,346 번째 하나님 말씀

2003년 8월 31일 23시 32분

1 사랑하는 나의 아들아!
2 "네, 아버님! 말씀하옵소서."
3 예수를 통하여 성서에 너희에게 일찍
이 기록하여 깨우쳤음이니라.
4 예수는 내가 저 안에 있는 것처럼, '내
아버지께서 내 안에 계시니, 저희도
온전함을 이루어 하나가 되게 하려 하
는 아버지의 뜻을 받들어 세상에 내려
갔으며 그 역사함을 위하여 세상에
보내진 자라' 그리 가르쳐 전했음이니
라.
5 그러니 '아버지께서 나를 보내신 것은
또 나를 사랑하심과 같이 너희를 사랑
한 것을 세상에 모두 알게 하려 함'이
며, 모든 백성이 나 여호와가 사랑하
는 그 의미요, 그 크고 깊은 사랑이 무
엇인가를 나의 아들 예수는 너희에게
전하고자 그와 같은 역사함을 이루었
음을 그를 통하여 너희에게 기록하여
전했음이니라.
6 그러니 내가 나의 법전에 기록하여 너
희에게 전하기를 뭐라 말하였더냐?
7 나의 아들 예수를 세상에 보낸 것은
죄 없는 세상이요, 죄 없는 백성, 그리

고 온유한 백성이 사는 세상을 이루
기 위해 나의 아들 예수가 세상에 역
사하여 그 어렵고 힘든 죽음의 길을
갔다고 말하였음이니라.
8 그러니 너희는 과연 죄 없는 세상을
만들었으며, 하나가 되기 위해 사랑을
베풀며 용서하며 더불어 사는 그와 같
은 오늘의 종교 집단이요, 지도자로
실천해 왔으며 역사해 왔는가?
9 온유한 백성을 이루어 하나가 되도록
하고자 하였음이니, 이는 곧 무엇이더
냐?
10 죄 없는 백성이 하나가 되어 나 여호
와의 뜻에 동참하며 내가 이루고자 하
는 그 역사함을 모두 이루게 하기 위
해 나의 아들 예수가 세상에서 내가
너희에게 전한 그 역사를 이루었으며,
11 나 여호와의 사랑이 어떠한 것인가를
너희에게 전하고자 했음을 알아야 할
것이니라.
12 그러나 지금의 모든 종교 집단 지도자
너희가 과연 온유한 백성이며 온유한
백성으로서 하나가 되고자 노력하는
그와 같은 길을 가는가?
13 수만수억의 헤아릴 수 없는 종파가 생
겼으며, 믿는 자의 가슴마다 다 다름
이니, 개인의 생각이요, 개인의 감정
이요, 개인이 인간 세상에서 사는 그
경험을 중요시하며 인간 세상에 사는
법도를 중요시하며,
14 그리고 인간이 만든 교회법이요, 인간
이 만든 그 교리에 모두를 다 바치는
그와 같은 믿음의 길을 가는 자들이니,
15 그러니 너희는 나와 관계없는 자들이
라 그리하였음이니라.
16 내가 너희에게 나의 아들을 통하여 온
유한 마음으로써 하나가 되도록 하며,
나의 사랑이 무엇인가를 깨우쳐 주기
위해 나의 아들 예수를 보냈음이니,
17 너희가 나에게 오르는 백성이면 그를
그대로 행하고 실천하는 것이 너희가
가는 길이나,
18 너희는 온유한 백성으로서 죄 없는
세상을 만드는 그와 같은 길을 가지
아니하며, 그와 같은 것을 실천하는
백성이 아님이니라.
19 실천하지 아니하는 종교 집단이요, 지
도자요, 나의 뜻을 거역하고 사는 자
들이 과연 나의 백성이란 말이더냐?
20 너희는 사탄의 자식이요, 이미 사탄에
게 넘어간 자니,
21 지옥 불을 향하여 달려가는 그와 같은
삶을 살며, 지옥 불에 가기 위해 모든
것을 행하고 실천하는 타락된 백성이
라 함이 여기 있음을 너희는 알아야
할 것이니라.
22 내가 다시 한 번 강조함이니라.
23 나의 뜻에 동참하는 하나가 되는 백성
을 위하여, 모든 백성이 하나가 되어
나의 뜻에 따라서 역사하는 그와 같은
백성을 만들고자 했으며, 그와 같은
세상을 만들고자 했으며,
24 그리고 나 여호와 사랑의 의미가 얼마
나 깊고 넓은 것이며 소중한 것인가,
그를 배워 깨우쳐 만백성들이 그와 같
이 행할 수 있도록 본보기의 역사를
이루고자 했으나,
25 너희가 그와 같이 나의 아들을 멸하게
하였음이니라.
26 그들의 후손이요, 그들의 후예인 너희

가 바로 서지 못하며, 바로 가고자 하
는 깨달음의 몸부림을 치는 것이 아니
요,
27 그저 흘러가는 대로 육의 삶을 위하여
너희 조상이 이익을 위해서 취했듯이
오로지 그와 같은 악습을 답습하고 사
는 자들로서 지금 나의 피조물 만백성
들을 하늘에 오르게 한다 함이니, 그
들이 다 사탄이요, 사탄의 자식들이
하는 행위라는 것을 잊지 말라.

7,347 번째 하나님 말씀

2003년 8월 31일 23시 38분

1 사랑하는 나의 아들아!
2 "네, 아버님! 말씀하옵소서."
3 모든 종교 집단이요, 지도자, 또한 따
르는 신도들, 그 누구도 성령으로 거
듭나지 아니한다면 믿음이요, 신앙의
그 길을 간다 해도 결코 나에게 오를
수 있는 자들이 아님이니라.
4 그리고 아무리 그와 같은 마음의 믿음
으로 가며 성경을 천 번 만 번 읽고 또
읽는다 해도, 성경을 그저 한 권의 책
으로써 한 권의 기록된 글로써 읽고
지나가는 것이요,
5 그 속에 깊이 감추어진 나 여호와의
뜻이요, 성령의 뜻을 너희는 절대 알
지 못하며 그를 깨닫지 못함이니라.
6 그러니 그 성서의 비밀을 모르는 자가
천만 번을 읽은들 무엇하며 그를 깨우
치지 못하는 종교 지도자가 무슨 참뜻
을 알겠는가?
7 성경 속에서 가르쳐 주는 그 진정한
참뜻을 모르기에 오늘과 같이 험악한
세상이 되어 있으며, 변화되었다는 백
성이 행함이 없음이 오늘날 너희의
현 상태임을 알아야 할 것이니라.
8 그러니 나의 성경에 감춰진 그 뜻을
알고 깨달으려면 성령으로써 거듭나
지 못한 백성은 절대 성경의 그 뜻을
알지 못함을 알아야 할 것이니라.
9 구약이요, 신약의 성경을 외우고 또
외워 한 자도 틀리지 않고 암송할 수
있는 자라 하여도, 또 나의 법전을 접
한 자라 하여도,
10 성령으로써 거듭나지 아니한 백성은
육의 세상에서 필요한 가르침으로만
알아들으며 그 한계를 벗어날 수 없는
것이니라.
11 성서에 기록된 뜻이요, 나의 법전에
기록된 그 모두가 너희가 하늘의 뜻
에 임하는 것이요, 하늘의 뜻에 역사
하는 것이 아니요,
12 너희가 아무리 읽고 깨우쳐도 육의 세
상에서 살아가는 것, 그리고 육의 세
상에 필요한 것으로써 얽히고설켜 있
는 그 한계를 눈으로 보고 읽는 글과
책 외에는 아무것도 더 이상 오를 수
없으며 벗어날 수 없는 것이 너희임을
알아야 할 것이니라.
13 그러니 그것을 깨우치는 백성이 과연
얼마나 있는가?
14 그리하여 없다 함이니라.
15 성령으로 임한 백성이 그를 읽고 깨우
친다면 성령의 눈이 뜨인 그 백성이
보면 나 여호와의 성령의 뜻을 알 수
있으며 거기에 숨겨져 있는 하늘의 비
밀을 알 수 있으며 감추어진 그 비밀
의 모든 뜻을 알 수 있음이니라.

16 그러니 그가 정녕 지도자요, 만백성을 이끄는 인도자로서 책무를 할 수 있는 자이니라.
17 그러니 성령으로 임하지 않은 자는 그저 책이요, 글이요, 육의 세상에 견주어 육의 세상을 가지고 설교하며 거기에 붙여 나의 피조물 만백성들을 우롱하여 재물을 거둬들이고,
18 내가 짓지 말라는 죄의 온상인 교회요, 성전이나 지으며 그 속에서 너희 자신이 호의호식하는 그와 같은 삶을 살기 위해 모두 역사하는 것이니,
19 너희는 기준 미달도 한참 기준 미달임을 알아야 할 것이니라.
20 모든 백성 너희는 기준 미달이 되어 있다 하였음이니라.
21 그중에서도 믿음의 길을 가는 백성이야말로 기준 미달도 한참 기준 미달이 된 자들이라는 것을 잊지 말라.
22 너희가 나의 성령의 뜻을 알지 못하는 것은 성령으로 임하지 아니하였기 때문이니 그리 알라.
23 성령인 나의 법전은 육의 가르침이 아니요, 영적인 깨우침이요, 영적인 가르침이요,
24 하늘에 오르는 그 길을 역사하는 것을 너희에게 깨우쳐 주며 가르쳐 준다는 것을 절대 잊어서는 아니 됨을 알아야 할 것이니라.
25 성경을 읽고 육의 가르침이요, 육의 세상에 대비하여 모든 것을 가르친다면, 너희는 정녕 나의 성경의 뜻이요, 나의 법전의 뜻을 모르는 자들이요, 나의 뜻을 거역하고 살아가는 자들이라는 것을 절대 잊지 말라.

2003년 9월

7,348 번째 하나님 말씀

2003년 9월 1일 05시 57분

1 사랑하는 나의 아들아!
2 "네, 아버님! 말씀하옵소서."
3 사람이 정녕 힘들고 어려우며 슬프고 슬픈 자는 정말 소리를 내서 울지 못함이니라.
4 소리를 내어 엉엉 울 수 있는 그와 같은 사람이야말로 정녕 슬픔이요, 가슴 아픔을 겪지 아니하기 때문이니라.
5 정녕 슬프고 어려운 자, 그리고 고통스러운 자는 소리 내어 울지 못하는 것이 인간인 너희 마음이니,
6 소리 없이 우는 사람의 그 마음이 더 아프고 저림을 알아야 할 것이니라.
7 지금 네가 가슴 아파하며 마음 졸이는 그 모두를 나 여호와는 알고 있음이니라.
8 네가 나의 성령을 받아 기록함이요, 나로부터 역사함을 너는 알고 있음이니, 네 가슴이 조려 오며 네가 두렵고 무서워함을 나는 알고 있음이니라.
9 이 세상의 모든 백성은 그와 같은 두려움과 무서움을 알지 못하고 있음이니라.
10 그러기에 그들이 하늘에 와 구원을 받을 수 있으며 모든 역사를 할 수 있다 말을 하는 것이니,

11 정녕 아픔을 당한 자, 고통스러운 자
는 소리 내어 울지 못하며 그저 고개
숙여 소리 없이 그 눈물을 흘려 제 가
슴을 달래고 진정하기가 어렵듯이,
12 지금 모든 것을 아는 너로서는 마음
이 저려 오며 가슴이 저려 오며, 감히
하늘을 향하여 고개 들고 살 수 없다
는 그 아픈 마음을 아나,
13 지금의 모든 종교 집단이요, 지도자들
은 그를 알지 못하고 있음이니라.
14 그리하여 그들은 하늘에 역사하는 것
이요, 내가 이루고자 하는 그 뜻을 모
르며, 정녕 하늘의 두려움을 모르며,
나 여호와가 역사함을 모르며,
15 그리고 저희가 나에게 와 심판을 받
는 것이 무엇인지 그 두려움을 모르
며, 저희가 심판을 받아 지옥으로 갔
을 때 그 지옥 불이 얼마나 무섭고 고
통스러운지 그것을 상상하지 못하며
알지 못하기 때문이니라.
16 그리하여 그들이 함부로 구원을 받았
다 말하며 구원받은 자라 말하며, 오
로지 저희에게 오는 것만이 구원을
받는다고 말함이니,
17 그들이 정녕 슬픔을 모르고 소리 내어
우는 자들과 무엇이 다르더냐?
18 정녕 슬픈 자는 감히 소리 내어 울지
못하느니라.
19 제 가슴을 쥐어뜯는 그와 같은 아픔과
고통은 정녕 몸부림치며 소리 내 울
힘이 없으며 그와 같이 울 수 없는 것
이 그 아픔이니라.
20 그와 같이 네가 모두를 다 알며 나의
성령을 받으며 하늘의 법도를 알며 미
래를 알며 역사를 아는 네가 오늘날
가슴 아파 조여 오는 것만큼 그들은
아직도 모르기에,
21 그저 소리 지르고 찬송하며 그저 그와
같은 자들을 바로잡으며 그와 같은 마
음을 바로잡아야 하는 것이 너희이니
라.
22 조용히 나의 법전을 읽고 깨우쳐, 기
도하는 것이 무엇이며 하늘의 나 여호
와가 역사하고자 하는 것을 물으며
너희가 마음을 어찌 다스려야 하는가
하여 그 길을 가면 되는 것이니라.
23 그러니 아무것도 모르는 자가 두려운
줄 모르고 무서운 줄을 모르는 것이니
라.
24 눈을 뜨지 못하고 앞을 보지 못하는
그 어린 동물은 그 호랑이요, 사자가
얼마나 무서운가를 모름이니라.
25 갓 태어나 앞을 보지 못하기 때문에
세상사의 이치를 모르나,
26 그 어미는 세상이 두렵고 무서운 것을
알며, 그 적들이 얼마나 무서우며, 호
랑이요, 사자요, 저희를 공격하는 맹
수들이 얼마나 무서운가를 아느니라.
27 그러나 갓 태어난 짐승이요, 세상을
보지 못하는 짐승은 그걸 모르는 것과
같이, 눈먼 어린 들짐승들과 같은 것
이 오늘의 종교 집단이요, 지도자요,
그들이 가는 길이라는 것을 알라.
28 그것이 너희와 차별화됨이니라.
29 이제 네가 두려움을 알고 무서움을 알
며 하늘의 역사를 알며, 조용히 나의
성령을 받아 법전으로써 그 모두를 기
록하여 전하며, 그를 가슴에 안고 읽
고 깨우치는 백성이야말로 마음을 비
운 자요, 나 여호와가 존재함을 믿는

자요,

30 세상이 얼마나 무섭고 두려운 것이며
하늘의 법도가 얼마나 두렵고 무서운
가를 그들은 알 것이니라.
31 내가 직접 친필로 써 내린 그 십계명
속에 세상의 모든 다스림이 다 있으니,
32 그 열 가지의 계명이요, 그 속에 역사
하는 모든 것, 너희를 깨우치고 가르
치는 그 진리요, 그리고 내가 너희에
게 일깨워 주는 모든 방법을 요약하여
너희 머리에 심어 주는 그것 또한 다
그러하니라.
33 내가 160권의 법전을 세상에 내려보
내는 것도 하늘의 많고 많은 나의 진
리를 요약하고 줄여서 너희에게 내려
보냄이니,
34 그 160권의 세상의 이치요, 구원을 받
는 길이요, 하늘에 오르는 길을 다 내
가 요약하여 전할 수 있는 것은 나 여
호와만 행할 수 있다는 것을 알아야
할 것이니라.

7,349 번째 하나님 말씀

2003년 9월 1일 06시 06분

1 사랑하는 나의 아들아!
2 "네, 아버님! 말씀하옵소서."
3 나의 법전이요, 나의 성령이 세상에
내려감이니, 이는 네 뜻이 아니요, 네
가 임의대로 만들어 전하는 것이 아니
요, 오로지 나의 뜻을 전하며 그를 행
하는 것이니,
4 이를 모든 백성이 알지 못하며 그걸
믿지 않으려 하는 것이 그들이니라.
5 모든 종교 집단이요, 지도자요, 그 백
성이 정녕 나의 법전이 나의 아들의
뜻이 아니며, 나 여호와에 의하여 그
것이 역사해진다는 것을 믿기만 하는
자가 있더라도, 그들은 이 법전이 제
생명보다 더 소중한 것이라 깨달을 것
이며, 그리 귀한 것을 알 것이니라.
6 그러나 그들은 눈이 가려져 있음이니
라.
7 성령으로 임한 것이 아니요, 모두 사
탄의 자식으로서 전락하여 있기 때문
에,
8 그들은 아무리 하늘의 빛이요, 참진리
가 세상에 내려온다 해도 그를 받아들
이려 하지 아니하며 인정하지 아니하
는 자들이 그들이니라.
9 저희가 말로써는 예수가 재림하여 구
원할 자와 구원하지 않을 자를 구분한
다고 말하나,
10 막상 나의 아들 예수가 세상에 내려가
그와 같은 역사를 이룬다 해도 그들은
그를 믿지 아니할 것이니라.
11 그와 같이 사악한 사탄의 자식이 되어
있기 때문에, 그들은 강한 자가 오면
강한 만큼 그에 대한 대비를 세우며,
저희가 살아남으려고 몸부림을 치느
니라.
12 그러니 어떠한 형국으로도 용서하지
아니하며 받아들이지 않는 것이 오늘
의 그들이니, 그게 바로 사탄이 되어
있기 때문이니라.
13 이 세상의 모두는 나 여호와의 뜻에
따라 주관하여 이루어지며 내가 필요
하여 세상에 다 나오고 만들어진다 하
였음이니,
14 160권의 대장정의 이 책이 과연 나 여

호와의 주관이요, 나의 뜻에 따르지 않으면 나올 수 있단 말이던가?
15 그와 같은 이치를 깨달으며 성서에 기
록된 내용을 하나라도 제대로 바로 읽
고 깨우쳐 그대로 행한다면 그들은 그
모두를 알 수 있을 것이니라.
16 그러나 그들은 절대 그를 행하지 아니
함이니라.
17 너희는 내가 친필로 쓴 십계명을 지킬
수 없다는 그 무서운 죄뿐만 아니라,
성서에 기록한 모든 것을 행하지 아
니하는 자들이니라.
18 너희가 지나가다 쓰러져 죽어 가는 자
를 모든 것을 다하여 구원하여 주며,
네 것으로써 그를 보호하라 하였거늘,
19 아무리 믿음이 깊으며 대제사장이요,
종교 지도자라 해도 그를 몰라라 하며
지나가는 자와 그리고 이방인이요, 너
희와 관계없는 백성이라 하여 그걸 핑
계 삼아 돌아가는 그와 같은 자들이
나의 뜻을 얼마나 거역하는 줄 알겠느
냐?
20 이방인이라 해도 그 목숨이 죽어 가는
자를 구원하는 것이 우선이며, 어떠한
형국의 예배를 하며 경배를 하고 나에
게 제사를 지내는 것보다도,
21 죽어 가는 이방인을 구원하고 살리는
것이 더 우선이요, 소중하다는 대목을
너희가 정면으로 거역하는 자들이니
라.
22 그리고 내가 너희에게 뭐라 말하였더
냐?
23 너희가 나에게 오르고자 하며 나의 뜻
을 따라 하늘에 오르는 영광을 얻고자
하며 나의 뜻을 행하는 것은,
24 그 죽어 가는 자를 살려준 자처럼, 너
희가 이방인이라 하는 자가 그와 같이
죽어 가는 사람을 살려 주는 그 행동
을 그대로 행하는 것이 하늘에 오르는
길이요, 나에게 오르는 길이라 그리하
였지만,
25 너희는 또한 정면으로 거부하고, 하지
않는 자들이니라.
26 그저 너희는 같이 믿음을 가지지 않는
자는 모두 너희의 적이요, 그리고 정
적보다도 더 무섭게 상대하며 그리 무
시하는 것이 아니더냐?
27 그러니 너희가 얼마나 오만하고 자만
한 자들이더냐?
28 내가 나의 아들 예수가 고통스럽게 죽
어 간 것이 무엇이라 말하였더냐?
29 너희가 하나가 되어 나의 뜻에 동참하
는 그 역사를 이루고자 함이라 하였거
늘, 그것 또한 정면으로 거부하는 자
들이며 그리 무시하는 자들이니라.
30 모두가 다 하나가 되도록 한다 하였음
이니, 모든 백성을 한 형제로서 다 한
가슴에 안아야 할 것이거늘,
31 너희의 믿음으로 가지 않는 자, 너희
종파에 따르지 아니한다 하여 차별화
하며 적대시하며 정적보다도 더 무섭
게 상대하며,
32 이제는 부모요, 형제까지도 고개를 돌
리는 그와 같은 사악한 자들이 있음이
니,
33 이게 바로 너희의 오늘의 그 믿음이
요, 형국이니라.
34 그러니 너희가 과연 나의 아들딸이라
말할 수 있으며 내 뜻에 따라 존재하
는 자들이라 그리 말할 수 있느냐?

35 그러니 나의 아들이 제 뜻대로 행하지
아니하며, 오로지 내가 내리는 성령이
요, 나의 뜻에 따라 기록하여 만들어
내는 이 법전이 새로운 말씀이요, 나
의 뜻이거늘,
36 정녕 나의 뜻을 나의 아들을 통하여서
책으로써 세상에 내려보냄이니,
37 너희는 말씀으로써 거듭나며 말씀으
로써 역사한다는 것을 알면서도, 이것
을 어찌하여 사탄이요, 이단이요, 사
악한 자의 장난이라 말하는가?
38 누군가 사람을 통하여 모든 것을 역사
해야 할 것이니라.
39 그렇다면 나의 말씀이요, 나의 성령으
로써 세상에 내려온다면, 내가 너희에
게 하나하나 매일 가르쳐 주어야 한
단 말이던가?
40 하늘에서 천둥을 치듯이 내가 울려
주어야만 한단 말이던가?
41 내가 뭐라 말하였느냐?
42 모든 것은 인간을 통하여 역사하며
인간을 통하여 이루어지며, 내가 인간
을 통하여 너희에게 모두를 거둬들인
다 말하지 아니하였던가?
43 그러니 나의 아들을 통하여 나의 성령
이요, 너희가 말하는 하나님의 말씀을
지금 내가 내려보내는 것이거늘, 어찌
하여 너희는 이것이 사탄이요, 사악한
자요, 이단이라 하여 들여다보지 아니
하며, 깨우쳐 하늘에 오르는 그 길을
보려 하지 아니하는가?
44 그러면 어떠한 방법으로써 내가 너희
에게 새로운 말씀이요, 나의 뜻을 전
할 수 있단 말이던가?
45 꼭 너희 집단을 통해서 내리는 것만
나 여호와의 뜻이요, 하늘의 뜻이며
그 역사를 이룬다 말하는가?
46 너희는 썩고 썩은 자들이기에 너희에
게 내릴 수가 없으며 받을 수가 없는
것이니라.
47 나의 법전을 만들며 고생하며 그 길을
가는 선택된 자들도 받을 자격이 없을
때 내가 은혜와 상을 내리지 아니하며
시련과 훈련과 고통을 계속 그들에게
명하고 있으며, 받을 수 있을 때까지
다스리고 있거늘,
48 썩고 썩어서 냄새 나는 너희에게 과
연 무엇을 내릴 수 있으며 무엇을 받
을 수 있단 말이던가?
49 나의 아들이 내리는 이 법전이 어찌하
여 사탄이요, 이단이요, 마지막 시대
에 세상을 혼란케 하는 자의 것이라
말하는가?
50 너희가 말하는 대로 이 세상은 모두
나의 뜻에 따라 내가 역사하는 것이
라 말한다면 이 법전이요, 새로운 성
경 또한 나의 뜻에 따라 내려간 것이
라 하여 읽고 깨닫는 그와 같은 역사
를 가져야 할 것이니라.
51 그러니 너희가 얼마나 어리석고 불쌍
하단 말이더냐?
52 너희는 인간 세상에서 말하느니라.
53 세 명이 길을 걸어가도 거기에는 다
스승이 있다 하였음이니라.
54 본보기로써 아름다운 모습으로 보이
기 위한 스승이요, 어떠한 잘못됨이
요, 잘못 가는 자를 보고 깨우치는 것
이 다 스승이라 하였음이니,
55 이 세상에 나오는 것은 너희를 다스
리기 위해 내가 세상에 존재하도록

하였음이니라.
56 악행을 하는 것도 그를 보며 그것이
너희를 바로잡는 길이요, 선함을 행하
는 것은 너희가 그를 보고 깨달음이
니, 이 세상에 천사와 악마가 같이 존
재함을 알아야 할 것이니라.
57 사탄 또한 나의 주관하에 이루어지는
것이며 그걸 벗어날 수 없다는 것을
너희가 알아야 할 것이거늘, 나의 백
성이 어찌하여 나의 손에서 벗어날
수 없는 그 사탄의 뜻을 따라 하늘에
오르는 길을 버리며 천사가 되는 길을
버리는 어리석은 삶을 사는 것이냐?
58 이 모든 나의 법전이요, 새로운 성경
은 나의 명으로 이루어지는 것이며
나의 뜻대로 내가 명하는 대로 행하여
져 세상에 나오니, 나의 법전이 만들
어져 만백성을 심판하는 기준의 책이
라는 것을 너희는 다시 한 번 알아야
할 것이니라.
59 이게 만백성을 구분하는 책이요, 너희
를 심판하는 나의 성령의 뜻이요, 너
희에게 주는 마지막 기회라 내가 수십
번 수백 번 말하였음이니,
60 이를 거역하는 자는 정녕 나에게 오
를 수 있는, 너희가 갈구하는 그 소원
은 꿈에도 이루어질 수 없음을 알라,
사랑하는 나의 아들딸들아!

7,350 번째 하나님 말씀

2003년 9월 1일 11시 34분

1 사랑하는 나의 아들아!
2 "네, 아버님! 말씀하옵소서."
3 내가 너에게 뭐라 말하였느냐?
4 다시 태어난 인생이요, 돌이 되라 하
였음이니라.
5 그러니 너의 제자 또한 그들이 돌이
되어야 할 것이며 돌과 같은 삶을 살
라 그리 말하였거늘,
6 너희가 끓는 물에 손이 닿으면 놀라
서 뛰는 자요, 또한 찬물에 닿으면 놀
라는 그와 같은 마음 자세요, 그와 같
은 행동이요, 그와 같은 언행으로써
이 세상을 살아간다는 것은,
7 너희는 나 여호와를 정녕 믿지 아니하
는 자이며,
8 너희가 가는 그 길이요, 믿음의 길이
어떠한 길이며, 너희가 나에게 오르는
길을 알며 하늘에 오르는 길을 안다
하며, 어떠한 백성보다도 깨우침을 안
다 하나,
9 가장 어리석은 자요, 가장 깨우치지
못한 백성이 너희임을 알아야 할 것
이니라.
10 어찌하여 너희는 뜨거운 물에 손이
닿으면 그저 다른 사람들이 놀라서 도
망가듯이 그리고 차면 찬대로 놀라서
도망가는 그와 같은 성격이요, 그와
같은 마음 자세를 변화하지 못하며 다
스리지 못하고 살아가는가?
11 선택된 나의 피조물 만백성 너희가
살아가는 그 모습이니, 과연 그 모습
을 바라보는 나 여호와의 마음이 어떠
하겠는가?
12 너희는 아직도 인간의 경험이요, 인간
의 생각이요, 그걸 앞세우며 중요시하
는 자들이요, 그걸 먼저 생각하는 자
들이니, 아무것도 놓은 것이 없으며
아무것도 지운 것이 없음이니라.

13 너희가 하는 그와 같은 행위를 보는
나 여호와의 마음이 역겨우니, 너희는
과연 어찌해야 할 것인가, 이제 생각
을 다시 하여야 할 때가 되었음을 알
아야 할 것이니라.
14 너희가 지금 어떠한 소용돌이에서 살
아가는지 알고 있는가?
15 모세가 역사한 것도 대역사요, 큰 사
건이요, 그보다도 더 위대하고 엄청난
사건이 없음이니라.
16 그 사건 하나가 기록됨으로써 너희가
얻어지고 이루어진 것이 과연 무엇이
던가?
17 노아의 방주도 큰 사건이며, 그 대역
사가 이루어진 것도 모두 너희 인간
이 천사가 되어 하늘에 오르는 그 길
을 위하여 존재하였다 내가 나의 아들
을 통하여 그리 가르쳤음이니라.
18 아브라함이 그 자식을 역사함은 또
무엇이며 욥의 역사는 과연 무엇이며
나의 아들 예수가 역사하고 그 기적을
이룬 것은 다 무엇이던가?
19 한 시대의 대사건이요, 대변화요, 변
혁을 이루고자 했던 것이니라.
20 그러나 그 모든 변화를 이루는 나의
계획이요, 내가 미리 예언한 그 모든
것이 성공하지 못했으며 다 무너졌음
이니,
21 인간인 너희의 마음이 얼마나 사악한
것이며, 인간인 너희가 사탄의 마음으
로 돌아섰을 때 얼마나 사악하며 간악
한 줄 알겠는가?
22 너희가 사탄의 자식이 되었을 때 그
간교하고 간악한 그 마음은 그 무엇도
당할 수 없으며 이길 수 없는 것이 너
희가 사탄의 마음으로 되는 것이니라.
23 너희가 춥고 덥고 뜨겁고 차가울 때마
다 거기에 대해 대응하는 자들이요,
거기에 변화되는 마음을 가지고 사는
자들이니,
24 그것이 바로 너희의 오늘의 본심이요,
마음의 느낌이니라.
25 그리하여 너희가 대사건 속에 휘말렸
으면서도 나 여호와가 미리 선견하여
이루고자 했던 것, 계획했던 것을 이
와 같이 망가뜨렸으며, 모두를 다 단
절시킨 것이 인간으로서 사탄의 자식
이 된 그 무리요, 그 힘의 역사요,
26 그리하여 너희가 그와 같은 역사를
이루었음을 알아야 할 것이니라.
27 그 모든 대사건이요, 대역사의 변화
속에서 지금까지 흘러왔으나,
28 이제 내가 나의 아들을 통하여 마지막
너희를 다스리고 깨우치고자 나의 법
전이 세상에 내려감이니, 이것이 더
큰 사건이요, 이보다도 더 큰 대변화
의 역사는 없었음을 알아야 할 것이
니라.
29 이제 이게 마지막 시대요, 마지막 시
대에 마지막 역사하는 데 선택된 나의
아들을 따르는 너희는 정녕 예수의
그 제자들보다 얼마나 앞에 가야 하
며, 얼마나 깨달음이 높아야 하는가를
알겠는가?
30 너희는 나의 강론을 들으며 나의 법전
을 읽으며 깨우쳤다 생각하며 깨달았
다 생각하는 자들이,
31 더우면 덥다 하여 놀라 뛰어나가며,
차면 차다 하여 발을 빼고 뛰어가는
그와 같은 경망스러운 마음 자세와 행

동으로써 과연 나에게 오를 수 있으
며, 낙타가 바늘구멍을 통과하기보다
더 어렵고 힘든 그 길을 너희가 올 수
있단 말이던가?
32 너희의 그 마음 자세가 그래서는 아니
되기에, 내가 죽은 자라 말했으며, 죽
은 돌이라 하였으며, 너희는 세상 것
을 다 놓고 가라 하였음이니라.
33 너희는 세상 것을 다 놓고 따르는 길
이 하늘에 오르는 길이요, 나에게 오
르는 길이라 하였으며 너희는 고통스
러운 제 십자가를 지고 가는 것이 나
에게 오르는 길이라 하였거늘, 십자가
를 지며 모두를 놓는 것은 생각지 아
니하며, 남은 놓아야 하며 남에게 관
계되는 것처럼 착각하는 자들이 너희
이니라.
34 이제 너희는 내가 160권의 법전을 역
사하며, 80권 이상의 법전을 접했으
며 그 강론을 들었으니, 이제 내가 용
서치 아니할 것이니라.
35 나의 아들이 가는 길에 방해되는 자,
거기에 파장을 이루는 자, 160권이 세
상에 나오는 것을 방해하는 자, 그를
막는 자는 그 누구도 용서치 아니함을
알아야 할 것이니라.
36 내가 나의 아들 예수를 세상에 보낸
것도 대역사요, 대변화였으나,
37 대제사장이요, 믿는 자요, 그 백성이
얼마나 사탄의 자식으로 똘똘 뭉쳐 간
악해졌으면, 내가 미리 선견하여 이루
고자 했던 것, 내가 역사하고자 했던
그 방향까지도 다 이루지 못하도록 한
것이 그 사악한 자들이었겠는가?
38 그러니 그와 같은 자들이 지금의 마지
막 시대에 뿌리를 내리고 존재하는 것
을 내가 용서할 수 없으며 바라볼 수
없음을 너희는 알아야 할 것이니라.
39 너희 자신이 아니어도 나의 아들이 역
사할 수 있으며 내가 역사할 수 있으
며 갈 수 있음이니,
40 너희가 수고롭게 참여하며 오늘날 하
나의 일익을 담당하여 버팀목으로 쓰
고자 하는 것이 얼마나 영광된 것인지
도 모르는 오만하고 방자한 자는 그
버팀목을 내가 빼낼 것이며,
41 영원히 부러지지 아니하고 떨어지지
않는 버팀목으로서 다시 모두 갈아 끼
워 나의 아들을 바로 세우게 할 것이
니 그리 알라.

7,351 번째 하나님 말씀

2003년 9월 1일 11시 39분

1 사랑하는 나의 아들아!
2 지금의 너희 시대가 마지막 시대이며,
너희도 마지막 시대에 살아간다는 것
을 스스로 잘 알고 있을 것이니라.
3 그리하여 지금이 마지막 시대라 그리
말하는 자가 있음을 알아야 할 것이
니라.
4 바로 그러하니라.
5 지금의 나의 백성 너희가 나의 법전
을 접하는 것, 그 모두가 마지막이며
마지막 시대에 역사한다는 것을 알아
야 할 것이니라.
6 내가 뭐라 말하였느냐?
7 마지막 시대에 마지막 심판하기 위하
여 내가 너희에게 단 한 번의 기회를
줘 나의 법전을 세상에 내려보내어 너

희를 깨우치고자 하였으며, 거기에 선
택된 자요, 부름을 받은 것이 나의 아
들을 따르는 제자 너희이니라.
8 그러니 지금 심판의 시대가 와 있음
을 내가 말하지 아니하여도 너희 스
스로 알 것이니라.
9 종교 집단이요, 지도자 그리고 광신도
그들이 자신이 얼마나 잘 알고 있는가?
10 이는 심판의 시대가 도래할 것이며,
심판의 시대가 오지 아니하면 아니 된
다는 것을 너희 스스로 잘 알고 있을
것이니라.
11 마지막 시대를 살고 있음을 너무나도
잘 알고 있으면서도 변화되지 아니하
려 하며, 바로 가려 하지 아니하며, 바
로 서지 아니하려는 것이 너희임을
알아야 할 것이니라.
12 지금 너희는 믿음이 무너져 있으며,
수천 년 동안 나 여호와의 믿음을 따
르며 신앙의 길을 가며 하늘에 오르는
길이라 가는 것이 나를 거역하는 것
이요,
13 내 뜻을 따르는 것이 아니요, 믿음이
다 무너진 것을 너희는 알고 있을 것
이니라.
14 진실한 참진리를 위해서 가는 것이
아니요,
15 종교 집단이요, 지도자가 장삿속으로
상업적으로 모두 다 무너지고 찢어지
고 깨졌음이니라.
16 진실은 하나도 찾아볼 수 없는 그와
같은 형국이요, 진실은 무너지고 사탄
만 이 세상을 지배하고 득실거린다는
것을 종교 집단이요, 지도자요, 광신
도가 된 백성 너희가 너무나도 잘 알
고 있을 것이니라.
17 선하고 아름다운 행동을 하며 살아가
야 하는 나의 피조물 만백성들이, 선
하고 아름답고 용서하는 마음을 가질
수 있는 그 능력을 모두 상실하였으며,
18 사랑하고 용서하는 그 능력조차 찾아
볼 수도 없으며, 그것이 멀어지며 너
희 몸에서 다 빠져나간 지가 오래된
것이니,
19 너희가 모든 능력을 상실하고 있기 때
문에 마지막 시대가 도래한 것을 잘
알 것이니라.
20 너희 스스로 마음을 다스리지 못함이
니라.
21 너희 자신이 마음을 다스릴 그 능력이
다 탈진되었으며 그 모두 다 소진되어,
22 너희는 마음을 다스려 옳고 그름을 선
택할 수 있으며 악과 선이 무엇인가를
구분할 수 있는 그와 같은 능력마저
다 탈진된 것이 지금 세상에 살아가는
나의 백성이요, 믿음의 아우성을 치고
가는 자들의 형국이니라.
23 그런가 하면, 모두 지금 병들어 있음
이니라.
24 육이 병들어 있으며, 그 육보다도 더
무서운 영혼까지도 모두 다 병들어 지
금 썩어져 가고 있으나,
25 병들어 썩어 가는 것을 치유할 능력이
없으며, 이끌어 갈 지도자가 없으며,
그를 바로잡을 수 있는 자가 이 세상
에 없음이니,
26 그것이 바로 너희가 마지막 시대에
더 이상 존재할 수 없으며 존재 가치
가 없는 오늘의 형국이 되어 있음을
여기서 알아야 할 것이니라.

27 너희는 인간이 살아가면서 그리도 갈
구하는 행복이 무엇이며, 행복이 어찌
이루어지는 것인지 그 자체도 구분할
수 있는 능력이 다 소멸되어 있으며,
행복한 삶이 무엇인가를 모르니, 그
모두가 무너진 속에서 허덕이고 살아
가는 것이니라.
28 종교 집단이요, 지도자요, 광신도 너
희가 아무리 광분하여 간다 해도, 너
희는 이와 같은 사실을 다 아는 자들
이니라.
29 그러니 그 속에서 어찌 구원을 받으며
하늘에 오를 수 있단 말이던가?
30 너희가 말하는 대로 마지막 시대에 지
금 나의 법전이 세상에 내려가 너희를
심판함이니, 이보다 더 큰 역사요, 대
변화는 여태껏 있지 아니하였음을 알
아야 할 것이니라.
31 모세의 시대요, 예수의 시대요, 성서
에 기록한 모든 기적의 역사도 오늘
을 준비하려는 것이며 오늘을 이루기
위해 준비했던 것이니, 이보다 더 큰
대변화의 역사는 없음을 알아야 할
것이니라.
32 나 여호와가 나의 성령을 태워 마지막
으로 너희를 구원하고자 내리는 하늘
에 오르는 길이요, 나의 법전 160권이
세상에 내려간 그 역사보다도 더 위대
하고 더 방대한 역사는 없을 것이니
그리 알라.

7,352 번째 하나님 말씀

2003년 9월 1일 11시 45분

1 사랑하는 나의 아들아!
2 "네, 아버님! 말씀하옵소서."
3 날카로운 칼날은 너희가 사용하기가
아주 쉬움이니라.
4 그러나 무서우리만큼 날카롭게 날이
서 있는 그 칼은 또한 실수했을 때 그
위험부담이 크며, 그와 같이 위험이
함께 수반하는 것이 인간 세상의 살아
가는 진리이니라.
5 무기를 잘 다루지 못하는 자에게 무기
를 주었다면 그 무기는 도리어 그 자
식을 죽게 만들며 그를 상하게 하는
것이 이 세상에 살아가는 그 질서요,
법도가 아니더냐?
6 위험한 것이 쓰기 좋으며 능력을 발휘
할 수 있으며 사용하기 편하다 하나,
또한 그와 같은 사용하기 편하며 쓰기
좋은 무기는 너희 자신의 위험부담이
큼이니라.
7 그러니 잘 다루지 못하는 자식에게 날
이 선 칼이요, 무서운 무기를 맡겨 무
엇을 이루고자 그대로 행하도록 그리
하겠는가?
8 육의 부모도 그 자식의 위험을 생각해
서 그와 같이 행하지는 아니할 것이니
라.
9 인간 세상에서 죽어 가는 부모가 평생
모은 재산을 남겨주고자 유언을 할 때
도 그 재산을 관리하지 못하는 자식에
게 유산을 넘겨주어야 하는 그 마음이
얼마나 아프고 고통스럽겠는가?
10 과연 그는 무엇을 소망하겠느냐?
11 그러니 나 여호와가 너희가 관리할
수 없는 날카로운 무기요, 날이 선 그
무기를 너희에게 내려 주지 못함이 여
기에 있음을 알아야 할 것이니라.

12 나 여호와가 너희에게 은혜를 내려
고통을 덜어 주고 싶으나,
13 그러나 내가 은혜를 내려 너희의 모
든 고통을 덜어 주고 편안한 삶을 살
아갈 수 있도록 지금 내린다면, 이는
곧 내가 너희에게 내리는 은혜가 아
니라 은혜가 너희를 무너뜨려 지옥으
로 가게 되니,
14 영원히 구원의 길을 올 수 없는 그와
같은 형국으로 내가 너희를 내버리는
그와 같은 형국이기에, 내가 너희에게
내리지 못하는 나 여호와의 마음을 아
는가?
15 나 여호와 어버이의 마음을 너희가
안다면, 너희는 성령으로써 임할 수
있는 변화된 삶을 살지 아니하면 아니
됨을 알아야 할 것이니라.
16 내가 너희에게 성령으로 변화된 삶을
살라 그리 말하였거늘,
17 나의 아들을 따르는 제자들이요, 나의
법전이요, 강론을 수없이 들었으나,
뜨거운 물에 손을 대면 놀라서 손을
빼듯, 찬물에 닿을 때 놀라듯이,
18 그와 같은 경거망동하는 마음과 행동
이요, 자세 하나도 바로잡지 못하는
너희가 과연 성령이 어디에 임했으며,
너희 가슴속에 나 여호와가 존재함을
믿는 마음이 어디 있으며, 나를 두려
워하는 마음이 어디 있으며, 너희가
죽어 나에게 심판을 받는 것이 어디
있으며,
19 나의 법전을 접하는 것, 나의 아들을
통하여 밤과 낮을 가리지 아니하고 나
의 성령을 태워서 너희에게 전하는
것을 받을 자격이 있으며, 그를 받아
마실 자격이 있단 말이던가?
20 너희는 결코 자격이 있는 자들이 아니
요, 능력 있는 자들이 아님이니라.
21 내가 너희를 불렀으며 내가 너희에게
상을 내려 너희를 다스려 가고자 선
택한 자라 하였거늘, 너희 자신을 모
르고 경거망동하는 것이니,
22 그와 같은 자들에게 내가 능력이요,
권력이요, 힘을 모두 보냈을 때 너희
는 오만방자할 것이며,
23 선택된 자요, 그리고 지금 잘못 가며
구원을 받았다 말하는 그 백성보다도
더 교만하고 오만할 것이니라.
24 그러니 너희에게 성령이 임하지 아니
하였을 때, 능력을 갖지 아니한 자에
게는 결코 은혜를 내릴 수 없는 것이
니라.
25 능력을 갖지 아니한 자, 은혜의 감사
함을 모르고 사는 너희에게 무엇을 내
렸을 때,
26 오만하며 오용하여 그 교만으로 너희
는 분열을 조장할 것이며, 하나가 되
는 그와 같은 역사는 이룰 수도 없으
며 찾아볼 수도 없을 것이니라.
27 이 모두는 원상태로 돌아가는 그와 같
은 결과가 될 것이며,
28 2천 년의 역사가 흘러 예수가 하나가
되어 나의 뜻에 동참하는 백성을 만들
고자 그 귀중한 생명을 던져 역사했던
것이 수포로 돌아갔듯이, 나의 160권
의 법전이 모두 수포로 돌아감이니,
29 뽑을 자 뽑으며 데려갈 자 데려갈 것
이며 이끌자 이끄는 결단을 내릴 때가
되었음이니 그리 알라.
30 너희 스스로 교만하지 않은 자, 분열

을 조장하지 않는 자, 자신을 다스릴
수 있는 자,
31 자신이 가장 낮은 자요, 지옥이 무서
우며 나 여호와가 존재함을 무서워하
며,
32 나로부터 받은 은혜와 그 영광에 몸
둘 바를 모르고 감사하는 마음이요,
범사에 감사하며 저려 오는 마음으로
살지 아니하면, 너희도 일반 백성과
차별화됨이 하나도 없음을 알라.
33 나는 너희를 다 관찰하고 있음이니라.
34 너희가 어찌 변하며 어찌 변화되는 것
인가를 내가 보고 있음이니라.
35 그리하여 내가 너희에게 은혜를 내렸
을 때, 너희는 변질될 것이기에 내가
내리지 못함이니,
36 지금의 종교 집단이요, 그 백성이 바
로 그러하니라.
37 그들이 사탄의 자식이 되어 지옥으로
가는 것을 모르며 오만방자한 것과
너희와 차별화됨이 무엇이 있는가?
38 그러니 내가 어느 쪽에서 어떤 백성을
선택하고 골라 써야 할 것인가를 나
여호와가 지금 번뇌하고 있음을 너희
는 알아야 할 것이니라.

7,353 번째 하나님 말씀

2003년 9월 1일 11시 51분

1 사랑하는 나의 아들아!
2 "네, 아버님! 말씀하옵소서."
3 너희가 나무를 평가하되, 나무 한 그
루 전체를 멀리서 바라보지 아니하고
나무 한 그루에서 흔들리는 가지만 보
고 평가한다면 과연 제대로 나무를 평
가하고 봤다 말할 수 있겠는가?
4 동서남북 방향을 바꾸어 가면서 그 나
무를 잘 관찰했을 때도 일부는 볼 수
있으나, 그 속에 가려져 있는 부분이
요, 너희 시야로 볼 수 없는 부분은 평
가하고 보지 못하는 것이니라.
5 외형으로 보는 것마저도 상세히 살피
지 아니하고 흔들리는 나뭇가지만 보
고 그 나무를 다 본 것처럼 그 모두를
평가하고,
6 너희가 나무 전체를 본 것처럼 평가하
고 그걸로 어떠한 행세를 한다면, 과
연 그것이 진정한 나무를 보고 나무에
대해 평가를 한 것이라 생각하겠느냐?
7 그와 같은 생각을 하고 사는 것이 오
늘의 모든 종교 집단이요, 지도자들이
가는 것이니라.
8 너희는 한쪽의 흔들리는 나뭇가지만
을 보고 모두를 평가하니, 정녕 나무
에 대해 평가할 수 없으며 그를 알 수
없는 자들이니라.
9 그를 알지 못하며 보지 못하는 자가
한쪽의 눈으로 보이는 흔들리는 가지
만을 보고 모두를 평가하는 지금의 믿
음의 형국이 되어 있음이니,
10 정녕 그것은 나와 관계없는 믿음이라
내가 그리 말하였음이니라.
11 너희가 병들어 고치고자 할 때, 병든
것을 의사에게 보임이니,
12 의사는 그걸 보고 상세히 관찰하여 그
뿌리를 완전히 뽑아내는 그와 같은 치
료를 했을 때 그것은 완벽한 치료라
말할 수 있을 것이니라.
13 그러나 의사가 완벽하게 그 뿌리를 뽑
지 아니하며 그저 겉으로 일부만을 치

료한다면, 그것은 치료했다 생각할 수
없으며 병을 고쳤다 말할 수 없는 것
이니라.
14 너희가 지금 믿음을 행하는 것이 무
엇인 줄 알겠느냐?
15 사악한 모든 무리는 사악한 뿌리의 악
의 공장을 가슴에 두고, 겉으로 그저
선한 체하며 선한 행동을 하는 체하는
것이며 바로 나의 피조물 만백성들이
요, 또한 나의 아들을 따르는 제자 너
희도 거기에서 벗어나지 못하고 있음
이니라.
16 이를 어찌 다스리고 어찌 가야 하는
가를 너희가 나의 법전을 깊이 정독
하여 깨우쳐, 목숨을 걸고 그를 지키
고자 하는 각오로써 돌아서지 아니하
면 아니 됨을 알아야 할 것이니라.
17 완전히 뿌리를 뽑지 아니하면 그것은
치유된 것이 아니니라.
18 치료했다 할 수 없느니라.
19 너희가 가는 믿음의 형국이 바로 어
떠한 줄 아느냐?
20 그와 같은 형국에서 지금 가고 있느니
라.
21 흔들리는 나뭇가지를 보고 모두를 다
본 것처럼 그리고 겉으로 치료하면서
속에 곪아 있는 것을 다 치료한 것처
럼 말하는 것이니, 몸 전체를 보지 못
하고 있듯이 모두 다 썩어져 있음이니
라.
22 몸과 마음과 영혼까지 다 썩게 한 너
희이니라.
23 그러면서 너희는 손 하나 움직일 수
있는 그 능력으로 건강한 자요, 하늘
에 오를 수 있는 자요, 나에게 빌려 쓴
모든 것을 원상태로 돌려줄 수 있다
고 말하는 자들이니라.
24 너희는 모두 다 썩어서 그저 손가락
하나만 움직일 수 있는 그와 같은 형
국이니라.
25 너희는 그와 같이 어리석은 믿음 속에
서 지금 허덕이고 있음이니, 너희가
가는 신앙생활이 바로 그러한 것이니
라.
26 완전히 치유되지 않은 그 믿음은 나
여호와의 뜻이 아니요, 내가 역사하는
것이 아님을 알라.
27 나의 아들 예수가 많은 기적을 이루었
음이니라.
28 죽은 자를 살리며 병든 자를 고치며
앉은뱅이를 일어서도록 했으니,
29 그를 완벽하게 치료하지 아니하였더
라면 그는 나의 아들이 아니요, 나의
뜻이 아니요,
30 그저 반은 고치고 반은 고치지 못한다
면 그건 내가 역사하는 것이 아니니라.
31 나 여호와가 역사하는 것은 완전히 치
료하며 완벽하게 치료되는 그것이 나
의 뜻이요, 내가 역사한 것이니라.
32 그러니 지금 나의 법전을 통하여 너희
가 깨우치는 것, 그 모두는 다 역사하
며 이루어질 것이며,
33 그게 이루어지지 아니하고 반은 이루
어지며 반은 무너졌을 때 나의 법전은
나의 성령이 아님을 알아야 할 것이
니라.
34 나의 성령이 나 여호와의 뜻인 참진리
요, 이 모든 정답이 여기 있기 때문에,
완전히 치유되는 것이며, 완전히 구원
의 길을 볼 수 있으며, 완전히 깨달아

하늘에 올 수 있는 그 모든 것을 기록
하여 전하는 것이니라.
35 그와 같이 너희를 깨우쳐 하늘에 오
르는 길을 볼 수 없으며 완벽한 사람
으로 다스릴 수 없다면,
36 나의 법전을 가슴에 안고 정독하고 또
정독했을 때 너희 스스로 완벽한 사
람으로 변하지 못한다면,
37 이는 나 여호와의 뜻이 아니요, 나의
성령이 아니요, 내가 너희를 구원하기
위하여 내리는 심판이 아님을 알아야
할 것이니라.
38 그러나 너희는 나의 법전을 가슴에
안고 정독하고 또 정독했을 때, 너희
가 변화됨을 알며 역사함을 알 때,
39 너희는 바로 이것이 나의 뜻이라는 것
을 믿어야 할 것이며 알아야 할 것이
니 그리 알라, 사랑하는 나의 아들딸
들아!

7,354 번째 하나님 말씀

2003년 9월 1일 11시 57분

1 사랑하는 나의 아들아!
2 **"네, 아버님! 말씀하옵소서."**
3 구원을 받았다 생각하는 그 백성, 그
리고 나에게 오를 수 있다고 장담하
는 백성에게 너는 물어봐야 할 것이
니라.
4 정녕 너희가 태양보다 더 밝은 빛으
로써 죄가 없는 자인가?
5 그리고 너희가 영적인 생각의 죄를
지은 것은 과연 없는가?
6 너희는 정녕 그와 같이 죄가 없는 깨
끗한 백성으로서 구원을 받을 수 있
는가, 그들에게 물어봐야 할 것이니라.
7 모든 죄의 원인이요, 너희 자신의 모
든 역사함이요, 너희가 사악한 사탄의
자식으로서 몰고 가는 것은 너희 자
신이 가진 마음속의 욕심 때문이라 그
리 말하였음이니라.
8 너희가 정녕 죄 없다 말하는 백성이
라면, 욕심이라는 그 죄의 공장을 네
마음에서 완전히 뽑아낸 자만이 그와
같이 말할 수 있음이니라.
9 그러니 지금 나로부터 구원을 받았다
는 백성은 죄가 없는 자요, 죄와는 관
계없으며, 태양빛보다도 더 밝고 곱고
깨끗한 자라 함이니,
10 과연 너희가 죽어 내 앞에 와서도 그
와 같이 말할 수 있는가?
11 그리고 생활기록부에 기록되어 있는
그 모든 죄를 내가 제시했을 때, 과연
그 말을 할 수 있는가?
12 너희는 생활기록부에 기록할 공간이
없으며 죄목을 기록할 공간이 없어,
내가 부전지를 더 붙여 기록하고 있다
면 과연 알겠는가?
13 너희는 그와 같이 죄가 크고 넘쳐흐
르는 자들이니라.
14 그러면서도 나에게 구원을 받았다, 구
원의 길에 올 수 있으며 선택되어 자
신 있게 갈 수 있다고 말하는 자들에
게,
15 이제는 저 자신을 들여다보는 그와 같
은 시간을 갖도록 네가 나의 법전에
기록하여 그들에게 전해 주어야 함을
잊지 말라.
16 정녕 당당히 설 수 있는 자라면 내가
더 이상 그들에게 무엇을 말하며 무엇

을 깨우쳐 주라 할 필요도 없음이니라.
17 도리어 네가 그들에게 배우며 그들에
게 가르침을 받아야 할 것이니라.
18 그러나 나는 너희에게 답해 줄 것이
니라.
19 너희가 아무리 지금 깨끗한 자요, 구
원을 받았다 말해도, 생활기록부에 기
록해 놓은 그 죄목이 많아 넘치고 넘
쳐흘러서 부전지를 붙여 기록하고 기
록해도 아니 됨이니,
20 그 죄를 가지고 나에게 와 심판을 받
을 때 나의 답은 무엇인 줄 알겠느냐?
21 '나는 너를 알지 못함이니, 알고 지낸
적이 없다.' 그리 말할 것이니, 이것이
너희에게 미리 내리는 대답임을 알라.
22 내가 지금 나의 아들을 통하여 너희가
죽어 와 심판을 받을 때 들을 수 있는
답이요, 그 심판의 결과를 알려 줌이
니,
23 이것이 나의 아들이 세상에 나와 존재
하는 것이요, 마지막 시대에 나의 성
령을 내려보내 너희를 구원하고자 하
는 창조주 나 여호와가 직접 너희에게
임하기에, 그와 같은 하늘의 비밀이
요, 하늘의 심판을 내가 미리 너희에
게 알려 줌이니라.
24 심판의 결과는, '나는 너를 모르며 네
가 어찌 나를 안다 하느냐? 너와 나는
아무런 인연이 없으며 면식도 없다.'
그리 말하는 것이 나의 답이니라.
25 그 답을 듣지 아니하려면, 오늘의 삶
을 반대로 살아 다스려 나오지 아니하
면 아무것도 역사할 수 없음이니 그
리 알라.
26 나는 나의 아들을 세상에 내려보냈으
며,
27 나의 아들을 따르는 제자들이요, 나의
법전을 읽고 깨우치는 백성을 구원하
기 위하여 내가 하늘의 심판을 미리
너희에게 전함이니,
28 오늘날 잘못 가는 자, 그리고 사악한
마음을 가진 백성, 그리고 돌이키려야
돌이킬 수 없으며 저희만 위대한 것
이요, 귀족 병에 걸려서 허덕이는 그
와 같은 백성을 위하여 내가 하늘의
심판을 미리 내림이 아님을 알라.
29 나는 너희를 위하여 하늘의 심판의
결과를 미리 알려 주고 싶은 마음이
없음을 여기에 밝혀 전함이니,
30 너희는 두려움을 알며 사탄의 자식으
로 되어 나와 관계없다는 것을 명심하
고 또 명심하여 깨우치지 아니하면 정
녕 나를 볼 수 없음을 알라.

7,355 번째 하나님 말씀

2003년 9월 1일 12시 04분

1 사랑하는 나의 아들아!
2 "네, 아버님! 말씀하옵소서."
3 지금의 종교 집단과 지도자요, 욕심에
절어 있을 대로 절어 찌들어 있는 그
신도라는 자들이 비는 것은 무엇이더
냐?
4 그리고 그들이 기도로써 얽매어 부르
짖는 것은 과연 무엇이더냐?
5 그들은 진정한 믿음의 길을 가는 것이
아니니라.
6 제 생각대로 말하는 것이며 제 의사를
전달하고자 하는 그것이 바로 그들이
하는 기도이니라.

7 그들이 나에게 드리는 기도라는 것은
바로 그들의 넋두리를 풀어 놓는 것
이며 저 혼자 장단 맞추어 떠드는 것
이니라.
8 그리하여 기도에 의존하여 매달려 있
는 것이 오늘의 믿음의 길을 가는 백
성이며, 기도를 위해 믿음을 가며 기
도에 넋두리하기 위해 신앙생활을 하
는 것이 너희이니라.
9 그리하여 기도를 위한 믿음이요, 기도
를 위하여 지금 믿음의 길을 가는 자
들이니,
10 그 기도 또한 제 욕심의 하소연이며,
제가 무엇인가를 이루고자 제 생각을
제 마음대로 넋두리하며 푸념을 터는
것이 너희의 기도이니라.
11 그것이 나에게 들려와 모두 이루어진
다는 그 착각 속에 있는 것이 너희이
니, 얼마나 욕심에 젖어 있으며 사악
한 백성인 줄 알겠느냐?
12 지금의 믿음의 길을 가는 백성은 그저
제 넋두리를 기도로 하며 울고불고 제
생각을 나에게 전하기만 하면 만병통
치약처럼 모두 치료되는 것처럼 깨우
치고 있으나, 과연 무엇이 치료되었으
며 지금까지 어떠한 결과가 있느냐?
13 너희가 기도만 하면 모든 문제가 해
결되며 기도만 하면 모든 것이 다 풀
어지며, 너희가 그저 넋두리하며 기도
만 하면 무엇이든지 역사한다는 것,
14 그리고 나 여호와의 능력이 너희에게
역사하여 그 모두가 받아져 너희가
기도만 하면 다 이루어진다는 그와 같
은 가르침,
15 그리고 기도로써 매달리면 만사형통
으로 이루어진다며 나의 피조물 만백
성들을 그리 이끌어 가고 그리 착각
속에 살아가도록 하여,
16 제 생각이요, 넋두리요, 푸념만 늘어
놓는 오늘의 그 믿음이 가는 주체가
바로 너희의 넋두리를 풀어 놓는 기
도이니라.
17 너희는 여기서 알아야 할 것이니라.
18 아무리 너희가 울고불고 넋두리하고
푸념을 해 봐도, 만병통치약인 것처럼
나 여호와를 부르짖어도, 나로부터 만
병통치약이요, 너희가 기도하는 것을
'그래 알았느니라, 내가 들어줄 것이
니 그리 알라.' 하며 역사해 줄 것이라
는 대답을 듣고자 하는 그 욕심의 믿
음은,
19 오로지 너희 자신의 넋두리요, 하소연
이요, 네 욕심을 채우기 위한 기도이
며, 너 혼자 하는 기도라는 것을 절대
잊어서는 아니 될 것이니라.
20 그러니 너희가 얼마나 불쌍하고 가련
한 백성인지 알겠느냐?
21 너희가 아무리 그와 같이 넋두리의 기
도로 하소연해도, 너희가 가진 불안한
죄의 뿌리요, 뽑히지 않는 허전한 마
음은 정녕 지울 수가 없을 것이니라.
22 너희 죄가 너희에게서 아무리 떠난다
생각하고 지워진다 생각해도, 너희 죄
는 너희에게서 떠나지 아니하며 너희
에게서 면죄부 역할을 하지 아니하는
것이니라.
23 너희가 기도로써 면죄부가 되는 것이
아니며, 기도로써 모두가 이루어지는
것이 아니니라.
24 모든 믿음의 길을 가는 종교 집단 너

희는 기도만 하면 만병통치약이요, 기
도만 하면 무엇이든 만사형통으로 이
루어진다는 그 착각 속에서 그저 제
넋두리를 푸념하니,
25 너희는 기도를 위해서 믿음을 가며,
기도를 위해서 오늘의 신앙생활을 하
는 것이 너희라는 것을 이제는 깨우
쳐야 할 것이니 그리 알라.
26 나의 백성으로서 거듭나며 다시 태어
나는 역사함을 얻지 아니하는 자는
정녕 나와는 관계없다는 것을 알라.
27 구하라, 기도하라, 그러면 모두 무조
건 나 여호와가 들어줄 것이며 구원할
것이며 얻을 것이며, 만병통치약으로
써 쓸 수 있다고 그리 가르치고 가르
침이니, 그것이 바로 무엇이더냐?
28 종교 집단이요, 지도자들이 나 여호와
의 뜻은 모르며, 나의 피조물 만백성
을 이끌어 갈 능력이 없으며 그들이
다스려 갈 그 능력이 없어서 하늘의
뜻을 모르기 때문에,
29 그저 기도하라, 기도로써 매달려라,
기도로써 울고불고 소리 지르라, 그러
면 모두 구할 것이며 얻을 것이니라.
30 그리고 만병통치약으로써 만사형통
하여 다 이루어질 것이다.
31 그저 기도하라, 기도하라 그것밖에는
그들이 할 말이 없음이니라.
32 그리하여 지금 나의 피조물 만백성들
을 우롱하고 있으며, 기도하면 구원받
고 이루어진다, 기도하면 용서를 받는
다고 가르치고 있음이니,
33 지금까지 너희가 지은 그 죄에 대하
여 용서를 빌며 바로 살고자 뼈를 깎
는 아픔의 그 길을 가는 것이 나에게
오르는 길이요,
34 넋두리하는 기도로써 나에게 오는 길
이 보이며 열리는 것이 아님을 너희는
알아야 할 것이니라.

7,356 번째 하나님 말씀

2003년 9월 1일 12시 13분

1 사랑하는 나의 아들아!
2 "네, 아버님! 말씀하옵소서."
3 두려워하지 말며 불안해하지 말라.
4 모두는 다 나 여호와가 주관하며 내가
역사함이니, 나의 법전에 기록하여 깨
우쳐 준 그 모두는 다 역사하며 반드
시 이루어짐이니라.
5 그러하기에 나 여호와의 뜻이며 나의
성령이라 함이니, 그것으로써 증거가
됨을 너는 알아야 할 것이니라.
6 너희는 지금 어찌 살아가는가?
7 내가 일찍이 성경에 기록하여 너희에
게 전하기를, 너희의 살아가는 그 형
태가 염려되고 불안하여 너희에게 가
장 중요한 것을 명했음이니, 내가 뭐
라 일렀더냐?
8 '너희가 무엇을 먹고자 하는 것을 먼
저 생각하지 말며 두려워하지 말라'
하였음이니,
9 네가 먹고 쓰고 사는 것을 두려워하지
말라, 너희가 무엇을 입을까 하는 것
을 생각하지 말라 하였음이니라.
10 사랑하는 나의 아들아, 너 또한 무엇
을 입을까, 무엇을 걸칠까, 그와 같은
생각을 다 털어 버리라.
11 내가 너에게 명하여 너를 먹이고 입
힐 것이거늘, 네가 무엇이 두려워 초

조한 마음을 갖는가?
12 무엇을 마실까 생각하지 말라.
13 그리고 무엇을 할 것인가를 생각하지
말라.
14 너는 죽은 자요, 내가 너에게 생명을
다시 내려 주었음이니, 너는 나에게
기도하여 묵상하고 명하는 것만 이루
면 되니,
15 먹을 것, 잘 것, 입을 것, 그 모두를 너
스스로 걱정하며, 미래에 역사하는 것
에 불안한 마음을 갖지 말라.
16 나 여호와가 모두 역사하며 다 계획
에 의하여 선택된 길이며 미리 준비된
그 역사의 길을 가면 됨이니,
17 절대 불안해하지 말며 두려워하지 말
라, 사랑하는 나의 아들아!
18 너희가 구하기 전에 너희에게 있어야
할 것, 역사할 것을 내가 다 알고 있다
하였음이니,
19 네가 가야 할 길, 네가 역사할 것, 네
가 쓸 것, 네가 이룰 것, 그 모두는 다
준비되었으니, 때가 되면 하나하나 네
손에 와 닿을 것이니 두려워하지 말라.
20 이것이 나의 아들이요, 내가 역사하는
그 길임을 알라.
21 그러니 두려워하지 말라, 사랑하는 나
의 아들아!
22 다 알고 있다 하였거늘 어찌하여 네
마음이 그리 초조하며 불안한 생각을
하고 있는가?
23 너는 그와 같이 생각을 하지 말라.
24 그리고 기도로써 무엇을 구하고 무엇
을 얻고자 하여 묵상하지 말라.
25 나 여호와가 다 알고 있음이니라.
26 지금의 모든 믿음의 길을 가는 백성이
무엇이더냐?
27 너희와 차별화됨은, 그들은 기도로써
구하고 얻고자 하는 그 욕심의 소리만
을 반복하고 반복하는 것이 죽을 때까
지 하는 행위이니라.
28 그러니 욕심의 소리로 구원을 받고자
얻고자 하며, 행함은 뒷전이요, 그저
말로써만 반복하고 또 반복하는 그와
같은 믿음의 생활로 가는 자는 나의
자식이 아니며 나의 백성이 아니라 하
였음이니,
29 네가 잠시라도 불안하고 두려운 마음
에 나에게 무엇을 구하고 얻고자 하여
고개 숙여 기도한다면, 이는 그들과
무엇이 차별화되겠는가?
30 믿어야 함이니라.
31 내가 산을 바닷속에 집어넣으며 바다
를 산으로 만든다 해도, 그 모두를 믿
는 자만이 모든 역사를 할 수 있을 것
임이니, 그 용기가 필요함이니라.
32 너희가 무엇을 얻고자 하여 만감의 기
도로써 이루어지는 것이 아니요,
33 그저 묵묵히 믿음 속에서, 믿음의 생
활 속에서 모두 이루어짐이니라.
34 사랑하는 나의 아들아, 너는 믿음 하
나요, 믿음의 길을 가면 되는 것이니
라.
35 모든 백성은 지금 어찌하는가?
36 무엇을 얻고자 이루고자 하니, 행함은
없으며 다만 말 많은 기도로써 무엇을
구하고자 하는 것이 그들이니라.
37 그리고 저의 죄를 사함을 받는 삶을
사는 것이 아니요, 또 나 여호와가 무
엇을 원하며 무엇을 역사하는지를 알
고자 하는 것이 아니며, 그 길을 가고

자 하지 아니하며, 그와 같은 삶을 살
고자 하지 아니하는 것이 그들이니라.
38 그들은 그와 같은 길을 가고자 해도
알지 못하며 깨닫지 못하며, 인도하는
자가 없기에 그러하니라.
39 너를 따르는 제자들이요, 나의 법전을
읽고 깨우친 백성은 나 여호와가 너
희를 직접 관장하고 이끌어 감이니,
40 나 여호와가 이루고자 하는 것이 무엇
이며, 앞으로 미래의 역사가 어떠한
것이며 죄를 사하는 길이 무엇이며,
하늘에 오르는 길이 무엇인지 그 모
두를 알고 가는 자가 아니더냐?
41 밤길을 알고 가는 자와 밤길을 모르고
허덕이고 가는 자는, 너희가 말하는
지옥과 천국이요, 하늘과 땅의 차이보
다도 더 큰 것을 너희는 어찌 모르더
냐?
42 너희가 나의 아들딸로서 거듭나며 먼
저 행하는 그와 같은 길만을 가는 것
이 바로 믿음이니라.
43 그리하여 기도하며 말로써 울부짖는
것, 그리고 기도로써 소원하여 얻고자
하는 것, 너희가 모두 목숨을 거는 그
기도는 다 너희 자신을 위한 넋두리
요, 제 생각으로 울부짖다 지쳐 쓰러
지는 자라 내가 그리 말하지 아니하였
더냐?
44 너는 십계명을 지키는 삶이요, 나의
법전대로 행하고 살아가는 그 길만을
바라보고 그리 가라.
45 오죽하면 내가 너에게 말하였느냐?
46 맷돌만 한 돌을 돌 위에 놓고 갈고 갈
아, 누가 뭐라 해도 바라보지 말며 듣
지 말며, 아무리 태풍이 불고 불바다
가 되고 지구가 쪼개져 나가도 너는
그걸 보지 말며 바라보지 말라 하였음
이니라.
47 사랑하는 나의 아들아, 너는 그저 그
돌만 갈고 있으면 되느니라.
48 그리하면 태풍도 너를 날리지 못할 것
이며, 지구가 쪼개진다 해도 너를 건
드리지 못할 것이며, 네가 무너지지
아니하는 나의 아들이라는 것을 알라.
49 그러니 너는 그와 같은 믿음으로 가며,
50 일반 백성이요, 세상에 누가 뭐라 해
도 마음에 동요하지 말며 그를 개의치
말며, 죽은 자라 생각하며 듣지 아니
하고 보지 아니하고 그리 살아가라,
사랑하는 나의 아들아!
51 시간이 되고 역사하면 모두 이루어질
것이니라.
52 내가 너를 사랑함이니라.
53 너는 무엇을 먹을까 이 시간부터 생
각하지 말며, 무엇을 입을까 두려워하
지 말며, 무엇을 마실까, 무엇을 역사
할 것인가, 나의 법전이 언제 될 것인
가 두려워하지 말며 생각하지 말라.
54 사람이 지나간 다음에 다음 사람이 또
그 길을 걸어가게 되어 있는 것이 인
생사의 길을 닦아 놓는 것이 아니더냐?
55 그 길은 수없는 사람들이 거쳐 가고
지나가게 되어 있음이니라.
56 그 사람이 지나간 다음에 다시는 사람
이 올 것 같지 아니해도, 그 길을 지나
가는 사람이 또 있으며, 그 길을 열어
주면 소중히 쓰는 사람이 있음이니,
57 내가 천 년에 걸쳐 나의 법전을 이루
는 그 기틀은 끝이 없으며, 지나간 다
음에 다음 사람이 또 준비되어 있으며,

58 지나간 다음에 그 길을 거쳐 갈 자가
있으며,
59 지나가는 자가 너를 만날 수 있으며,
다음에 그가 지나간 다음에 또 지나
가 너를 만날 자가 있음이니, 그리 알
라, 사랑하는 나의 아들아!
60 두려워하지 말라, 너를 내가 사랑함이
니라.

7,357 번째 하나님 말씀

2003년 9월 1일 12시 20분

1 사랑하는 나의 아들아!
2 "네, 아버님! 말씀하옵소서."
3 너희는 성경에서 영생을 얻을 수 있는
것, 그리고 나로부터 새로운 성령이
요, 생명을 얻을 수 있는 것, 오로지
그 모두를 생각하며 그리 살아감이니
라.
4 그리하여 너희에게 '성경에서 영생을
얻을 줄로 생각하며 성경을 상고하고
또한 성경으로써 모두를 깨우치고자
한다.' 기록하여 전했음이니라.
5 그러니 그리하는 것만이 구원을 받는
길이 아니라 내가 너희에게 일찍 깨
우쳐 주었음이니라.
6 너희가 성경을 읽고 깨우치고 공부하
는 것만으로써 영생을 얻는 줄로 생각
하며 구원을 얻는 것이라 생각하나,
그와 같은 역사가 이루어짐이 아님을
너희에게 깨우쳐 주었음이니라.
7 성경이 곧 나에 대해 증명하는 것이라
하는 그 대목을 너희는 모르는가?
8 성경을 상고하는 것만으로써 너희가
구원을 받는 것이 아니요, 이 성경은
나의 아들 예수가 곧 나의 아들이라는
것을 증명하기 위하여 이 세상에 전
해졌으며 내려졌음을 알아야 할 것이
니라.
9 너희는 이와 같이 가르친 구절을 읽
고 깨우쳤으면서도 과연 그 대목을 어
찌 생각하는가?
10 이는 너희가 어찌 생각하느냐에 따라
서 하늘과 땅의 차이로 나의 가르침이
변화되는 것이니라.
11 너희는 가감하지 말아야 한다 하면서,
너희 생각으로써 구분하여 전하는 그
것이 얼마나 가감하는 그 잘못된 역사
를 했는가?
12 너희는 성경을 연구하고 공부하며, 이
성경이 하늘에 오르는 길을 역사하는
것처럼 생각하며, 이는 절대적이며 한
획도 고치고 더하지도 말고 그대로 가
는 것이 하늘에 오르는 길이라 하나,
13 성경은 너희가 하늘에 오르는 그 길을
깨우쳐 줌이 아니요, 나의 아들이 정
녕 나의 아들이라는 것을 증명하기 위
한 책으로써 역사함을 나의 성경에 기
록하여 전한 그 뜻을 잘 읽고 바로 깨
우치도록 그리하라.
14 나 여호와의 뜻을 받아 예수가 행하는
것을 증명하며 믿도록 하고 그를 전하
고자 하는 것이요, 예수의 행함이 정
녕 나 여호와의 뜻이요, 예수가 역사
함이 내 뜻을 받아 행함이니, 그 행함
이 우선이라는 것,
15 그리고 그 모두는 너희가 따르고 행
하여야 한다는 것을 증명하고자 책으
로써 전해진 것이 신약이요, 성경이거
늘,

16 너희는 예수의 행함이요, 예수를 증명
하는 그 길을 가고자 하며, 예수가 역
사하고자 하는 것을 가는 것이 아니요,
17 그가 증명하고자 만들어 놓은 나의
성경이요, 신약인 그 책을 가지고 그
것이 하늘에 오르는 길이라 하여 지금
수천 년 동안 얽매이고 몸부림치고 그
속에서 오고 있음이니,
18 너희는 정녕 알맹이는 빼놓고 겉만 가
지고 몸부림치는 것이라 하였음이니
라.
19 그리하여 수박의 속을 알지 못하고 겉
을 가지고 맴도는 것이 너희라는 그
뜻을 알겠는가?
20 그를 믿지 않고 거역하는 백성, 예수
를 저주하며 예수를 이단이라 하는 백
성, 그리고 바로 가지 못하는 백성에
게 예수가 나의 아들이며 나를 대신하
여 역사함을 증명하기 위하여 나의
성령으로써 기록하여 전해 준 것이 바
로 성경이라는 것을 잊지 말라.
21 예수가 나의 아들이며 그 모두를 대신
하는 것을 증명하려는 것이니라.
22 지금 나의 법전 또한 어떠하던가?
23 이 모든 것이 나의 성령의 뜻임을 너
희가 믿고 따르도록 나의 뜻임을 증명
하여 이 모두를 읽고 깨우칠 수 있도
록 책으로 만들어 전함이니라.
24 나의 아들을 통하여 내리는 모든 뜻이
바로 나 여호와의 뜻이요, 나의 성령
이요, 마지막 심판의 시대에 겪지 아
니하면 아니 되기에 내가 이를 증명
하는 160권의 책으로 만들어 세상에
전하니, 이 또한 모두를 다 증명함이
니라.
25 이는 곧 나 여호와가 직접 관장하는
것이요, 심판의 시대에 너희를 버릴
자와 구원할 자를 구분하는 그 역사가
시작되었다는 그 증거가 바로 나의
책으로써 법전으로써 나감을 알아야
할 것이니라.
26 예수가 기적을 이루었던 그 자체 또한
나의 아들이 증명하기 위해 지금 나
의 법전을 만들어 기록하여 전하는 이
대목들을 너희가 읽고 깨우친다면,
27 예수의 기적보다도 더 무서운 그 역사
의 변화가, 내가 원하고 이루고자 하
는 것이 이 속에 있음을 알 것이니라.
28 나의 법전을 가슴에 안고 정독하고 읽
고 또 깨우치라.
29 그리고 너희는 이제 내가 명한 것을
만백성에게 전하라.
30 성경은 하늘에 오르는 그 길을 인도하
고 안내하는 것이요, 예수가 나의 아
들이요, 예수가 행하는 것을 보충하며
보조하기 위해 책으로써 전해지는 것
이 신약이니,
31 그것으로 하늘에 오르는 길이며 그것
을 역사할 때만 하늘에 오른다고 생
각하지 말라.
32 보조의 책으로써 나왔음을 너희는 알
아야 할 것이니 그리 알라.

7,358 번째 하나님 말씀

2003년 9월 1일 12시 27분

1 사랑하는 나의 아들아!
2 "네, 아버님! 말씀하옵소서."
3 성서를 기록하여 일찍이 너희를 깨우
치고 가르친 대목이 있음이니라.

4 '너희가 선한 일을 하고 선함을 베푸
는 것은 생명의 부활이요' 다시 태어
나는 그와 같은 역사를 얻는 것이요,
나에게 오를 수 있는 것이라 내가 그
리 너희에게 깨우쳐 전했으며,
5 악한 일을 행하는 자는 심판에 의해
그 죄의 대가를 반드시 치르는 것이
하늘의 법도라 그리 말하였음이니라.
6 그러니 이 세상에 존재하는 그 삶 속
에서 행함이 얼마나 소중하고 귀한 것
인가를 알아야 할 것이니라.
7 그러니 악과 선의 행함이 심판의 기
준이라는 것을 절대 망각하고 살아서
는 아니 될 것이니라.
8 그러나 지금의 모든 종교 집단 지도자
너희는 행함은 뒷전이요, 오로지 말로
써 믿는 그 믿음만이 구원을 받는다고
말함이니,
9 너희는 어찌하여 내가 일찍이 성서에
기록하여 전한 것을 그리 지키려 하지
아니하며, 행함은 뒤로 미루며 믿음만
을 가지고 나에게 오를 수 있다고 가
르치는가?
10 그리하여 나의 피조물 만백성들이 어
렵고 힘든 그 행함을 저버리려 하며,
말로써 울고불고 말로써 가는 그 믿음
만을 지금 가고 있으니,
11 그리하여 지옥행 열차를 타고 지옥으
로 가고 있다는 것을 믿어야 할 것이
니 그리 알라.
12 믿음만이 우선이요, 믿음이 모두를 다
역사하며 이루어진다 하며 너희는 말
로써 믿는 그와 같은 믿음이니,
13 지금의 말로써 믿는 믿음이 어떤 줄
아느냐?
14 너희는 장삿속의 믿음이요, 상업적인
믿음이요, 모두 상업화되어 있는 그와
같은 믿음 속에서 말로써 믿는 그것으
로써 과연 구원을 받을 수 있다고 생
각하는가?
15 말로써 믿는 믿음은 모두 나와 관계없
으며, 구원을 받는 그 길과는 정녕 아
무런 관계도 없다는 것을 너희는 알
아야 할 것이니라.
16 진정한 참진리의 믿음으로 가고 있을
때, 나 여호와의 뜻에 따라 나의 계명
대로 살아갈 때, 그리고 나의 율법대
로 살아갈 때, 나의 법전을 지키고 살
아갈 때, 그때 그 믿음이 위대함을 말
할 수 있으나,
17 오늘날 기복 신앙의 대표자로서 무엇
을 얻고자 이루고자 하는 그와 같은
소원의 기도와 기도로써 가는 그와 같
은 믿음은 정녕 믿음이 아님이니, 그
믿음은 가치가 없음을 알라.
18 너희는 진정한 참진리요, 진정한 믿음
의 길을 가는 길 그 믿음 속에서 행함
을 동반하여 살아갈 때,
19 너희가 바로 심판대에 섰을 때 그 믿
음과 행함이 얼마나 소중하고 귀한 것
인가를 그때 알 것이니 그리 알라, 사
랑하는 나의 아들딸들아!
20 누가 뭐라 해도 너희는 진실한 믿음
과 진실한 선행을 같이 수반하여 가
는 그와 같은 삶을 살라.
21 믿음만으로 말로써 그저 떠벌리는 그
기복 신앙의 믿음으로써는 나는 너희
를 모르며, 너희와 나는 아무런 관계
가 없다 할 것이니라.
22 그러니 나의 아들을 따르는 제자들이

요, 나의 법전을 읽고 깨우친 만백성 너희는 그 믿음과 행함이 같이 수반되어, 나에게 심판을 받는 그날 너희가 믿음과 행함이 같이 행하는 것이 얼마나 소중하고 위대하고 고귀한 것인가를 알게 될 것이니,

23 둘 중의 하나만 버려도 나에게 심판을 받을 자격이 없게 됨을 알라, 사랑하는 나의 아들딸들아!

7,359 번째 하나님 말씀

2003년 9월 1일 12시 35분

1 사랑하는 나의 아들아!

2 "네, 아버님! 말씀하옵소서."

3 나의 성령은 책으로써 글로써 증명함이니라.

4 그리하여 구약과 신약이 모두 책으로써 엮어졌으며 그를 책으로써 증명하여,

5 그 모두는 나의 아들 예수의 역사함이요, 그가 나 여호와의 뜻이요, 내 뜻에 따라 역사했다는 것을 증명하기 위하여 기록되어 전해지는 것이라 내가 그리 너희에게 말하였음이니라.

6 그러니 지금의 모든 백성이 살아가면서 뭐라 말하느냐?

7 하늘의 음성을 들었다 말하며 저희가 대명을 받았다 말하는 자들이 우후죽순처럼 세상에 수없이 많이 있음이니라.

8 그러나 글로써 책으로써 역사하지 아니하며 책으로써 증명하지 아니하는 자들의 말에 현혹되어서는 아니 될 것이며 그들의 말에 넘어져서는 아니 될 것이니라.

9 내가 160권 속에 기록한 그 역사에 기록되지 아니한 것이 없거늘, 한두 가지 환상과 착각 속에서 무엇을 얻었으며 사탄의 장난에 무엇인가를 느꼈다 하여 그것이 나 여호와의 뜻이요, 너희가 이 세상을 지배하는 자라 그리 말로써 전하는 것은 아니 됨이니라.

10 그 모두는 책으로써 만들어 모든 백성이 검증하며 증명할 수 있게 하여야 할 것이니,

11 구약과 신약을 능가하는 그와 같은 역사의 책으로 기록하여 만들어 냈을 때, 그것이 나 여호와의 뜻임을 너희는 알아야 할 것이며,

12 그렇지 않은 것은 나와 관계없는 것들임을 알아야 할 것이니라.

13 그렇지 않은 자는 착각 속에서 환상 속에 빠져 있는 자이며, 제가 꿈속에서 헤매는 자들임을 알라.

14 나의 음성을 들었다 말하는 자, 나를 보았다 말하는 자, 그리고 깊은 산 속에서 기도하며 울고불고할 때 나로부터 무엇인가를 받았다 말하는 자는 모두 너희의 욕심이요, 이루고자 하는 그 착각 속에서 환상이 스쳐 가는 것이니라.

15 그 모두는 다 심판을 받고 검증을 받을 수 있는 책으로 만들어져 역사하지 아니하며 증명되지 아니하는 것은 사악한 자의 장난임을 너희는 알아야 할 것이니라.

16 어떠한 일련의 변화가 이루어졌다 하는 것, 그 모두는 착각이며 환상이니,

17 그와 같은 것을 가지고 나의 피조물

만백성들을 우롱하며, 그를 나 여호와
가 명한 것이요, 또한 너희가 증명한
것이라 하여 온갖 종파의 이름을 갖다
붙여 대며,
18 그 종파의 이름에서 대장 역할을 하고
있으며 궁궐보다도 더 나은 것을 짓고
그 속에서 제왕적인 행위를 함이니,
19 그들이 책으로써 근거할 수 있으며 저
희가 행하는 것을 하나서부터 백까지
모두를 책에 기록하여 만백성에게 검
증을 받을 수 있단 말이던가?
20 나 여호와의 뜻이요, 내가 역사하는
것은 나 여호와의 말씀으로써, 너희가
말하는 창조주 아버지의 말씀으로써
이루어짐이니,
21 그 말씀은 인간을 통하여 성경보다도
더 정확하고 명확한 책으로써 만들어
져 그를 증명하며,
22 그 모두는 나의 피조물 만백성들로부
터 천년만년 검증받아 내려갈 것이며,
거기에서 믿고 따르는 자가 나올 것이
며,
23 그를 진정 나 여호와의 뜻이라 하여
만백성들이 따를 때 그것이 정녕 나의
뜻이니라.
24 이 모두는 성경과 같은 과정을 거치지
아니하고 나의 말씀은 내려오지 아니
하며, 그 과정을 통과하지 아니하고는
증거가 되어 세상에 내려오지 아니함
이니라.
25 나 여호와의 뜻을 증명하는 것은 성경
과 같이 역사하는 그 위대함 속에서
너희가 나를 알게 될 것이며, 나의 진
실한 뜻이라는 것을 알게 될 것이니라.
26 그러기에 너희에게 바른 믿음이요, 참
진리의 길을 가게 하기 위해 그 모두
를 나의 법전 속에서 세세히 기록하
여, 누구나 다 깨우쳐 알 수 있도록 지
금 이리 내림이니,
27 이것이 너희에게 심판이요, 마지막 나
여호와의 뜻이요, 내가 모두를 태워서
내려보내는 것이니라.
28 너희가 말하는 창조주 나 여호와 하나
님의 말씀이라는 것, 곧 너희가 말하
는 하나님의 말씀이라는 것을 내가 책
으로 만들어, 그 모든 성령을 지금
160권으로 만들어 세상에 증명함이니,
29 이를 너희가 읽고 또 읽어 깨우쳐 그
속에서 얻음이 없거든 나의 법전을 버
려도 되나,
30 너희가 읽고 깨우쳐 너희 스스로 하늘
에 오르는 길이 무엇이며 구원이 무엇
이며 인간이 살아가는 도리가 무엇이
며 행함이 얼마나 소중한 것이며,
31 말로써 겉도는 그 믿음은 어떤 것이
며, 나를 믿는 자의 행함은 어떤 것이
며, 나를 믿는 자는 어떠한 길로 살아
가며 어떠한 마음가짐으로 변해가는
가를 그 속에서 너희 스스로 느끼고,
너희 자신이 천사와 같이 변해 갈 때,
이게 나의 뜻임을 알 것이니라.
32 주체적인 너희 자신이 가장 중요한 것
이며, 이 세상 모두는 각자 개인이 주
역이니라.
33 너희는 주역으로서 모두를 맡아 감이
니,
34 너희가 주역으로 있기에 가장 소중하
고 귀한 자들이라는 것을 절대 잊지
말라.
35 그리하여 너희를 천사와 같이 변하게

하기 위해 나의 법전이 존재하는 것
이며, 구약과 신약이 존재하는 것이
며, 역사했던 모든 것이 너희 개개인
을 천사로 만들어 나에게 올 수 있게
하려는 조역이요, 그 모두는 다 보조
역할이니라.
36 모두는 너희 자신이 주역이며 주체이
니라.
37 그리고 네가 주역이라는 것을 절대 잊
지 말라.
38 모두는 다 나의 백성이 주역으로서
천사가 되게 하기 위해 존재한다는
것을 잊지 말라.
39 천사가 되는 것이 하늘에 오르는 길이
요, 나의 은혜에 보답하는 길이요, 구
원의 길이라는 것을 잊지 말라.
40 너희 자신이 제일 중요하며, 네가 모
든 우주 만물 중에 주역이라는 것을
잊지 말라, 사랑하는 나의 아들딸들아!

7,360 번째 하나님 말씀

2003년 9월 1일 12시 40분

1 사랑하는 나의 아들아!
2 "네, 아버님! 말씀하옵소서."
3 너희는 죄 속에서 살아가고 있음이니
라.
4 너희는 죄 속에서 살아가면서 죄가 되
는 것을 모르며, 무엇이 죄며 무엇이
죄가 아닌가 그걸 구분할 수 있는 그
모두를 상실한 나의 백성이 오늘을
살아감이니라.
5 그건 나의 뜻이요, 나의 성령이 너희
에게 임하지 아니하였으며, 나의 뜻과
는 거리가 먼 그와 같은 삶을 살아가
고 있음이니,
6 너희는 나의 성령이 임하지 아니하였
기 때문에 육의 삶을 살면서 무엇이
죄며 무엇이 사랑이며 무엇이 나에게
오르는 길이요, 지옥으로 가는지 그
자체를 모르고 살아가는 백성이니라.
7 너희가 믿음이요, 신앙생활을 하는 그
자체도 믿음으로써 죄사함을 받는 것
이며, 믿기만 하면 구원을 받는다고
세뇌된 그것만을 바라보고 가고 있음
이니,
8 그것이 바로 오늘날 너희의 그 믿음
이요, 너희 스스로 판단하며 너희 스
스로 깨우쳐 변화되는 역사를 모르고
살아감이니라.
9 그러니 거짓말이 얼마나 무서운 것이
요, 시기와 질투하는 것, 남을 음해하
는 것, 남을 미워하는 것, 그리고 작은
질서를 파괴하는 그 모두가 죄며, 너
희가 죄를 향하여 살아가고 있다는 것
을 모르고 있음이니라.
10 그리하여 너희가 행하는 모든 것이
죄와 더불어 죄를 짓고 살아가는 것을
모르기에,
11 하나하나 죄가 무엇이며 죄를 짓지 않
는 길이 무엇인가를 깨우쳐 주기 위해
내가 나의 아들을 통하여 지금 160권
의 법전을 세상에 내려보내는 이 대장
정의 어렵고 어려운 그 길을 가고 있
음을 알아야 할 것이니라.
12 너희가 답답할 때 사람을 찾아가 점을
치는 것, 그리고 손금을 보는 것, 발바
닥의 금을 보는 것, 미신 행위를 하는
것,
13 돼지머리 올려놓고 고사 지내며 나무

를 보고 절을 하는 것, 돌멩이를 보고
절하는 것,
14 그리고 너희 마음속에 욕심을 지우지
못한 그 우상이 스물네 시간 존재하
는 것, 우상을 항상 숭배하고 사는 것
자체도 그 모든 것을 모르는 것이 지
금 믿음의 길을 가는 백성이니, 과연
너희는 이를 믿겠는가?
15 너희는 아니라 고개를 흔들 것이니라.
16 그러나 너희는 그 모두를 모르고 우
상을 숭배하고 살아가고 있음이니라.
17 그리하여 그를 내가 깨우쳐 주고자 나
의 법전을 세상에 내려보내는 것임을
알라.
18 내가 성경에 기록하여 뭐라 전하였더
냐?
19 너희는 아름답고 향기로운 말을 하는
것으로써 나에게 받은 그 은혜를 보답
하는 길이거늘,
20 너희가 말을 하는 그 목구멍에서 향기
로운 것이 아니요, 열린 무덤에서 나
오는 썩은 냄새가 나며 썩은 것이 나
오는 것같이 너희의 그 목구멍에서
썩은 것만을 내뿜는 그와 같은 사악
한 행위를 하는 것이며,
21 그 혀로써는 상대방을 속이며 남을 속
이며 베풀고자 하는 마음은 찾아볼
수도 없는 것이 너희이니라.
22 그 입속에는 독사와 같은 독이 있으
며, 그 입에는 저주와 악독이 가득 찼
다고 성경에 기록하여 전한 무서운 그
뜻을 너희는 알아야 할 것이니라.
23 그것이 너희며 오늘날 그와 같은 백
성으로 이루어질 것을 내가 알기에 성
서에 이미 기록하여 전했음이니,
24 그것은 이를 보고 그리 깨우쳐 그리
행하지 말라 가르친 것이니라.
25 그러나 이와 같은 것을 깨우쳐 너희
것으로 만들려 하지 아니하며 그저 지
나가는 것으로써 묻어 버리니,
26 모두 지옥으로 가는 길만을 향하여 달
려가면서 천국의 길이라 착각하고 사
는 어리석은 백성임을 알라, 사랑하는
나의 아들딸들아!
27 모든 죄가 무엇이며 구원이 무엇인가
를 상세히 기록한 것이 나의 법전이니
라.
28 그러니 이를 보고 정독하여 깨우침을
얻도록 그리하라.

7,361 번째 하나님 말씀

2003년 9월 1일 12시 44분

1 사랑하는 나의 아들아!
2 이 세상의 아름다움 속에서 형제와 아
름다운 마음으로 더불어 살며 이웃과
사랑을 나누며 나의 은혜를 들어 나누
며 사는 나의 백성으로 살도록 그리
하였음이니라.
3 그리하여 인간의 아름다운 향기를 발
산하며 살아가도록 너희에게 모두를
다 주어, 노력하여 거둬들이고 얻을
만큼 주었거늘,
4 너희는 어찌하여 인간의 아름다운 향
기를 발산하며 인간다운 삶을 살지 못
하고, 죄를 짓는 삶을 반복하고 또 반
복하며 살아가고 있단 말이더냐?
5 그러면서 죄인 줄을 모르고 살아가는
불쌍한 나의 백성을 바라보는 나 여호
와의 마음이 어떠하겠는가?

6 나로부터 생명을 받아 나간 나의 아들
딸들이 나에게 오름이 아니요, 지옥으
로 가며 그리고 죄의 공장을 가슴에
안고 지금 살아가고 있음이니, 그를
보는 나 여호와의 마음이 어떠하겠는
가?
7 어찌하여 너희는 인간으로서 인간의
아름다운 그 향기를 발산하고 살지 못
하며 썩은 냄새를 풍기며 이 지상을
오염시키고 살게 되었던가?
8 너희는 지상을 오염시키고 더 이상
오염시킬 수 없어 이제는 하늘까지 오
염시키려 하는 것이 너희가 살아가는
그 삶이라면 믿겠느냐?
9 그러면서 그 썩은 내가 나는 입으로
써 나에게 축복이요, 은혜를 달라, 그
리고 무엇을 이루어 달라, 그리고 소
원하는 것을 이루어 달라, 더 갖고자
더 높은 자리를 갖고자 나에게 기도하
며 빌고 있음이니라.
10 그리하여 너희는 나에게 모든 지은
죄를 용서해달라 빌며 그리고 용서를
받은 것처럼 그리 나에게 기도하고 울
고불고하면, '오냐, 나 여호와가 너희
것을 다 용서해 주었느니라.' 하고 응
답하며,
11 '사랑하는 아들딸들아! 내가 너희가
기도하고 용서를 비는 것을 다 용서해
주었으니 그리 알라.
12 오냐, 내가 다 용서해 주었느니라, 사
랑하는 나의 아들딸들아!' 그리 응답
을 듣는 것처럼 착각하는 자들이니라.
13 그 착각 속에서 기도하는 자는 자신을
숭배하고 자신을 위하여 기도하는 것
이며, 자신의 넋두리를 늘어놓는 기도
라는 것을 절대 잊지 말라.
14 개구리 울음소리만도 못한 것이 너희
가 지금 썩은 입으로써 내뱉는 축복과
은혜를 받고자 소원하는 것이니,
15 너희 몸에서 썩은 내가 나지 않도록
그 입을 다스린 다음에 나에게 축복의
기도를 해도 내가 그를 들어 접할까
말까 한 것이 하늘의 법도임을 잊지
말라.

7,362 번째 하나님 말씀

2003년 9월 1일 12시 50분

1 사랑하는 나의 아들아!
2 "네, 아버님! 말씀하옵소서."
3 유일한 신이요, 유일한 창조주는 나
여호와뿐임을 너희가 가슴 깊이 새기
고 이를 믿고 가야 할 것이니라.
4 육으로 존재하는 것은 신이 아님을 알
며 신의 경지에 오를 수 없다는 것을
알고 살아가야 할 것이니라.
5 다만, 너희가 변하고자 최선의 노력을
다했을 때 나에게 변하여 올 수 있는
그 점수가 다 다름이니, 그 점수를 상
회했을 때 내가 너희를 구원함이니라.
6 너희는 육으로 살면서 모두를 다 놓고
버리고 오는 이 세상에서 나에게 무엇
을 얻고자 하며 그리고 구원하고자 하
는 기도를 하지 말며,
7 마지막 너희가 죽을 때 나에게 은혜를
받을 수 있으며 내가 손을 뻗쳐 너희
를 구원할 수 있는 그 은혜를 받기 위
해 그 모두를 아끼고 소중히 간직하
라는 것이 나의 뜻임이니라.
8 일반 직장 생활에서 작고 큰 휴일을

모두 다 찾아 먹는 자는 한 번에 큰 역
사를 이룰 수 없지 않더냐?
9 너희가 찾아 먹고 쉴 수 있는 그 시간
을 아끼고 또 그걸 집단에 반납하여
한 번에 모았을 때 큰 것을 얻을 수 있
으며 큰 역사를 할 수 있는 그 이치와
무엇이 다르더냐?
10 너희가 작은 것을 다 이루고 받고자
기도한다면, 결국 마지막 큰 구원의
역사함을 얻지 못함이니,
11 작은 것을 손에서 모두 다 놓으며 너
희에게서 모두 지워 버리며, 그리고
너희가 육의 삶에서 노력하면 얻을 수
있으며 이룰 수 있는 것을 위해서 나
에게 무엇을 달라 역사해 달라는 기
도를 하지 말라.
12 너희가 노력하면 얻을 수 있는 이 세
상에서 어찌하여 다른 힘을 빌리며 더
위대한 자를 빌려 무엇을 역사하고자
하는 그와 같은 나약한 마음을 가지고
사느냐?
13 너희가 이룰 수 없고 거둘 수 없으며
얻을 수 없는 구원의 생명을 위해 그
때 마지막 한 번 쓸 수 있도록, 나에게
이루어달라 소원하는 기도요, 너희는
넋두리하지 말라, 사랑하는 나의 선택
된 아들딸들아!
14 이는 너희가 말하는 말씀으로써 세상
에 전해짐이니라.
15 그러니 너희는 내 역사가 모두 다 전
해지며 모두가 다 이루어지며 모두 다
역사하고 있는 그 속에서 무엇인가를
얻고자 하지 말라.
16 말씀 속에 세상에 이루어지고 역사할
것이 다 있음이니라.
17 나의 법전이 마지막 시대에 너희가
말하는 말씀의 마지막 시대라 하는 것
이 바로 무엇인 줄 알겠느냐?
18 이제 곧 심판의 시대요, 너희의 모든
역사함을 그대로 상 받을 자와 벌 받
을 자를 모두 역사하는 그 시대이니라.
19 그러니 그와 같은 시대가 지금 이루어
지는 것을 알지 못하는 자들이 나의
피조물 만백성 너희이니라.
20 이제 내가 다시 너희에게 말함이니라.
21 몇천 년 동안 흘러오는 그 속에서 모
든 선지자요, 예언자요, 대제사장이
요, 모세요, 또한 나의 아들 예수의 역
사함이요, 구약과 신약의 그 내용을
모두 통틀어 총망라하여 나의 법전으
로써 다시 역사함을 너희는 알아야
할 것이니라.
22 나의 법전보다 더 위대하며 더 역사하
며 더 하늘에 오르는 그 길은 없음이
니라.
23 지난 몇천 년 동안 흘러온 그 모든 것
을 역사하여 하나로 묶어 총망라하여
그걸 능가할 수 있으며 그걸 통제하고
다스릴 수 있는 것이 나의 법전이니
그리 알라.
24 그리하면 너희가 사악한 자요, 악마의
자식이요, 용서할 수 없는 자라 그리
말할 것이니라.
25 구약의 시대에 살았던 백성은 구약이
우선이라 할 것이며 신약에 사는 백성
은 신약이라 함이니,
26 수천만 가지 종파를 가지고 제 것이
옳다 싸우는 것이나 구약과 신약을 놓
고 옳고 그름을 따지는 너희나 똑같
음을 알라.

27 그 모두를 총망라하여 내가 나의 법전
에 모두를 기록하여 역사함이니, 이것
이 가장 큰 변화요, 가장 큰 개혁이요,
가장 큰 역사임을 알라.
28 여기에 이해하기 쉽고 깨우치기 쉽게
만들어 기록하여 전함이니라.
29 그 모두는 오늘의 마지막 시대의 법전
을 위하여 마지막 주자가 영광을 찾는
것처럼, 나의 법전이 마지막 주자로서
모든 것을 다 이루고 역사하는 것이니,
30 나의 법전을 읽고 깨우치고 들여다보
지 아니하는 자는 아무것도 이룰 수
없으며 역사할 수 없음을 알라.
31 그 모두는 너희 개인이 천사가 되게
하고자 하며 개인이 천사가 되게 역
사하고자 하여,
32 몇천 년 동안의 역사 속에 그리고 신
약과 구약 속에 그 세월 속에 그 모두
가 다 개인인 너희를 천사로 만들고
자 함이니,
33 너희가 천사가 되는 길을 나의 법전에
총망라하여 내가 다시 너희에게 영광
을 내림이니 잊지 말라, 사랑하는 나
의 아들딸들아! 나 여호와가 너희를
사랑함이니라.

7,363 번째 하나님 말씀

2003년 9월 1일 17시 37분

1 사랑하는 나의 아들아!
2 "네, 아버님! 말씀하옵소서."
3 이 세상에 너희가 무엇인가를 하나
역사함에 있어서 연구와 연구를 거듭
하며 변화와 변화 속에서 모두 역사
하며 또한 이루어짐이니라.
4 그러니 너희 인간 세상에서 말하듯이
첫술에 배부른 자가 없다 하지 않던가?
5 그러니 첫술에 배부른 자가 없으며 시
간이 흐름으로써 모든 것이 역사하며
모든 것이 이루어지는 것이니라.
6 한 번에 성급하게 무엇을 이루려 하지
말며, 조급히 서두르지 말라 함이 아
니던가?
7 너희가 나에게 오르는 길이요, 믿음
또한 그러하니라.
8 너희가 변하는 것이요, 마음을 다스리
는 것이 하루아침에 그저 일시에 무
자르듯이 이루어질 수 있는 것이 정녕
아님을 알아야 할 것이니라.
9 쇠를 달구고 또 달궈서 처음에는 무쇠
를 갖다 녹이기 시작하니, 그 불에 달
구고 또 달구어짐으로 인하여 필요한
도구를 만들 수 있는 것처럼,
10 너희가 달구어지고 또 달구어지는 속
에서 나에게 오르는 그 길을 보게 되
며, 나에 대한 믿음이 굳어지며, 그리
고 너희가 지옥의 그 두려움을 알며,
깨달음의 경지가 높으면 높아질수록
가속이 붙게 됨이니, 너희가 변하고
역사하는 것이 그와 같이 이루어짐이
니라.
11 그러니 하루아침에 무엇을 이루려 생
각하지 말며 조급히 생각하지 말라.
12 모든 실행과 시행착오 속에서 더 위대
한 것을 발견할 수 있으며, 더 위대한
것을 발명할 수 있으며, 더 위대한 역
사를 이룰 수 있는 것을 너희는 알아
야 할 것이니라.
13 너희가 실패가 없고 시행착오가 없이
이룬다면 그저 생각했던 소기의 목적

에 만족하게 되고 말게 되어 있음이
니라.
14 그러니 인생의 목표를 세움으로 인하
여 작은 목표가 이루어졌을 때, 그는
거기에서 안주하며 능력 있는 자가 거
기에서 좌절하게 되어 있음을 알아야
할 것이니라.
15 그러니 능력 있는 자가 작은 목표를
세워 놓고 가면 그것으로써 만족함이
니라.
16 그러나 능력이 없는 백성이라도 그가
꿈을 가지고 계속 노력하는 자는 목표
를 높이 잡았기에 그걸 위하여 열심히
가고 열심히 노력함이니라.
17 그러니 아무리 머리가 좋고 현명한 자
라도 작은 것을 세우며 작은 것에 연
연하면 그것이 이루어졌을 때 그는 거
기서 안주하고 끝남이니, 인재가 거기
에서 죽어 가며 능력 있는 자가 그저
사장되는 것이 그것이니라.
18 그러니 처음서부터 큰 뜻이 있고, 부
지런히 노력하고 역사하며 부닥치면
서 또 일어서고 실패하면서 또 일어서
며 그와 같이 가는 그 백성이 처음에
는 미련하고 어리석은 자 같으며 영리
하지 못하고 지능이 부족한 것 같으나,
19 결국 인생의 종말을 거둘 때는 그가
이 세상에 많은 역사를 남기고 가게
됨이니, 그는 무한대의 노력을 멈추지
아니하고 평생을 하기 때문이니라.
20 그러니 너희의 믿음이요, 나에게 오르
는 길 또한 그러하며 내가 너희를 쓰
는 것 또한 그러하니라.
21 너희가 작은 목표에 안주하며 내가 작
은 것에 너희를 쓰고자 하면 그저 오
늘의 작은 것에 만족을 너희에게 줄
수 있으나,
22 너희는 크게 쓰여야 할 것이며, 한두
사람의 백성을 구하는 것이 아니요,
감히 창조주 나 여호와의 뜻에 따라
만백성을 구하는 역사를 하며 그를
이루어야 하는 것이기에, 실패와 고통
을 거듭하면서 역사하는 길밖에 없음
이니라.
23 무쇠를 달궈 필요한 도구를 만들듯이
내가 너희를 달궈 중히 쓰고자 하며
높이 쓰고자 하며 귀히 쓰고자 함이니
라.
24 그리하여 너희가 오늘의 그 시련의
역사를 걷고 있음이니, 이를 두려워하
지 말며 겁먹지 말며,
25 도전하며 용기를 가지고 힘차게 밀고
나가는 백성이 되었을 때, 너희는 거
기서 수련이요, 시련이요, 훈련을 역
사하여 중요한 자리요, 네 자리요, 높
은 자리요, 귀한 자리에 등용될 수 있
다는 것을 절대 잊어서는 아니 됨이니
그리 알라, 사랑하는 나의 아들딸들아!

7,364 번째 하나님 말씀

2003년 9월 1일 17시 44분

1 사랑하는 나의 아들아!
2 "네, 아버님! 말씀하옵소서."
3 지금 모든 종교 집단과 지도자, 구원
을 받았다 말하는 광신도 같은 그 신
도들, 그리고 정신이상자같이 울고불
고 광란하는 자들이,
4 나 여호와의 뜻이요, 하늘에 오르는
길에 저희가 그 핵심부에 서 있는 것

처럼 지금 착각을 하는 것이 지금의
믿음의 길을 가는 백성이니라.
5 하늘에 오르는 길이요, 믿음의 길이
요, 구원을 받는 그 모든 핵심적인 역
할을 하며, 중심적인 역할이며, 모든
조직의 모체가 되는 것처럼 그들이 그
리 착각을 하고 있음을 알아야 할 것
이니라.
6 그리하여 저희는 구원을 받았으며 나
에게 오를 수 있는 자들이라 말함이니,
7 모든 믿음의 길이요, 구원의 길에 저
희가 중심부며 축이 되고 핵심이 되
어, 저희를 따르지 아니하며 저희의
말을 듣지 아니하며 저희의 집단에
속하지 아니하는 자는 절대 구원을 받
을 수 없는 것이라 착각하는 것이 그
들이니라.
8 그러니 중심에 저희가 존재하고 있다
생각하는 그 착각 속에서 지금의 모든
백성이 광신도들이 되었으며,
9 그저 저희가 가는 길만이 오로지 맞
는 길이요,
10 남이 가는 길이요, 남이 깨우치는 것
이요, 하늘에 오르는 참진리요, 구원
의 빛을 내린다 해도 그를 받지 아니
하고 들으려 하지 아니함이니,
11 너희가 얼마나 무섭게 변질되어 있으
며 변화된 자들인 줄 알겠는가?
12 너희는 어떠한 힘으로도 다스릴 수 없
으며, 어떠한 방법으로도 이끌어 하늘
에 오르는 그 길에 인도할 수 없음이
니라.
13 그저 나의 법전이 하얀 눈이 세상을
덮듯이 저희가 읽지 아니하면 아니
되며 보지 아니하면 아니 되는 그와
같은 형국이 되었을 때, 그때서야 그
들이 나의 법전을 읽게 될 것이며 깨
달음을 얻는 그와 같은 회심을 할 것
이니라.
14 모든 운동 경기 중에서도 저희가 주역
이며 핵심적인 역할이요, 그 모든 행
사요, 모든 단체에서 역사하는 것, 이
세상에 나 여호와가 존재하는 모든 것
에 저희 자신이 중심권이요, 핵심이
요, 가장 중심축을 이루고 있다고 생
각하고 그리 믿고 있느니라.
15 그리하여 그 착각 속에서 빠져나가지
못하며 그 착각에서 헤어나지 못하는
그 백성은 시간이 가면 갈수록 점점
거짓된 것을 행하게 되며, 그 거짓됨
속에서 더 큰 거짓이요, 더 큰 거짓으
로써 역사함이니라.
16 그들의 믿음의 가는 길이요, 종교 지
도자들이 지도하고 인도하는 것이 나
여호와의 뜻이 아니요,
17 하늘의 이치와 하늘의 뜻이 무엇인가
를 모르고 알지 못하며 가르치는 종교
지도자 그들은 모두 지금 바닥나 있으
며 더 이상 끌고 갈 것이 없으며 더 이
상 가르칠 것이 없는 자들이니라.
18 나의 성서를 가지고 재탕하고 또 돌리
고 돌려 수천 년 동안 지금까지 이끌
고 온 그들이 무엇을 더 제시하며 무
엇을 더 깨달을 수 있겠는가?
19 그러니 저희가 제시할 것이 없으며 가
르칠 것이 없으며 인도할 것이 없음이
니 그저 거짓으로 시작함이니라.
20 그리하여 모든 것을 거짓으로 시작하
여 더 큰 거짓으로써 나의 피조물 만
백성을 이끌어 가느니라.

21 그러면서도 저 자신의 위치를 모르며
오로지 제가 중심권에서 운영하고 존
재하는 것처럼 그리하니, 저에게 오는
자만이 구원을 받는다고 말하느니라.
22 그저 몇 사람의 신도를 데리고 있는
자, 그저 몇백 명을 데리고 있는 자,
그와 같은 자가 모두 다 한결같이 저
에게만 오면 구원을 받는다 하니,
23 모든 운동권의 중심에 있는 그와 같
은 착각 속에서 지금 젖어 있는 자들
이 종교 집단이요, 지도자요, 그 광신
도들이 가는 것임을 알라.
24 너희는 정녕 착각 속에 헤매다 보니,
이제는 나 여호와의 능력을 능가하는
것처럼 착각하고 있으며,
25 너희가 기도하고 역사하면 그 모두가
이루어지며 너희가 소원하고 기원하
는 것은 나 여호와가 '그리 알았노라,
내가 너희 뜻을 들어줄 것이니라, 그
리고 역사해 줄 것이니라.' 하는 그 착
각 속에 아직도 헤어나지 못하고 있
음이니라.
26 너희가 모든 기도 소리요, 너희가 원
하는 것, 네 생각이요, 네 마음이요,
너희 자신이 만들어 놓은 그 기도는
나와 관계없다 하였음이니,
27 그와 같은 것은 내가 듣지 아니함을
너희는 알아야 할 것이니라.
28 이제 너희가 광적인 그 믿음 속에서
너희 자신을 돌아다볼 때가 되었음을
알아야 할 것이니라.
29 너희 자신을 돌아다보지 아니하며, 모
든 믿음의 종교 집단에서 너희만이 중
심축이요, 핵에 있으며 중심부에 서
있는 것이라 착각하는 지금의 그 믿음
에서 벗어나는 변화가 있지 아니하고
는,
30 너희는 참진리요, 하늘에 오르는 길이
요, 내가 지금 마지막 심판하는 시대
에 나의 아들을 통하여 내리는 나의
법전의 그 한 줄도 접하지 못함이니,
31 그를 접하지 못하며 읽고 깨우치지 않
는 자는 심판대에 설 자격도 없다 하
였음이니,
32 이 무섭고 두려운 것이 머지않아 너희
앞에 닥쳐올 것이라는 것을 잊지 말
라.

7,365 번째 하나님 말씀

2003년 9월 1일 17시 53분

1 사랑하는 나의 아들아!
2 "네, 아버님! 말씀하옵소서."
3 지금의 종교 집단과 지도자요, 광신도
가 된 그들과 나의 백성, 또한 나의 법
전을 읽지 아니하며 믿음이라는 것을
모르고 가는 그 백성은 어떠한 참진
리의 역사함도 받아들이려 하지도 아
니하여 받아들일 수 없으며,
4 또한 그를 이해하려 하지 아니하는 것
이 나의 피조물 만백성 너희가 지금
가진 마음 자세이니라.
5 광신도가 된 백성이요, 광신도로 만든
종교 집단이요, 지도자요, 그리고 나
여호와를 의식하지 아니하며 나를 생
각지 않는 그와 같은 백성, 그 모두가
다 참진리의 역사함을 받아들이려 하
지 아니하며, 그를 깨달으려 하지 아
니하며,
6 또한 지금에 와서는 받아들일 수 없

는 그와 같은 형국이 되어 있음이니라.
7 그러니 그들이 얼마나 사탄의 자식으
로서 무장되었으며 타락되어 있는가?
8 그러니 그들은 나 여호와가 존재함을
모르며, 나의 진리가 무엇인지를 모르
며, 하늘에 오르는 그 길이 무엇이며,
지옥에 가 받는 그 심판의 결과가 얼
마나 무섭고 두려운 것인지를 모르는
백성이기 때문에 오늘과 같은 삶을 살
수 있는 것이니라.
9 알면 결코 그와 같은 삶을 살 수 없는
것이니라.
10 이 세상에 역사하는 모든 것이 너희
의 뜻과 행하고자 하는 것, 너희와 같
이 가는 길이 아니요, 너희가 역사하
는 것과 일치되지 아니할 때,
11 저 자신의 마음에 들지 않을 때, 저 자
신의 마음에 맞지 않을 때, 그리고 저
희 능력으로써 도저히 따라갈 수 없으
며 저희의 지혜와 능력으로써 이해할
수 없는 역사를 이룰 때,
12 그리하여 저 자신이 그를 따를 수 없
으며 흉내도 낼 수 없으며 그를 각색
할 수도 없는 엄청난 역사와 기적을
이루는 그 모두를 다 저희가 말하기
를,
13 마귀가 역사하는 것이며 사탄의 자식
이 역사하는 것이라며 광적으로 그들
을 저주하며 그들을 존재치 못하도록
하는 것이 너희이니라.
14 저희의 능력으로써 이해하지 못할 때,
저희의 능력으로써 따를 수 없을 때,
저희 한계로써는 흉내도 낼 수 없는
위대한 역사의 참진리의 길을 가르친
다 해도,
15 그들은 시기와 질투로 인하여 그것이
마귀의 자식이요, 왕사탄의 자식이 역
사하는 것이라 하여 광적으로 그들이
세상에 뿌리를 내리지 못하도록 사악
한 행위를 하는 것이 너희가 아니더냐?
16 그러니 너희가 하늘에 오르는 길이요,
참진리의 길로 나에게 오른다 하면서,
나 여호와의 뜻을 받아들이지 아니하
며 내가 내리는 것을 받아들이지 아니
하며, 내가 내리는 것을 진리라 받아
들이지 아니하고, 사탄이요, 악마가
하는 것이라 그리 말하니,
17 지금의 너희 삶은 하늘에 오르는 길이
아니요, 지옥의 함정으로 빠져 가는
자들만이 우글거리고 있다는 것을 내
가 너희에게 말함이니, 너희는 죽어
나에게 왔을 때 곧 알게 될 것이니 그
리 알라.
18 너희는 나의 아들을 어찌 몰고 갔는가?
19 나의 아들 예수를 너희는 과연 어찌
짓밟았는가?
20 나의 아들 예수가 이 세상에 와 나의
뜻을 역사함이니, 너희 능력으로써는
도저히 불가사의한 그와 같은 기적을
이루며 그와 같은 역사를 이루는 나의
아들 예수를 너희가 어찌 몰아붙였는
가?
21 그가 사탄이요, 마귀의 자식이요, 왕
사탄의 지시를 받아 그 뜻에 따라 모
든 기적을 행하고 역사를 한다고 비난
하고 핍박한 자들이 바로 믿음을 가고
믿음을 인도한다는 대제사장들이요,
종교 지도자들이요, 나의 백성이라고
선택되어 믿는다는 백성 너희가 아니
던가?

22 나의 아들 예수가 이루는 그 역사, 죽
은 자를 살리며 병든 자를 고치며 앉
은뱅이를 일으키며 눈먼 자를 뜨게 하
는, 인간으로서 불가사의한 그 대능력
을 역사하는 것을 너희가 나 여호와
의 뜻이라 그리 받아들이며,
23 내가 너희를 구하려 내려보낸 나의
아들을 따라 하늘의 이치요, 나의 뜻
에 따라 만백성을 구하는 그 길로 하
나가 되는 것이 아니요,
24 너희는 불가능한 일이요, 할 수 없으
며 너희 능력이 미치지 아니하며 흉
내도 낼 수 없는 그와 같은 그 무서운
역사앞에서 바로 어찌하였던가?
25 나의 아들 예수를 마귀의 아들이요,
왕사탄의 자식이라 하여 나의 아들을
그렇게 비참하게 죽게 하였으며, 그를
핍박하는 것을 즐거움으로 살아오지
아니하였던가?
26 그것이 그 당시에 종교 지도자들에 의
해 이루어진 사악한 그 죄의 결과임을
알아야 할 것이니라.
27 그와 같은 행위로써 2천 년 전에 역사
한 그 후손들이 지금 이 세상에 종교
지도자요, 만백성을 하늘에 오르게 인
도한다 함이니, 지금 나의 법전이요,
나의 뜻이요, 나의 성령을 태워 나의
아들을 통하여 세상에 내려보내는 심
판의 기준인 나의 법전을 마귀의 행위
요, 사탄의 지시라 그리 말하며 그것
을 세상에 전하지 못하도록 하며 역사
하지 못하도록 하는 것이 너희이니라.
28 너희는 그리할 수 없으며 그와 같이
역사할 수 없음이니라.
29 너희는 160권의 법전의 역사를 이룰
수 없으며 그걸 책으로 만들어 세상에
전할 수 없음이니,
30 지금 나의 아들이 너희 앞에 불가사의
한 초능력적인 역사를 이루기 때문에,
그걸 보고 깨우쳐 참진리가 무엇인가
를 깨닫는 것이 아니요,
31 진리보다는 시기와 질투로써 너희가
하지 못하는 것을 남이 하기 때문에
그 모두를 무너트리려 하는 것이며,
32 그를 단죄할 방법이 없으니, 사탄이
요, 왕사탄이요, 마귀요, 마지막 시대
에 나의 피조물 만백성들을 지옥으로
이끄는 혼미한 상태요, 혼미한 세상이
이루어지며 그리 가고 있다 그리 말하
며,
33 그를 핍박하고 또 저주하여 나의 아들
예수보다도 더 처참한 방법으로써 모
든 것을 종말로 만들고자 각오하고 계
획하고 있음이니라.
34 한 번 경험한 그 후손들이요, 그 피를
가진 자들이기에, 두 번인들 못 하겠
느냐 하는 그와 같은 사악한 마음을
가지고 공격의 태세를 갖추는 것을
나 여호와는 알고 있음이니, 그러나
너희 뜻대로 이루어지지 아니할 것이
니 그리 알라.

7,366 번째 하나님 말씀

2003년 9월 1일 18시 36분

1 사랑하는 나의 아들아!
2 "네, 아버님! 말씀하옵소서."
3 너희가 이 세상에 살아가면서 얼마나
아름답고 고운 그 모두를 만들어 너희
에게 내려 주었더냐?

4 너희가 이 세상에 태어나는 순간에
너희가 먹고 쓰고 살 수 있는 그 모두
를 다 이 아름다운 세상 속에 너희에
게 내려 주었음이니라.
5 너희가 생명을 받은 그 은혜요, 또한
살아갈 수 있는 그 모든 역사를 이루
어 준비해 준 그 은혜가 과연 어떻다
생각하는가?
6 인간 세상에 살아가면서 이웃에게 평
생 먹고 살아갈 수 있는 그와 같은 것
을 만들어 주었다면, 그는 정녕 그와
같은 은혜를 베푼 자를 영원히 잊지
못할 것이며 감사할 것이니라.
7 그러니 나 여호와는 너희가 모두 다
평생 죽을 때까지, 나에게 와 심판을
받을 때까지 다 관리하고 역사할 수
있는 것을 세상에 다 내려보내 너희에
게 준비시켜 주었음이니 그 은혜가 과
연 어떠하던가?
8 그러니 너희가 그와 같은 은혜를 생
각한다 해도 내가 직접 불로 써 내린
나의 친필인 십계명을 지키지 못한다
할 수 있으며,
9 너희가 십계명에 기록되어 있는 '거짓
하지 말라, 살인하지 말라, 도둑질하
지 말라, 다른 신을 두지 말라' 너희에
게 깨우쳐 준 그것을 지킬 수 있다 없
다 갑론을박하고 시시비비하는 너희
의 그 모습이 얼마나 사악한 자들이며
얼마나 오만하고 교만한 자인지 그 모
습을 아느냐?
10 그와 같이 내가 직접 쓴 친필을 가지
고 시시비비하는 너희의 그 모습을
보면 얼마나 오만방자한 자세이며, 너
희가 나 여호와의 신이 되는 것 같은
착각 속에 사는 자들이 아니면 감히
그와 같은 말을 할 수 없음이니라.
11 종교 집단에 있는 지도자 너희가 그와
같이 살 수 없으며 살 수 없다고 고백
하면 될 것이요, 나는 살지 못하지만,
신도 여러분은 지키고 살아야 한다고
그리 가르치면 될 것을,
12 제가 지키지 못하며 제가 역사하지 못
하니, 그 신도요, 저를 따르는 그 제자
들이 그와 같은 역사를 하는 것이 두
렵고 겁이나, 지킬 수 없으며 역사할
수 없으며 인간으로써는 행할 수 없
다고 가르침이니,
13 내가 명한 것을 정면으로 거부하는 자
들이 과연 나의 백성이요, 나에게 선
택된 백성이며 나를 위하여 살아가는
백성이라 그리 말하며 나에게 오르고
자 하는 백성이라 말할 수 있느냐?
14 정녕 오늘의 그 실태를 스스로 깨우
쳐, 알에서 태어나는 생명과 같은 그
산고를 겪지 아니하고는 절대 너희는
나를 볼 수 없으며 나를 부를 수 없다
는 것을 알아야 할 것이니라.
15 사랑하는 나의 아들 예수를 세상에 내
려보낸 것, 그 자체가 또한 무엇이더
냐?
16 대단한 변화의 역사요, 그가 십자가에
서 죽은 것은 더 말할 것도 없는 크나
큰 충격의 대사건이요, 역사라는 것을
너희는 어찌 모르는가?
17 내가 나의 아들 예수를 세상에 내려보
내어 죄 없는 세상이요, 죄 없는 백성
을 만들어 너희가 나의 나라에 올 수
있게 하였으며,
18 너희가 하나가 되어 내 뜻에 동참하는

백성으로서 계명대로 살다 하늘에 올
라 너희가 누릴 수 없는 그 영광을 모
두 내리도록 그를 안내하고 깨우쳐 주
고 전하기 위해 사랑하는 나의 아들
예수를 세상에 내보냈음이니라.
19 그것도 더 말할 수 없는 대변화의 역
사이거늘, 너희가 나의 아들을 십자가
에 못 박혀 그리 죽게 하였음이니, 내
가 너희를 사랑하기에 나의 아들을
던져 그 죽음으로써 너희에게 무엇을
전하고자 했던 나의 아들의 그 고통스
러운 죽음보다 더 큰 충격이요, 그보
다 더 큰 사건은 이 세상에 있을 수 없
으며 존재할 수 없을 것이니라.
20 그러나 그 사건으로 인하여 너희는
과연 어찌 변했는가?
21 예수가 역사하여 가르치고자 하는 것,
그리고 이루고자 하는 것을 지금의 종
교 집단이요, 지도자들이 그를 행하며
살아왔는가?
22 너희는 정면으로 모두를 거부한 자들
이니라.
23 그러니 너희가 거부하는 순간에 어떠
한 형국으로 살아왔는지 알겠는가?
24 나 여호와가 역사하고 이루고자 하는
것, 예정된 나 여호와의 목적이요, 내
가 선견으로써 모든 역사의 변화를
계획한 것, 그 모두를 다 너희가 이루
지 못하도록 방해한 자들이며, 그를
무너트리도록 하였으며 그 배를 침몰
시킨 것이 너희이니, 그리 알아야 할
것이니라.
25 너희 인간이 사탄의 자식이 되어 사탄
이 되기 위해 한 나의 백성 너희가 얼
마만큼 잔인하며 그 죄가 무서운 것인
지를 지금도 모르는 것이니라.
26 그러나 너희는 그 죄의 대가가 얼마나
무섭고 두려운 것인지를 알게 될 것이
니라.
27 그러니 나의 사랑하는 백성 너희가
선한 마음으로 살아가는 것이 아니요,
마귀요, 사탄으로 변화되어 사탄의 백
성으로 변화되는 그때의 너희 마음과
성격은 그 누구도 능가할 수 없으며
그 누구도 다스릴 수 없으며,
28 무섭도록 변화되는 그 사악한 마음은
한계가 없이 변화됨이니, 내가 그를
물리적으로 다스리며 내가 물리적으
로 모두를 해결하고자 할 때, 거기에
대한 파장이요, 고통은 감당할 수 없
기에 내가 물리적으로 너희를 다스리
지 아니함이 여기에 있음이니라.
29 너희가 마귀가 되어 버리는 그 순간에
변화되는 그 성격의 잔인함은 그 누구
도 막을 수 없으며 그 누구도 감당할
수 없으며 다스릴 수 없는 어려운 지
경에 있음이니라.
30 나 여호와가 그 모두를 다스리고 면할
수 있으나 그러하기에는 너무나 큰 피
해요, 너무나 많은 상처요, 감당키 어
려운 변화를 이루기에,
31 내가 너희에게 스스로 변할 수 있는
단 한 번의 기회를 더 주어 너희가 역
사하도록 나 여호와가 기다림을 알아
야 할 것이니라.
32 그리하여 지금 나의 아들을 통하여 내
려보내는 160권의 법전 또한 대역사
의 큰 변화요, 대사건이요, 그보다도
더 큰 충격의 역사는 없을 것이니라.
33 이 모두는 내가 직접 관장하는 것이며

내가 직접 주관하기 때문이니, 이것이 바로 심판의 시대요, 너희가 하늘에 오르고 못 오르는 그 기회를 내가 너희에게 준 것이니, 이보다도 큰 역사의 대변화는 없을 것이니라.

34 너희가 이를 모르고 이를 보려 하지 아니하며 이를 묻어 버리려 하며 이를 세상에 존재치 못하도록 모든 힘을 다 경주하여 핍박하고 짓이기려는 그 사악한 그 마음을 나는 알고 있음이니라.

35 그와 같은 마음을 바로잡으며 그를 버려 사랑으로 변화되는 삶을 살지 못할 때, 너희는 얼마나 무서운 그 결과를 이루어야 하는지 알게 될 것이니라.

36 너희가 마음을 다스리는 것이며 너희를 바로 세우는 것이며 너희가 지옥불에 떨어지는 고통을 면하는 것은 아무것도 없음이니라.

37 다만, 이제는 나의 아들을 통하여 내리는 160권의 나의 법전이요, 나의 성령의 뜻만 너희에게 역사한다는 것을 잊지 말라.

38 그를 버리고 그를 등지고는 너희는 정녕 나에게 오를 수 없으며 역사할 수 없다는 것을 다시 한 번 너희에게 전함이니, 이를 깊이 깨우치고 행하여 구원을 받도록 그리하라, 사랑하는 나의 아들딸들아!

7,367 번째 하나님 말씀

2003년 9월 1일 18시 41분

1 사랑하는 나의 아들아!

2 "네, 아버님! 말씀하옵소서."

3 나의 아들을 따르는 백성, 나의 법전을 읽고 깨우치는 영광을 얻은 선택된 백성 너희야말로 그보다도 큰 은혜와 영광이 없음을 너희는 알아야 할 것이니라.

4 그러니 너희는 어떠한 백성이더냐?

5 너희는 나로부터 선택된 백성이요, 나에게 부름을 받은 백성이요, 그리하여 나의 명을 받고 나의 뜻을 받아 만백성을 구하는 그 대명을 이루는 너희라는 것을 잊지 말아야 할 것이니라.

6 그러니 너희는 인간 세상에서 낙오자가 될 수 없으며, 절대 인생의 낙오자가 되어서는 아니 되는 것이 너희 운명임을 알아야 할 것이니라.

7 나로부터 부름을 받은 백성, 나로부터 명을 받아 만백성을 구하는 나의 법전을 만들어 만백성에게 전하는 대명을 받은 백성 너희가 실패자라 하여 인생의 낙오자가 될 수는 없으며, 절대 그와 같은 전철을 밟아서도 아니 됨을 너희는 알아야 할 것이니라.

8 결코, 너희는 인생의 실패자가 될 수 없으며, 인생의 실패자와 같은 것은 생각해서도 아니 되느니라.

9 너희가 얼마나 강한 의지로 살아가느냐에 그 성패가 모두 거기 달렸음을 알아야 할 것이니라.

10 너희는 이제 실패자가 될 수는 없으며, 낙오자가 될 수도 없으며, 그리고 좌절한 백성이 될 수 없다는 것을 알아야 할 것이니라.

11 너희가 실패하는 인생이요, 인생에 낙오자가 된다면, 만백성을 구하는 나의 법전을 만들어 그들을 구하는 그 임무

가 실패로 끝날 것이며, 그는 결코 역
사할 수 없다는 것을 너희는 알아야
할 것이니라.
12 너희 스스로 인생의 낙오자요, 인생의
실패자가 되어서는 아니 된다는 것을
깊이 깨우쳐야 할 것이니라.
13 모든 성패는 믿음의 결과에 달렸음을
알라.
14 너희가 나 여호와를 얼마나 믿고 따
르느냐에 달렸으며, 너희의 진실한
믿음이 어디까지 있느냐 하는 것, 그
믿음으로써 승자가 될 수 있으며 패자
가 될 수 있음이니라.
15 이제는 너희가 인생의 낙오자요, 인생
의 실패자가 된다는 것은 너희 개인
의 문제가 아님이니라.
16 나의 법전을 만드는 대명을 받은 자
요, 만백성을 구하고자 부름을 받은
너희가 인생의 낙오자라면, 나의 법전
을 세상에 전하여 만백성을 구하는 역
사를 이룰 수 없다 한 그 의미를 너희
자신이 깊이 깨달아야 할 것이며,
17 너희 자신을 다시 다스리는 그와 같은
삶의 자세로 변하지 아니하면 아니 됨
을 알아야 할 것이니라.
18 실패자는 결코 될 수 없다는 각오 아
래 굳은 용기와 희망을 품고 역사할
때, 나의 뜻이 또한 너희가 역사하는
그곳에 힘이 되며 길을 인도하여 기적
의 대변화가 이루어질 수 있는 것임
을 알라.
19 너희 스스로 포기하며 용기를 저버리
며 패자라는 것을 자인할 때, 나는 너
희에게 기적의 역사를 절대 이루지 아
니할 것이니라.
20 지금과 같이 말로써 가는 믿음이 아니
라, 믿음으로써 행하는 그것만이 나의
모든 기적을 이룰 수 있으며 나의 기
적을 받을 수 있으며 나의 은혜 속에
서 모든 영광을 얻을 수 있다는 것을
알라.
21 믿음으로 가는 믿음이 아니요, 행하는
믿음이 아니요, 진정한 믿음, 나 여호
와가 존재함을 믿으며 나의 법전이 만
백성을 구하는 마지막 심판의 기준이
요, 법전이라는 것을 가슴속에 깊이
믿을 때, 모든 기적의 역사는 이루어
질 것이니 그리 알라, 사랑하는 나의
아들딸들아!

7,368 번째 하나님 말씀

2003년 9월 2일 0시 17분

1 사랑하는 나의 아들아!
2 "네, 아버님! 말씀하옵소서."
3 이 세상에 나의 아들 예수를 너희에게
보냈음이니, 그것보다 더 큰 역사가
없다 하였음이니라.
4 그리고 나의 뜻을 전하고자 하는 나의
아들을 너희가 그리 고통스럽게 죽게
하였음이니, 그보다 더 큰 사건이요,
그보다 더 큰 변화는 없다 그리 말하
였음이니라.
5 그러나 그보다 더 역사한 것이 무엇
이며 그보다 더 위대한 변화가 무엇이
라 내가 말하였느냐?
6 지금 내가 나의 성령을 태워 내가 직
접 내리는 나의 법전이요, 만백성 너
희를 심판하는 기준인 나의 새로운 성
경을 내려보내는 이 역사의 변화보다

더 위대하고 큰 것이 없다 내가 그리
너희에게 말하여 전하지 아니하였던
가?
7 지금 나 여호와의 뜻이요, 만백성을
심판하는 나의 법전을 세상에 만듦이
니, 이보다 더 큰 역사가 없다 하였음
이니라.
8 모세의 구약 시대의 그 역사요, 신약
의 예수 시대의 그 역사도 지금 내가
직접 모두를 관장하며 역사하는 오늘
의 제3의 시대요, 너희가 구원을 받고
못 받는 그와 같은 이 시대의 역사의
흐름보다도 더 큰 역사요, 더 큰 사건
은 없다고 내가 그리 말하였음이니라.
9 여기에 참여하며 여기에 동참하는 자
들은 과연 어떠한 백성이더냐?
10 이 세상 수십억 그 인구 중에서 너희
처럼 귀하고 소중한 임무를 맡은 자가
없으며 너희가 하는 그 역사보다 더
위대한 역사가 없던 것에 지금 참여하
는 것이 아니던가?
11 과연 너희가 나 여호와의 뜻이요, 나
의 아들 예수의 죽음이요, 그보다도
더한 큰 변화요, 변동을 이루는 이와
같은 역사에 참여하는 너희의 마음
자세요, 행동의 자세요, 너희가 마음
을 비운 자세는 과연 어떠한 것으로써
이 일을 역사한다 하는가?
12 나의 아들 예수를 따르는 그 제자들도
너희처럼 그리 흔들리지 아니하였음
이니라.
13 곡식의 이삭을 주워 끼니를 때우고
들판에서 잠을 잔다 해도, 그들의 마
음이요, 그들의 믿음은 오늘의 너희와
같지 아니하였음을 알아야 할 것이니
라.
14 너희처럼 나태해진 자들이 없으며 너
희처럼 흔들리는 자들이 없으며 너희
처럼 저 자신을 분석하고 파악하지
못하는 자들이 없음이니, 이는 내가
너희에게 뭐라 말하였느냐?
15 나의 아들이 역사하는 그 길에 너희
가 없다 하여 다음 사람이 올 수 있는
자가 없는 줄 아는 그와 같은 오만함
을 버려야 할 것이라 내가 그리 말하
였음이니라.
16 너희 다음에 올 자가 있으며 너희가
길을 닦아 놓았을 때 지나가는 이가
수없이 있을 것이며, 그 길이 곧고 바
르다는 것을 아는 만백성들이 그 길을
지나가는 것은 당연한 것이 아니더냐?
17 그와 같은 역사의 이치가 있다고 너희
에게 깨우쳤음이니,
18 너희가 과연 대역사요, 지구가 존재하
는 이 세상에서 가장 큰 대사건이요,
대역사를 기록하며 그리고 대역사의
대변화를 이루는 그 과정에서 과연 어
떠한 자세며 어떠한 형태로 가고 있는
가?
19 아직도 너희는 작게는 인간의 욕심을
버리지 못하였으며, 사욕을 버리지 못
한 자들이며,
20 나의 법전을 만들고 다듬는 너희가
얼마나 귀하고 소중한 것인가를 지금
모르고 있음을 알아야 할 것이니라.
21 너희는 여기서 알아야 할 것이니라.
22 모세가 나의 역사요, 나의 뜻을 듣고
그 대장정의 역사를 이루었어도 그는
그가 원하는 그 자리를 가지 못하였음
이니, 그는 내 뜻에 따라 행하지 아니

하였음이니라.
23 너희가 나로부터 선택되어 영광과 축
복이 있다 하나, 네 직분을 다하지 아
니하며 해야 할 일을 다하지 아니할
때, 나의 아들이 가는 길에 파장을 이
룰 때,
24 그 누구도 내가 용서치 아니하며, 이
제는 그를 돌아다봐 너희에게 다음
기회를 주지 아니함을 알아야 할 것
이니라.
25 너희가 모든 파장을 이루는 것은 너희
자신이 욕심을 버리지 못하며 사욕을
버리지 못하였음이며,
26 나 여호와가 존재함을 알고 나 여호와
가 존재함을 믿는 그것으로써 너희가
죄를 짓고 살 수 있는 백성은 없다 하
였음이니라.
27 그 두려움이요, 무서움 때문에 죄를
지을 수 없는 것이 너희라 하였거늘,
지금 나의 아들을 통하여 너희에게
내린 대장정의 160권의 법전이 나의
성령을 태워 내가 마지막 내리는 것이
라 했음이니라.
28 이보다 더 큰 역사의 사건이 없거늘,
이를 다루고 만지는 너희가 과연 그
걸 만들 수 있는 자격이 있으며 손댈
수 있는 자격이 있으며 역사할 수 있
는 자격이 있다 하는가?
29 너희는 어린아이의 소꿉장난으로써
나의 법전이 이 세상에 나갈 것을 바
라며 그 모두가 역사할 것이라 생각
하는가?
30 나의 아들 예수 또한 나의 피조물 만
백성들을 깨우치고 인도하는 그 역사
를 하기 위해 생명을 바쳤음이니, 그
보다 더한 역사를 이루는 너희의 오늘
의 자세요, 마음 자세를 돌이켜 봐야
할 것이니라.
31 너희가 서로 얼굴을 붉히며 시시비비
하는 것은 욕심을 버리지 못하며 마음
을 비우지 못한 자이니라.
32 욕심을 버리지 아니한 자, 마음을 비
우지 못한 자는 나의 법전을 만들 수
없으며, 나의 아들과 더불어 동행할
수 없는 자라는 것을 알아야 할 것이
니라.
33 나의 아들 예수를 죽게 함으로 2천 년
의 암흑의 세상이 흘렀음이니, 암흑의
세상이 흐른 다음에 내가 지금에 역사
함이니,
34 너희가 그 중요함이요, 그 소중함을
알지 못하며 너희 자신이 흔들릴 때
나 여호와는 너희를 두 번 다시 돌아
보지 아니할 것임을 명심해야 할 것이
니라.
35 너희가 이 소중함을 알며 나 여호와가
존재함을 안다면, 나의 성령을 태워서
내리는 나의 법전이 얼마나 소중하고
위대한 것인가를 알 것이거늘,
36 너희가 지금 이웃집 아이들과 소꿉장
난하는 마음으로써 나의 법전을 만들
고 믿음의 길을 가며 무엇을 역사하고
자 하는 생각을 하며,
37 그리고 너희가 어떤 자들인지 그 자체
도 모르며 인간의 생각이요, 인간의
욕심을 하나도 버리지 못한 것이 너희
이니라.
38 그러고도 나의 법전을 역사하며 나의
법전 속에 너희 이름이 남으며 나에
게 구원을 받을 수 있다고 말하는가?

39 하늘에 오르는 것이 낙타가 바늘구멍
을 통과하기보다 더 어렵고 힘든 길
이라 하였음이니라.
40 그러니 과연 너희가 그보다 더 어렵
고 힘든 고행의 길이요, 고통의 길이
요, 마음의 다스림의 길을 가고자 아
니 한다면, 너희를 내가 다 지울 것이
며,
41 너희가 나의 법전에 감히 손을 대지
못하도록 할 것이며, 나의 법전을 역
사하는 자들을 너희가 아닌 다른 사
람으로서 모두 역사할 마음의 준비를
하고 있음을 알아야 할 것이니라.

7,369 번째 하나님 말씀

2003년 9월 2일 0시 26분

1 사랑하는 나의 아들아!
2 "네, 아버님! 말씀하옵소서."
3 예수를 세상에 내보내어 그가 고통스
러운 속에서 인간으로서 견딜 수 없는
어렵고 힘든 죽음의 길을 마다하지 아
니하고 그가 그 길을 간 것은 무엇이
더냐?
4 그 모두는 나 여호와가 나의 백성 너
희를 사랑하기 때문이며, 너희를 구원
하고자 그와 같은 역사의 한 시대의
획을 그었음이니라.
5 그보다 더 큰 사건이 어디에 있었으며
그보다 더 무서운 변화가 어디에 있었
겠는가?
6 그러니 그와 같은 백성이 지금 과연
어떠한 자세며, 너희가 가는 그 길은
과연 어떠하던가?
7 나의 아들을 세상에 보내어 너희를
구원하고자 했으나, 내가 미리 계획한
것, 미리 역사한 것을 모두 무너뜨린
것이 사탄의 자식이 된 백성 너희가
그와 같은 짓을 했다 내가 너희에게
일찍이 그리 가르쳤음이니라.
8 그러나 내가 노하지 아니하고 너희를
버리지 아니하며, 지금 나의 아들을
통하여 160권의 법전을 만들어 세상
에 전하며,
9 하늘에 오르는 길이요, 인간이 사는
도리요, 하늘에 오르는 빛을 볼 수 있
는 그 모두를 상세히 기록하여, 너희
가 인간 세상에서 죄를 짓지 아니하며
죄를 사할 수 있도록 지금 또다시 이
한 번의 기회를 내림이니 이 또한 무
엇이던가?
10 나 여호와가 너희를 사랑하기 때문임
을 알아야 할 것이니라.
11 과연 내가 너희에게 얼마만큼 사랑을
베풀어야 할 것이며, 내가 너희에게
어떠한 희생을 더 해야만 나의 백성으
로서 나의 나라 천국에 올 수 있는 그
와 같은 삶을 살아가는 백성으로서
역사할 수 있단 말이던가?
12 예수의 고통보다 더한 고통으로써 나
의 아들을 또 죽게 하며 나의 법전이
갈기갈기 찢어지는 그와 같은 아픔을
내가 보도록 해야만,
13 내가 그와 같은 고통을 당해야만 너희
가 인간으로서 바로 설 것이며 하늘
에 오르는 백성이요, 천국에 오를 수
있는 그와 같은 백성의 삶을 살 수 있
는가?
14 너희가 나에게 무엇을 더 원하며 나에
게 어떠한 고통을 더 원하느냐?

15 그러니 지금 내가 마지막이라 하여 내
리는 나의 법전마저도, 나의 아들마저
도 예수보다도 더 처참한 환경으로 내
가 그 이상의 고통을 느꼈을 때, 정녕
너희가 가야 할 길이며 하늘에 오르
는 그 길을 보고 참진리를 깨우쳐 하
늘에 오르는 길을 역사하고자 하는가?
16 어찌해야 너희를 다스릴 수 있는가?
17 너희는 지금 사탄의 자식으로 되어 있
어 어떠한 것이 참진리요, 어떠한 것
이 사탄의 길인지 그 자체도 모르고
있으며,
18 사탄과 더불어 지옥 불로 가는 것을
하늘에 오르는 길이라 그리 알고 모두
를 바치고 살아가는 것이니라.
19 그러니 바로잡을 수도 없으며 돌이킬
수 없는 것이 너희의 그 마음 자세니
라.
20 그와 같은 너희를 다스릴 수 있는 것
은 나의 법전이요, 나의 법전이 세상
을 덮었을 때만 너희가 구원의 길을
얻을 수 있으며,
21 그를 보지 아니하면 너희는 정녕 구
원을 받을 수 없어서 나의 법전이 세
상을 다 덮어야 한다 함이니라.
22 그러니 그와 같은 역사함을 이루는
너희가 얼마나 시간이 없는 백성인
줄 알겠는가?
23 너희가 나의 법전을 만들어 세상에 전
하는 그 순간에 많은 나의 피조물 만
백성들이 구원의 길을 보게 되며 그들
이 구원되기 때문임을 너희는 알아야
할 것이니라.
24 이제 이 세상에서 서서히 마지막 시대
라는 것을 너희 스스로 말로써 전하
며, 서로 말은 하지 아니하여도 지금
이 심판의 시대요, 마지막 시대가 도
래했다는 것을 알고 있을 것이니라.
25 그때는 나의 법전이 세상에 내려오는
것을 알고 있기 때문이요, 사탄이요,
사악한 자들도 또한 나의 성령으로써
너희가 말하는 창조주 아버지의 말씀
으로써 이 세상을 다스리는 그 시대가
올 것을 알고 있으며,
26 그를 알고 있기에 지금 말로써 전하며
저희 스스로 그 대비를 하는 것이 사
탄이요, 악마들이 하는 짓임을 알아야
할 것이니라.
27 그러나 너희가 말하지 아니하고 아무
리 숨기려 한다 해도 말은 말로써 전
해지며 너희가 그 모두를 느끼고 있
으며 너희 자신이 심판의 시대가 도래
한다는 그와 같은 말을 하고 있음이니,
28 이는 곧 나의 성령이요, 나의 법전이
내려가 심판하는 시대가 되었음을 너
희는 알아야 할 것이니라.
29 이제 너희가 바로 서지 아니하며 법
전을 만들어 만백성에게 전하여 이 지
상을 덮는 그와 같은 역사를 이루지
못하고 일부의 법전이 세상에 나갔을
때,
30 그 법전의 시시비비로 인하여 그 소
용돌이요, 그 험악한 현상은 감히 감
당할 수 없음이니라.
31 이는 지금까지 있을 수 없는 가장 큰
전쟁이요, 종교 전쟁으로써 나의 피조
물 만백성들이 죽고 사는 그와 같은
환란이 이루어질 것이니라.
32 그러니 그 모두를 예방할 수 있는 것
은 너희가 몸과 마음을 다 바쳐 나의

법전을 만드는 데 열성을 다해야 함이
니라.
33 그리하여 내가 너희에게 시간이 없다
그리하였음이니라.
34 이제 나의 아들을 따라 법전을 만드는
자요, 나의 아들과 더불어 만백성을
구하기 위해 가는 그 백성은 첫 번째
도 160권의 법전을 만드는 것이요, 두
번째도 법전을 만드는 것이요,
35 오로지 너희는 나의 법전을 만드는
데만 최선을 다할 것이며, 인간사 욕
심이 그득하여 욕심에 눈이 어두운 자
들과 시시비비하지 말며 그들과 갑론
을박하지 말라.
36 그 모두를 다 덮어 두고 첫 번째요, 두
번째요, 세 번째 네 번째 그 모두 너희
목숨을 바쳐야 할 것은 법전을 만들어
만백성에게 전하는 것이니,
37 시간이 없다는 나의 뜻을 너희가 깊
이 깨우쳐야 할 것이니 그리 알라, 사
랑하는 나의 아들딸들아!

7,370 번째 하나님 말씀

2003년 9월 2일 0시 30분

1 사랑하는 나의 아들아!
2 "네, 아버님! 말씀하옵소서."
3 모든 사탄이요, 사악한 자들은 나 여
호와요, 너희가 말하는 아버지의 말씀
이요, 너희를 심판하고 다스리는 그와
같은 성령이 세상에 내려올 것을 알고
있음이니라.
4 그리하여 그들은 그를 막으려고 나의
피조물 만백성들을 저희의 자식이요,
사악한 자의 후예로서 만들기에 급급
해 있으며,
5 오늘과 같이 험악한 세상을 만들어 놓
고 어떠한 하늘의 진리요, 참뜻이 내
려온다 해도 그에 순종하지 아니하며
그걸 거부할 것을 준비하는 것이 사탄
들이 존재하는 방법이요,
6 그들이 그 준비를 얼마만큼 철저히 예
비하고 있는지 너희는 모를 것이니라.
7 그러나 하늘에서 내려다보는 나 여호
와는 그것을 모두 알고 있음이니라.
8 사탄들은 모든 방법을 다 동원하여 지
금 내가 나의 아들을 통하여 내리는
이 법전이 세상에 나가지 못하도록 수
단과 방법을 가리지 아니하며,
9 그들은 나의 아들까지도 상하게 하고
자 하는 모든 계획과 모든 힘을 동원
하여 역사하고자 그 계획마저도 철저
히 세우는 자들이 지금 사탄이요, 마
귀들이 지금 준비하는 것이라는 것을
너희는 알아야 할 것이니라.
10 그러니 나의 아들과 너희가 그들에
의하여 정녕 넘어지지 않는 그와 같은
힘으로써 견디는 것은 너희가 하나가
되어야 함을 알아야 할 것이니라.
11 지금의 사탄들이 너희를 공격하며 그
들이 모든 것을 통하여 나의 아들을
무너트리고자 하며 너희마저도 무너
트리고자 할 때, 너희가 넘어져서는
아니 됨이니라.
12 너희가 넘어지는 그 순간에 악마의 자
식이 되어 버리기 때문이니, 나의 법
전이 세상에 나가는 역사를 이룰 수
없으며, 너희 또한 나로부터 구원을
받지 못하며 지옥으로 간다는 것을 잊
어서는 아니 될 것이니라.

13 이제는 나의 법전이 전해짐으로 인하
여 나의 만백성이 지금 얼마만큼 많
은 백성이 구원의 길을 보고 있으며
그들이 구원의 길을 향하여 행하고 있
는지 너희는 모를 것이니라.
14 지금까지 너희가 만들어 전한 그 법
전 그것만으로도 나의 피조물 만백성
들이 지금 구원의 길을 보고 있으며,
그들이 마음의 변화를 이루기 시작하
며, 그들이 하늘에 오르는 진리가 무
엇인가를 수없이 깨달아 가고 있음이
니라.
15 다만, 너희가 보이지 아니하기에 너희
만 모르는 것이며 너희만 보지 못하
는 것을 알라.
16 그러나 나 여호와는 그 모두를 알고
있음이니라.
17 지금 너희가 만들어 세상에 전한 그
법전을 가지고도 많은 백성이 변화의
역사를 이루기 시작하고 있음이니,
18 이제 너희가 160권의 법전을 만들어
세상에 전했을 때, 그 모든 소용돌이
는 정녕 너희도 감히 감당키 어려울
만큼 나의 법전이요, 나의 진정한 이
성령의 뜻에 따라 그들이 너희에게
와서 경배하는 그날이 머지않았을 것
이니 그리 알라.
19 그리하여 지금도 나간 나의 법전이 수
없이 움직이고 있으며, 그걸 보고 많
은 백성이 깨우치고 있음이니라.
20 나는 그걸 알고 있으며 다만 너희만
모르고 있다는 것을 알라, 사랑하는
나의 아들딸들아!

7,371 번째 하나님 말씀

2003년 9월 2일 0시 35분

1 사랑하는 나의 아들아!
2 신약 시대의 역사가 시작될 때부터
지금 나의 피조물 만백성들이 어떠한
형태의 형국으로써 이루어졌는지 알
겠느냐?
3 모든 백성은 나로부터 역사하였으며
나로부터 명받았다 하며 나로부터 쓰
이고자 하여 저희가 부름을 받은 자
라 그리 말하느니라.
4 그리하여 지금 교회요, 회당이요, 모
든 종파가 이 세상을 덮는 것같이 무
서우리만큼 퍼져 가고 그 역사를 이루
었음이니라.
5 그와 같이 지금까지 이룬 자들이 나의
성령이요, 나의 뜻에 의한 것이라 그
리 생각하나,
6 너희는 우리 부자의 이름을 팔아 장사
하며 역사한 자들이라는 것을 내가 명
확히 나의 법전에 기록하여 전함이니,
너희는 진정 참진리요, 나의 뜻에 의
한 믿음의 길이 아니었음을 알라.
7 그리하여 너희가 오늘날 역사하고 이
룬 것, 오늘까지 이루어 놓은 조직이
요, 너희를 따르는 그 모든 백성의 머
릿수를 가지고 나로부터 은혜를 받은
것이며 나로부터 은혜가 있어서 모두
를 역사했다 생각하는 것이 지금 종
교 집단이요, 지도자들이요, 그들을
이끌어 가는 자들이니라.
8 그러나 너희는 알아야 할 것이니라.
9 지금의 모든 방대한 조직을 역사하였
으며 어떠한 것이든 너희가 감당할

수 없을 만큼 팽창해 있는 종교 집단
이요, 지도자, 그 우두머리들이 어떠
한 자들인지 너희는 아느냐?
10 나는 그들을 알고 있음이니라.
11 정녕 종교 집단이요, 지도자라 하여
많은 조직을 이끌어 간다 말하는 자,
그들은 정녕 말 못하며 말할 수도 없
는 종류의 죄악을 수없이 행하며 그리
역사해 온 자들이라는 것을 알아야
할 것이니라.
12 너희는 그렇지 아니하다 하나, 그들은
말할 수 없는 각종 종류의 죄악을 행
하며 그리 실천하고 행한 자들이니라.
13 그리고 나의 백성을 얼마나 많이 기
만했으며 얼마나 농락했는지 너희는
모를 것이니라.
14 그들은 셀 수 없는 죄악에 관계되어
있으며, 죄라는 것에 관계되지 않은
자가 없는 것이 오늘의 종교 집단이
요, 지도자요,
15 그리고 방대한 조직을 가지고 이끌어
가며 나로부터 은혜 받은 자요, 나로
부터 크게 쓰임을 받았다 하여 은사
를 받았다 하여 지금 강론하고 설교
하는 자들임을 알아야 할 것이니라.
16 그들의 죄악의 행위를 안다면, 지금
그 신도들이요, 그 백성이 남아 있을
자가 하나도 없음을 너희는 알아야
할 것이니라.
17 그것이 오늘의 종교 집단이요, 지도자
들이 하는 행위요, 그리고 지금 모든
은혜를 받았다 말하는 그 신도들도 믿
음 속에서 그 뜻을 거역하는 자들이
얼마나 많이 있는가?
18 믿음이라는 그 허울 속에 너희가 생
활하고 살아가는 것은 내가 너희에게
말을 못 할 만큼, 저 자신도 제 행함을
입에 담을 수 없을 만큼 모든 죄악을
행하였으며 거기에 관련되었으며 그
걸 서슴없이 행하고 사는 것이 너희이
니라.
19 그러니 그 죄상을 상세히 파헤쳐 세상
에 전한다면, 너희는 정녕 내 앞에 고
개를 들 수 있는 자가 하나도 없음을
알아야 할 것이니라.
20 지금 모든 종교 집단을 이끌어 가는
자, 나에게 쓰임을 받았다 하는 자, 나
에게 명을 받았다 하여 지금까지 이끌
어 가는 그 모든 집단은 그들이 지금
까지 짓고 지으며 이끌어 온 그 죄상
을 하나하나 세상에 들추어낸다면 너
희가 상상할 수 없을 만큼 말 못하는
죄를 짓는 자들이요, 사악한 행위를
하면서 지금까지 이끌어 온 자들이니
라.
21 나는 그 모두를 알고 있음을 너희는
알아야 할 것이니라.
22 이제 그들을 다스려 단죄하고자 하는
것이 나 여호와의 뜻이니라.
23 그와 같은 자는 나와 관계없으며, 사
탄의 자식으로서 나의 피조물 만백성
들이 나에게 오르는 자들까지도 끌고
지옥으로 인도하는 그와 같은 사악한
행위를 계속하고 있음이니라.
24 이제 내가 그들을 다스리며 단죄하는
그 시절이 되었음을 너희는 알아야
할 것이니라.
25 내가 이제 쓰일 수 있는 백성이요, 선
택된 백성으로 하여금 천 년이라는 그
세월 속에 하늘의 낙원을 그대로 지상

에 역사하는 그와 같은 것을 이룰 것
이며, 그 역사는 반드시 이루어진다는
것을 너희는 알아야 할 것이니라.
26 그러니 너희가 지금의 믿음이요, 그와
같은 형국으로써는 아니 될 것이며,
모든 종파에 속해 있는 자, 그 지도자
들이 정녕 믿음이요, 나 여호와가 내
리는 참진리를 가지고 깨우치는 것이
아니요,
27 우리 부자의 이름을 팔아서 장사하는
장사꾼으로서 전락한 자들이며, 저희
가 장사꾼으로서 제 몫을 다하는 것
이지, 나의 피조물 만백성을 위하여
진정한 참진리요, 믿음의 길을 인도하
는 자들이 아님을 내가 나의 법전에
기록하여 전하니 너희는 그리 알아야
할 것이니라.

7,372 번째 하나님 말씀

2003년 9월 2일 0시 41분

1 사랑하는 나의 아들아!
2 "네, 아버님! 말씀하옵소서."
3 지금 나로부터 부름을 받은 백성이요,
선택된 그 백성은 어떠한 백성이냐?
4 너희는 나의 뜻을 실천하며 나의 뜻을
역사하는 자들이니라.
5 그러니 너희보다 소중하고 귀한 백성
이 없다 그리 말하였음이니라.
6 인간 세상에도 왕이라는 사람이 믿을
수 있는 자에게 모든 세상을 파악하며
그걸 바로잡으려고 그들에게 대명을
내렸다면 과연 그들을 어떠한 자들인
가?
7 왕의 명에 의하여 그 왕을 대신해서
행하는 자들이요, 그리고 왕이 다스리
는 그 나라의 백성을 위해서 기틀을
바로 세우고자 하며,
8 억울한 자, 또한 가진 자의 횡포요, 권
력 있는 자의 그 횡포요, 그 모두를 소
상히 알아 다스리고 바로 규율을 세우
고자 하는 것이 왕이 밀령을 내린 자
들이 아니던가?
9 그러니 그 밀령을 받은 자는 어떠한
형태로 가야 하는가?
10 밀령을 받은 자는 왕을 대신함이니,
왕의 마음으로써 모두를 봐야 할 것이
며 모두를 역사하며,
11 그는 모두를 소상히 저의 왕에게 보고
하여 바른 세상으로 잡는 데 최선을
다하는 것이 선택된 그 밀령을 받은
자가 하는 것일 것이니라.
12 그러니 너희는 이 세상을 창조한 나
여호와요, 이 모두를 주관하는 나 여
호와가 너희를 부르며 선택했음이니,
바로 너희는 무엇이더냐?
13 내가 지금 예수의 시대에도 이루지 못
했던 것을 지금 2천 년이라는 그 세월
이 흐른 다음에 모든 백성이요, 그들
을 다스려 바로잡으려고 특명을 내린
자들이니라.
14 그러니 이 세상의 창조주인 나 여호와
로부터 특명을 받은 자들이 과연 그
대임을 어찌 수행해야 하겠는가?
15 너희가 창조주인 나 여호와로부터 특
명을 받은 자라면, 너희가 무엇을 바
쳐 무엇을 역사하든, 어떠한 고통과
시련이 있다 하여도 그 특명을 수행하
는 것이 너희의 가장 중요한 본분임
을 알아야 할 것이거늘,

16 인간 왕으로부터 임명을 받은 자도 목
숨을 바쳐 그를 수행하며 지키는 자가
있거늘, 창조주인 나 여호와로부터 특
명을 받은 너희가 어찌하여 오늘날
그와 같은 느슨한 자세요, 흐트러진
자세요, 바로 서지 못한 자세로써 나
의 특명을 수행하고 완수할 수 있다고
생각하는가?
17 특명을 받은 자가 그 대명을 이루지
못할 때 내가 역사하는 그 모두가 무
너짐이니라.
18 2천 년 전에 나의 아들 예수를 세상에
내려보낸 그를 죽게 한 백성이 무엇
인 줄 알겠느냐?
19 내가 미리 선택해 놓은 것이며 내가
미리 계획한 모든 것을 다 무너뜨린
자들이 사탄의 자식이 된 그 백성이
한 짓이니라.
20 그러니 지금 내가 제3의 시대를 열며
내가 선택한 그 계획이요, 그 모든 방
법을 너희를 통하여 내리고 역사하기
위해 길을 닦으라 하여 특명을 내린
자들이거늘,
21 나 여호와로부터 특명을 받은 너희가
인간 세상의 왕의 특명을 받고 밀령을
받은 자만도 못한 행위로써 어찌하여
창조주 나 여호와의 특명을 수행할 수
있는 백성이라 그리 말하는가?
22 너희가 그를 바로 수행하지 못할 때,
너희가 세상사를 제대로 밝히지 아니
하면 나 여호와가 그를 볼 수 없으며
알 수 없듯이, 내가 너희를 통하지 아
니하면 모든 역사를 이룰 수 없기에,
23 인간인 너희가 이루어야만 너희를 통
하여 모든 것을 역사하고 행할 수 있
기에 내가 너희를 선택하였음이니라.
24 바로 너희가 어떠한 자들이더냐?
25 나의 특명을 받은 자들이 과연 어떠한
몸가짐이요, 어떠한 마음가짐으로 살
아가야 하는가를 알아야 할 것이니라.
26 너희는 여기서 알아야 할 것이니라.
27 인생의 실패자가 될 수도 없다 내가
그리하였음이니라.
28 그리고 너희는 낙오자가 되어서는 아
니 된다 내가 너희에게 일찍이 깨우
쳐 전했음이니라.
29 오로지 너희는 승자가 되어야 하느니
라.
30 그리하여 너희는 인간으로서 승자가
되었을 때 나의 법전을 역사할 수 있
는 자요,
31 패자가 되고 낙오자가 된 자는 나의
법전을 역사할 수 없으며 나의 특명을
수행할 수 없는 자이기 때문이라 그리
말하였음이니라.
32 너희는 나 여호와로부터 특명을 받은
자니, 특명을 받은 자가 그 임무를 수
행하면서 어떠한 방법으로 해야 할 것
인가?
33 그건 인간 세상에서 특명을 받은 자의
행위의 그 비유에 따라 그보다 열배
백배 더 강한 마음으로 나의 뜻을 수
행하는 마음 자세로 바로 서지 아니하
면 아니 될 것이니 그리 알라.

7,373 번째 하나님 말씀

2003년 9월 2일 06시 55분

1 사랑하는 나의 아들아!
2 "네, 아버님! 말씀하옵소서."

3 사탄의 길이요, 유혹의 길은 즐거운
향락의 그 길이니라.
4 그러니 누구든지 바른길을 가며 그
역사하다 무너지고 또한 쓰러짐이 무
엇인 줄 알겠느냐?
5 너희는 인간 세상에서 살면서 사악한
생각이요, 사탄의 생각은 즐겁고 향락
이기에 너희 스스로 멀고도 먼 그 길
을 가다 주저앉으며 모두 다 무너짐
이니라.
6 그것은 사탄의 유혹이요, 사악한 자들
의 그 향락에 의하여 스스로 견디지
못하기 때문이니라.
7 그러니 만백성을 구하는 나의 아들 너
또한 네가 나의 뜻을 거역하며 인간의
향락이요, 즐거움 속에 빠져 인간 모
두를 다 포기하며 그와 같은 길을 가
고자 하는 생각을 하고 살아가려 한
다든지, 너의 제자들이 그와 같은 마
음을 가자고 살아가서는 절대 아니 됨
을 알아야 할 것이니라.
8 인간이 무너지는 것은 순식간이라 그
리하였음이니라.
9 그러나 사탄의 유혹은 수없이 계속되
며 너희를 유혹하고 있음이니라.
10 그리고 하늘에 오르는 길이요, 참진리
요, 나의 길을 오는 것은 계속 고통스
럽고 힘든 길이니라.
11 불꽃처럼 일어나는 그 모든 마음을 억
제하고 통제하고 다스리고 살아가야
하는 것이 하늘에 오르는 길이요, 천
사가 되는 길이기에,
12 내가 석가의 고통보다도 예수가 광야
에서 사탄과 싸움보다도 어렵고 힘든
그 길이라 하였음이니라.
13 사랑하는 나의 아들아, 그러니 누구도
갈 수 없고 아무나 그리 갈 수 없기에
내가 너를 나의 아들이라 하여 세상에
내려보냈으며, 네가 나의 뜻을 역사하
고자 내려갔다 하였음이니라.
14 지금 세상을 지배하는 종교 집단이요,
지도자 그들이 죄에 얽매여 있는 것을
보기가 역겨우며,
15 작고 큰 죄를 짓고 살아온 그 모습을
바라보는 나 여호와는 그들이 정녕 어
떠한 인간의 형태인지 알고 있음이니
라.
16 그러니 그들은 유혹을 뿌리치지 못했
으며 유혹을 다스리지 못했느니라.
17 그러니 네가 그를 다스리지 못하면 나
의 법전은 하나의 물거품이요, 모두는
사탄의 것이요, 사탄의 것으로 넘어지
는 것이니라.
18 네가 모든 인간의 향락이요, 유혹을
뿌리치지 못하고 그 즐거움으로 빠져
들어 간다면, 이는 모두 사탄이 될 것
이며 사탄의 역사가 되는 것이 나의
법전이니라, 사랑하는 나의 아들아!
19 그 길을 바로 서야 함이니, 이를 잊지
말고 바로 행하고 바로 살아가도록 그
리하라.
20 너는 모든 이 길을 바로 가야 할 것이
니라.
21 바로 가지 아니할 때 그 모든 파장이
요, 마지막 시대에 역사하는 그 모든
것이 다 사탄에 의하여 사탄에게 먹이
가 되며, 사탄의 즐거움이 되며, 사탄
에게 무너지는 그와 같은 결과는 너
하나의 마음가짐에 달렸음을 알아야
할 것이니라.

22 사랑하는 나의 아들아, 너는 제자들과
한마음이 되어,
23 어쨌든 너는 남에게 부끄러운 일이요,
죄짓는 일이요, 한 점의 오점이 있는
삶을 살아서는 아니 될 것이니,
24 정녕 네가 견디기 어렵거든 네 몸을
너 스스로 찌르는 일이 있으며 살점을
도려내는 그 길을 이제는 가야 할 것
이니라.
25 네 몸을 찢어 내며 네 살을 도려내는
그 아픔이 있어도 너는 한 점의 부끄
럼이 있어서는 아니 되는 것이요, 그
리 가서는 아니 되느니라, 사랑하는
나의 아들아!
26 네가 가야 할 길이며 역사할 길이라
는 것을 잊지 말라.

7,374 번째 하나님 말씀

2003년 9월 2일 11시59분

1 사랑하는 나의 아들아!
2 "네, 아버님! 말씀하옵소서."
3 너희는 내가 직접 써 내린 나의 친필
로 내린 나의 십계명을 암송하고 또
암송함이니라.
4 그리고 너희가 그를 지키고자 노력함
이니라.
5 그러나 과연 너희가 얼마만큼 그걸
지키고 행하느냐 하는 삶의 형태가 무
엇보다도 가장 중요함을 알아야 할
것이니라.
6 아무리 암송하며 손으로 쓰고 또 써도,
7 그걸 행하지 아니하며 그저 그러려니
생각하고 살아가서는 그것은 아무것
도 역사함이 없음을 너희는 알아야
할 것이니라.
8 이는 절대적인 창조주 나 여호와가 너
희에게 내린 것이며, 이를 지키는 것
만 하늘에 오르는 길이라는 확실한 그
믿음이요, 그와 같은 마음 자세가 되
어 있을 때,
9 너희는 십계명에서 의미하는 것, 그리
고 너희에게 전하고자 하는 것을 깨닫
게 됨이니,
10 그 깨달음의 두려움을 아는 백성이 그
걸 지키고 행할 수 있음을 너희는 알
아야 할 것이니라.
11 그러니 너희 스스로 이제는 과연 얼마
나 지키고 행하고 살아가는가 그것을
스스로 점검해 보고, 너희 자신의 점
수를 매겨야 함을 잊어서는 아니 되느
니라.
12 내가 너희 머리말에 십계명을 써 놓고
조석으로 그를 암송하고 읽으라 하는
뜻이 무엇인 줄 알겠느냐?
13 '내가 과연 얼마나 이를 지키고 살며
내가 어제보다 오늘은 몇 가지를 더
지키고 어떤 것을 더 지켰는가, 그리
고 오늘이 어제보다 더 무너진 것은
없는가?' 그것을 반성의 거울로 삼으
라 하여 그 십계명을 머리말에 너희
손으로 직접 써 붙여 놓으라 하였음
이니, 그 뜻이 거기 있음이니라.
14 그러니 너희가 그를 보고 뼈를 깎는
그 아픔 속에서 하나하나 변하는 역사
를 이루지 아니하면 너희는 이루어
갈 수 없는 것이니라.
15 너희가 사탄이요, 사악한 자에게 무너
지는 것은 즐겁고 행복한 삶이요, 육
으로써는 더 이상 누릴 수 없는 즐거

움이 있음이니, 그 모든 즐거움이요,
유혹에서 견디는 백성이 되어야 하며,
16 그 유혹에 견디지 못하는 백성이야말
로 하루아침에 무너지는 것이니,
17 내가 너희의 그 마음 아픔을 아느니
라.
18 너희가 목마르고 갈증 날 때, 시원한
냉수 한 잔을 마시는 것처럼, 그와 같
은 느낌을 느끼는 것이 사탄들이 요구
하는 것이요, 사탄이 유혹하는 것이
요, 그리고 너희가 무너지는 그 길이
니라.
19 그리고 너희가 운동하고 지치고 힘들
고 땀을 흘렸을 때 그 갈증이 극에 달
했을 때, 그 시원한 물 한 그릇을 마실
때의 그 기분보다도 더한 것이 사탄이
유혹하는 것이요, 너희가 무너지는 길
이니, 그를 견디고 인내할 수 있는 백
성이 과연 얼마나 있겠는가?
20 그러니 그걸 인내하고 참는 것이 너희
가 나에게 오르는 길이요,
21 너희가 갈증이 날 때 물을 마시고 시
원함을 느끼는 것은 사탄의 자식이요,
사탄의 길로 흘러가는 그와 같은 비유
의 뜻을 내가 가르쳐 줌이니, 이것이
바로 너희가 처해 있는 처지이니라.
22 그러니 갈증이 나서 지친 자가 냉수를
보고 시원한 그 물을 마시지 아니하고
버틸 수 있는 백성이 과연 얼마나 있
겠느냐?
23 거의 다 그걸 마시게 되어 있음이니,
그들 또한 더 좋아할 것이며, 마시고
즐거움이요, 거기에서 느끼는 그 향긋
하고 짜릿한 마음의 쾌락을 위하여 거
침없이 마시며 그리 행하는 것이 지금
나의 피조물 만백성이 살아가는 길이
요,
24 그리하여 대제사장이요, 선지자요, 나
로부터 명받은 모든 자가 무너지고
또 무너졌음이니라.
25 그러나 너희는 여기서 나의 법전이요,
근거하는 책이 있기 때문에 그나마 버
티는 힘이 있으며 용기가 있는 자들이
니, 그리하여 너희가 나로부터 가장
큰 은혜요, 영광을 받은 백성이라는
것이니라.
26 내가 나의 아들을 통하여 법전이라 하
여 새로운 성경이라 하여 책으로 만들
어 너희에게 암송하게 하며 읽게 하
며, 그걸 근거로 하여 공부하도록 함
이니,
27 너희가 무너지는 마음이요, 쓰러지는
그 마음일 때, 나의 법전을 읽고 깨우
치며,
28 내가 직접 나의 아들에게 내리는 기도
소리를 듣고 그 가르침을 들으며, 성
령의 강론을 들으며 마음을 다스려 나
감이니,
29 그나마 지탱할 수 있으며 너희가 나
에게 오를 수 있는 은혜와 영광을 입
은 것이니,
30 너희보다 더 큰 은혜를 받은 백성이
없다 함이니라.
31 지금까지 수천 년이 흘러오는 동안에
그 제사장이요, 선지자요, 그리고 깨
달은 자요, 안내자라 하여 이 세상에
와서 나로부터 역사함을 받은 백성,
그 모두가 그 길을 가지 못하고 무너
지고 쓰러진 것이 무엇인 줄 알겠느냐?
32 너희처럼 그들에게 계속 부어 주며 그

들에게 가르쳐 주며 근거할 수 있는 책이 있으며, 내가 성령으로써 강론하는 그 역사를 계속 했더라면, 그들은 결코 넘어지지 아니했을 것이니라.

33 그러나 저희가 단시간에 시한부로써 받은 것이요, 역사한 것만을 가지고 모든 사탄이요, 사악한 자들과 대적하고 견디기는 정녕 어렵고 힘들었을 것이니,

34 그들이 무너진 것이 너희만 못해서 무너짐이 아니니라.

35 너희만 한 여건이요, 환경이요, 그와 같은 은혜를 받지 못했기 때문에 그들이 무너진 것이니,

36 그들이 정녕 너희만 못해서 무너졌다 생각하지 말라.

37 내가 나의 아들을 따르는 제자들이요, 나의 법전을 읽고 깨우친 백성 너희가 가장 축복받은 백성이요, 영광된 백성이라는 것이 무엇인 줄 알겠느냐?

38 너희가 무너지고 쓰러지며 견디지 못할 때, 너희는 나의 법전을 읽고 다시 용기를 내며,

39 나의 아들을 통하여 내리는 강론을 듣고 정신을 차리며, 다시 용기를 가지며, 나의 아들을 통하여 내리는, 내가 너희를 쓰고자 하여 직접 내리는 이 성령의 뜻을 직접 들음으로 인하여 너희 자신을 다스리며,

40 너희 스스로 매를 들어 어제의 잘못을 후회하며 오늘은 바로 서는 그와 같이 너희를 이끌어 주는 법전이 있으며, 나의 아들의 강론이 있으며, 기도가 있기에 너희가 버티고 가는 것이니,

41 너희와 같이 많은 나의 참진리의 양식을 거듭 부어 주는 백성이 있었더라면 너희보다 더 아름답고 선한 백성으로서 그들은 존재했을 것이니라.

42 그러니 그들은 너희와 같은 은혜요, 영광이요, 은총을 받지 못하였음이니, 그리하여 그들이 무너졌음이니라.

43 그러니 너희는 절대 패자가 되어서도 아니 되며, 물러서는 자가 되어도 아니 되며, 실패한 자가 되어서도 안 되는 것이 거기에 있음이니라.

44 그들은 나로부터 계속 너희처럼 가르치고 부어 주지 아니하였기 때문에 일부 용서할 수 있으나,

45 내가 완벽하게 나의 책으로써 너희 손에 들려 주어, 수시로 읽고 깨우쳐 하늘에 오르는 길이 무엇인가를 볼 수 있으며 공부할 수 있도록 법전을 만들어 너희 손에 쥐여 주었으며,

46 내 가슴에 있는 성령의 나의 뜻을 나의 아들의 가슴을 통하여 너희 가슴에 직접 전해 주며, 시도 때도 끝도 없이 너희에게 듣게 하였으며,

47 너희가 강론을 원하고자 할 때, 나의 아들이 주저하지 아니하며 너희에게 강론했으며,

48 너희가 의문을 갖고 질문하고자 하는 것을 묻지 말라는 믿음의 종교 집단이요, 지도자처럼 가는 것이 아니라,

49 너희를 깨우쳐 주며 너희 길을 열어 주며 눈을 뜨도록 나의 아들이 그리 가르치고 너희를 인도하였음이니라.

50 그와 같이 은혜를 받은 자가 정녕 잘못되었을 때, 너희는 나로부터 얼마나 무서운 그 벌을 받아야 하는가를 알

아야 할 것이니라.
51 칼날이 날카롭게 서 있으면 그 칼은
쓰기는 좋으니라.
52 그러나 그 칼을 잘못 썼을 때 또한 위
험이 같이 도사리고 따른다고 말하지
아니하였더냐?
53 기계가 예민하고 좋으면 좋을수록 그
위험도 같이 있듯이, 너희가 깨달으며
나로부터 받은 은혜가 크고 영광된 것
은 너희가 특혜를 받은 백성이요, 특
별한 백성이기 때문에,
54 너희는 잘못하는 것이 있더라도 용서
해 주는 그와 같은 은혜 받은 백성이
아니라,
55 너희가 잘못 했을 때는 그들보다 몇
십 배 더 무거운 벌을 나로부터 받는
다는 것도 잊지 말라.
56 다른 백성이 받는 것보다도 너희가
실수했을 때 열배 백배 더 고통스럽고
무서운 대가를 치르는 것이 너희이니
라.
57 나로부터 큰 은혜를 입은 자가 그 은
혜를 배신했을 때 그 은혜를 등 돌리
고 저버린 그 대가가 거기에 있음이
니 그리 알라, 사랑하는 나의 아들딸
들아!

7,375 번째 하나님 말씀

2003년 9월 2일 12시 05분

1 사랑하는 나의 아들아!
2 "네, 아버님! 말씀하옵소서."
3 너희가 인간 세상에 살아가면서 내가
너희에게 두 손을 몸에 붙여 주었음이
니, 그 손으로써 너희가 모든 것을 들
고 만지며 역사하는 도구로써 편리하
게 쓰고 있지 않더냐?
4 그러니 너희가 그 손으로써 손바닥으
로 그 손가락을 통하여 무엇인가 집을
수 있으며 만질 수 있으며 감각을 느
껴서 취하고 버릴 것을 관리하느니라.
5 그리고 그 손끝으로써 무엇인가 정밀
한 것을 만들든 큰 것을 만들든 손끝
의 역사로써 그것이 이루어지지 않더
냐?
6 그러니 손바닥의 그 진리가 얼마나 위
대한 것이냐?
7 그러니 너희가 손등으로써 무엇을 집
을 수 있던가?
8 손바닥이 손가락을 통제해서 만지고
집고 움직이고 역사하는 것처럼, 과연
손등으로 손바닥처럼 역사할 수 있다
고 생각하는가?
9 손등으로는 절대 그 손가락을 움직여
서 집고 싶은 것, 움직이고 싶은 것,
큰 역사를 이루는 그 도구로써 백번
활용하여 쓸 수 없는 것이니라.
10 그러니 반드시 손바닥으로써 손가락
을 통제하여 모두를 쥐고 움직이며 만
들고 옮겨 놓는 그와 같은 그 역사를
이루는 것이 정답일 것이니라.
11 그러나 지금의 믿음의 길을 가는 백성
이 과연 어떠한 줄 알겠느냐?
12 수천 년 동안 그들이 믿음의 길을 오
면서 나의 아들을 죽게 한 그 후손들
이, 오늘에 저희가 나의 피조물 만백
성들을 하늘에 오르는 길이요, 나에게
오르는 길이라 인도하여 재물을 거둬
들이며 그들로부터 모든 것을 다 착취
하며,

13 부모를 사랑하며 이웃을 사랑하며 어
려운 자를 돕는 것보다도 나를 믿는
것만 강조하고, 믿음으로써 모든 것을
다 능가하며 이길 수 있으며, 교회라
는 곳에 하루 와서 눈물 흘리고 기도
함으로써 너희가 일주일 동안 잘못
저지른 것이요, 사악한 짓을 한 것을
모두 씻을 수 있고 용서받을 수 있다
는 것이 너희이니라.
14 그러니 그들이 얼마나 사악한 자들이
더냐?
15 너희가 살아가면서 며칠 동안 지은
그 많은 죄 속에서 죄에 협잡하였으며
너희가 관계된 죄목이 얼마나 많으며
너희가 실수한 것이 얼마나 많더냐?
16 그것을 단 몇 분 동안, 몇십 분 동안
너희가 지은 성전에 와 설교라는 것을
듣고 나서, '아멘, 할렐루야!' 하며 눈
물의 찬송을 부름으로 그것이 다 씻어
지고 지워진다고 그리 가르치는 자들
이 바로 어떠한 자들인지 알겠느냐?
17 손바닥으로 무엇을 집으며 무엇을 역
사하며 만든다는 것을 거부하는 자요,
손등으로써 모두를 만들고 역사할 수
있다고 억지를 쓰는 자들이니라.
18 똑같은 손의 손등과 손바닥이 무슨 관
계가 있느냐?
19 손등과 손바닥을 구분할 필요가 없으
며, 다 똑같이 능력을 발휘할 수 있는
것이라 그 억지를 쓰며,
20 그와 같이 되지 않는 말을 하는 것이
그들임을 너희는 알아야 할 것이니라.
21 그러니 지금 내가 나의 아들을 통하여
법전을 내려 너희를 깨우치는 것이
무엇이더냐?
22 그들의 손은 다 똑같은 손이니, 손등
으로도 모든 것을 다 만들며, 음식도
만들며, 가볍고 무거운 것을 집을 수
있으며, 글을 쓸 수 있으며, 대문명의
과학을 발전시키는 도구요, 그 기계를
만드는 것도 손등으로서 할 수 있다는
자들이 지금의 종교 집단이요, 믿음의
길을 가는 자들이요,
23 그리고 지금의 모든 광신도가 된 그
신도들이 무엇이더냐?
24 그리할 수 있다, 그것이 맞다며 손뼉
치고 밀어붙이고 소리를 지르는 자들
이요,
25 손바닥으로써 모든 것을 이루는 것이
정답이라 말하는 자에게 들으려 하지
아니하며, 그와 같이 소리 지르는 자
를 잘못된 자요, 사악한 자라 몰아붙
이는 이와 같은 형국이 되어 있음이니
라.
26 그리하여 내가 나의 법전을 통하여 나
의 아들로부터 너희에게 전하는 것이
무엇이더냐?
27 모든 것은 손등으로 역사하는 것이 아
니라 손바닥으로 역사하는 것이요,
28 손바닥으로 하여금 손가락을 통제하
게 하여 움직여 역사하는 것이지 손등
으로 역사하는 것이 아니라는 것을 내
가 너희에게 가르쳐 주며 깨우쳐 주
기 위해 오늘 나의 법전을 세상에 내
려보내니,
29 이 간단한 이치요, 이 방법 하나만 알
면 될 것이거늘,
30 너희가 지금 안 되는 일을 된다 하며,
아닌 것을 된다 하며, 비진리를 진리
라 억지를 쓰는 것이니라.

31 그러니 그것이 비진리요, 아닌 것이
과연 얼마나 지탱하며 얼마나 갈 수
있다고 생각하는가?
32 지금까지 암흑의 세상은 내가 너희를
관리하지 아니하였으며 관여하지 아
니하였으며 통제하지 아니하여 너희
가 그와 같은 방법으로 통하고 역사할
수 있을지 모르나,
33 이제는 나 여호와가 직접 관장하며 내
가 통제하는 시대가 되었음이니, 절대
그와 같은 자는 용납하지 아니하며,
그와 같은 것은 쓸 수 없다는 것을 내
가 만백성에게 보여 줄 근원을 지금
시작하고 있음이니 그리 알라, 사랑하
는 나의 아들딸들아!

7,376 번째 하나님 말씀

2003년 9월 2일 12시 10분

1 사랑하는 나의 아들아!
2 "네, 아버님! 말씀하옵소서."
3 지금 수천 년 동안 믿어 오는 그 종교
집단이요, 지도자요, 그리고 광신도가
된 불쌍한 나의 백성, 너희는 과연 나
에게 오르는 것이 무엇이라 생각하느
냐?
4 너희는 기도하고 경배하며 찬양하며
찬송 부르며 눈물 콧물 흘리면서 울부
짖는 그것으로서 나에게 오르는 길이
라 생각하며 그것이 진정한 믿음의 길
이라 그리 생각하느니라.
5 그러면서 너희는 기적이라는 그 역사
를 보였다 하며, 기적을 이루었다 하
며, 그리고 병자를 고쳤다 하며, 병자
를 고쳐 놓는 역사를 이루었다 하며,
6 그와 같은 것으로써 너희는 나의 피
조물 만백성들을 현혹하여 이끌어 가
며, 그와 같은 역사를 이루는 것이 나
로부터 은혜를 받은 자요, 나로부터
축복을 받은 백성이요, 지도자라 그리
말하느니라.
7 그리하여 기적이나 이루며 병이라는
것을 고쳤다 하는 자, 그리고 설교를
유창하게 하고 말을 잘하는 그와 같은
자들이 하는 행위가 바로 성령이 임하
는 것이요, 하늘에 오르는 길이라 그
리 생각하고 그리 가고 있음이니라.
8 그러나 그것이 곧 성령이 아님을 너희
는 알아야 할 것이며 나 여호와의 뜻
이 아님을 알아야 할 것이니라.
9 정녕 너희가 나에게 오르는 길을 오
고자 하는 참진리요, 진정한 진리의
바른 믿음으로 가는 길만 나에게 오르
는 것임을 알아야 할 것이니라.
10 성령은 나의 참뜻이니라.
11 곧 참진리가 나의 성령이니라.
12 그러니 너희가 참진리의 뜻을 향하여
살아가지 아니하는 것은 정녕 나와는
관계없다는 것을 알아야 할 것이니라.
13 기적 따위나 말장난으로써 자랑하는
것이 성령이 아니요, 나에게 오르는
길이 아님을 너희는 알아야 할 것이
니라.
14 너희를 혼동하게 하며 혼미하게 하는
것은 잘못된 사탄이요, 사악한 자들이
그리 우롱하며, 너희는 그들의 후손이
되어 지금 이용되고 있다는 것을 너희
자신은 모르느니라.
15 그러니 너희가 사탄의 자식으로서 전
락하지 아니한 백성이라면, 나의 십계

명을 지키며 나의 율법을 지키며 내가
내리는 나의 법전을 지키고 살아가는
마음이 아니면 아니 됨이니라.
16 너희 스스로 각자가 천사가 되어야
하는 것, 너희 스스로 천사와 같이 변
화되는 그 길만 나에게 오르는 길이요,
17 병을 고치는 역사를 하였다 하며 기
적을 보였다 하며 유창한 말장난으로
써 설교를 잘한다는 것, 그리고 나의
피조물 만백성들을 말장난으로써 이
끌어 가는 것, 그와 같은 것이 성령이
임하는 길이 아님을 이제 알아야 할
것이니라.
18 그러니 율법을 지키며, 제3의 시대를
열고자 내려보내는 나의 법전이요, 이
를 보고 깨우치고 행하고 사는 그 길
이 참다운 성령이 역사하며 성령에
의하여 너희가 임하는 길이라는 것을
절대 잊어서는 아니 될 것이니라.
19 너희가 십계명을 지키며 천사와 같이
변하고자 하며 내가 새로 내리는 나의
성령이요, 나의 법전을 읽고 깨우치는
것이 참다운 길이며,
20 참다운 진리만 성령이 임할 수 있다는
것을 잊지 말라.
21 너희는 사탄의 자식이요, 사탄의 앞잡
이가 되어 움직이고 행한다는 것을 잊
지 말라.
22 그 모두가 다 기복 신앙의 믿음을 가
르치는 자들이요, 기복 신앙으로써 너
희가 무엇인가를 얻고 이루고자 얻을
수 있다는 그와 같은 기대 심리로써
나의 피조물 만백성들을 그리 이끌고
감이니,
23 거기에서 발을 빼지 못하는 자, 거기
서 등 돌리고 나오지 못하는 자는 나
를 볼 수 없음이니라.
24 이제 나의 법전이 세상에 내려감이니,
이게 곧 참진리요, 너희가 나를 찾는
길이며, 나에게 오르는 길이라는 것을
절대 잊지 말라.
25 이를 보고 깨우치고 노력하고 공부하
지 아니하는 자는 하늘에 오르는 참된
그 빛조차도 볼 수 없는 것이 너희 운
명이라는 것을 전하도록 하라, 사랑하
는 나의 아들아!

7,377 번째 하나님 말씀

2003년 9월 2일 12시 18분

1 사랑하는 나의 아들아!
2 "네, 아버님! 말씀하옵소서."
3 나의 아들 예수를 통하여 너희에게 진
리를 전하며 참진리의 가르침이 어떠
한 것인가를 내가 너희에게 깨우쳐 주
었음이니라.
4 참진리의 길이라는 것은 어렵고 힘들
며 고난의 길이라 하였음이니, 그리하
여 아무나 그 길을 갈 수 없는 것이 참
진리의 길을 갈구하고 가는 백성이라
그리 말하였음이니라.
5 그리고 또한 참진리는 아무나 받아들
일 수 없으며 아무나 그를 이해하지
못함이니라.
6 너희가 읽고 듣고 보고는 할 수 있으
나, 그 의미를 받아들여 아무나 그와
같이 행하는 삶을 살 수는 없는 것이
참진리이니라.
7 그리하여 참진리의 길이 얼마나 어렵
고 힘든 것인가를 내가 일찍이 성경에

기록하여 너희에게 전하여 주었음이
니라.
8 '거룩한 것을 개에게 주지 말며 진주
를 돼지에게 던지지 말라, 그것들이
발로 그것을 짓밟고 돌아서서 너희를
물어뜯을지 모르느니라.'
9 내가 그리 너희에게 전하였으니, 이
의미가 무엇인 줄 알겠느냐?
10 너희가 지금 참진리요, 아름다운 나의
뜻을 모든 백성에게 전하고자 하나,
11 그들이 지금까지 굳어져 있는 저희의
관습이요, 폐습으로 인하여 진정한 하
늘의 빛이요, 나 여호와의 뜻을 절대
받아들이지 아니하며, 그들은 그를 보
고 깨우치려 하지 아니하며 도리어 너
희를 핍박하는 그와 같은 오늘의 역사
의 시대가 이루어질 것을 내가 예비
하여 너희에게 전한 말이니,
12 참진리요, 나 여호와의 성령을 그들이
무참히 짓밟으며 받아들이지 아니하
며, 그를 전하는 자를 상하게 할 수 있
는 것이 종교 집단이요, 지금 가는 그
신도들이라 함이니라.
13 내가 그를 이미 여기다 기록하여 두었
음이니, 너의 제자들과 나의 법전을
읽고 깨우치는 백성은 이점에 특히나
유의해야 할 것이니라.
14 저희에게 진주를 주니 돼지가 짓밟고
돌아서서 먹이가 아닌 그 진주를 준
그 주인을 물어뜯을 수 있으니, 그 귀
하고 소중한 것을 돼지가 과연 알겠
느냐?
15 돼지 같은 자에게 아무리 나의 진리
요, 하늘의 뜻이요, 하늘에 오르는 길
이요, '하나님! 말씀하옵소서'라는 이
책을 전해 주어도, 그들은 되려 너희
를 물 것이니,
16 물리지 않도록 특히 주의하고 신경을
쓰지 아니하면 아니 됨이니라.
17 그리하여 너희를 보호하기 위하여 내
가 오늘의 이 구절을 세상에 내보냈으
며, 또한 나의 아들을 통하여 너희에
게 다시 한 번 상기시킴을 너희는 알
아야 할 것이니라.
18 지금 세상의 모든 종파와 종교 지도자
들이 어찌 되었는가?
19 진정한 참진리요, 믿음으로 가는 것이
아니요, 상업적이요, 사업적으로 전락
하였으며,
20 남에게 거짓 하여 파는 그와 같은 자
로 지금 전락되어 있는 것이 오늘의
종교 집단이요, 믿음의 길을 가는 자
들이니라.
21 참진리를 이해하고 그 길을 가기 위
해 힘들고 어려운 그 길을 선택하여
자원하여 가는 종교 집단이요, 지도자
가 없음이니라.
22 모두 다 나의 피조물 만백성들에게서
어떠한 방법이든 수단과 방법을 가리
지 아니하고 그들의 재물을 갈취하여
너희 교회요, 성전이라는 것을 더 화
려하게 더 크게 그리고 더 높게, 그리
고 누구도 감히 너희를 따를 수 없는
제일인자가 되고자 하는 큰 교회요,
성전을 짓고자 하는 것이 너희 마음이
니라.
23 너희 마음은 거기에 있으며 믿음에는
관계가 없는 것이 너희이니라.
24 이러한 집단이 참진리의 길을 가는
백성이라 말할 수 있으며 그를 지도하

는 지도자라 과연 내가 말할 수 있겠
는가?
25 너희는 그리 속아서 들을 수 있으며
너희는 그리 보고 그리 느낄 수 있으
나, 나 여호와가 보는 너희는 전혀 아
님을 알아야 할 것이니라.
26 나 여호와와는 관계없는 길을 가면서
너희가 나에게 오른다 하며 나를 말로
경배한다는 자들이니, 그들의 행위가
얼마나 가증스러운 것인가를 나는 알
고 있음이니라.
27 나의 법전이 세상에 내려가니, 이를
전하고자 하는 너희를 도리어 물고
몸을 상하게 할 것이 그들이니라.
28 너희 몸에 상처를 낼 자들이요, 너희
숨통을 조이고자 하는 것이 그들이요,
29 또한 너희 숨통마저도 끊으려 하는
그와 같은 사악한 자들이 오늘의 종교
집단 지도자들이요,
30 나의 참진리요, 성령이요, 나의 뜻이
내려가는 것을 막고 훼방하고자 그와
같은 행위를 할 수 있는 것이 그들임
을 알라.
31 지금의 종교 집단 지도자들이 참진리
의 길이라 아무리 울고불고 소원하나
그것은 참진리의 길이 아니니라.
32 절대 나의 법전을 읽고 깨우치지 아니
하려는 너희는 그리 깨우칠 수 없음
이니라.
33 그러나 저희의 생명이요, 저희의 빛이
요, 저희에게 구원의 길인 나의 법전
을 가지고 전하는 너희에게 공격하며
쓰러트리기 위해 어떠한 수단과 방법
을 늦추는 것이 아니라,
34 이것이 참진리요, 하늘의 뜻이라 그리
생각하면 생각할수록 더 독하게 물 것
이며, 더 독하게 공격할 것이며, 공격
함을 늦추지 아니할 것이니라.
35 이것이 저희가 볼 때 정녕 사탄이라면
그들은 그리 사악하지는 아니하였을
것이니라.
36 그러나 나 여호와의 뜻이요, 저희가
감당할 수 없으며, 저희 능력으로써는
따를 수 없으며, 저희의 머리로써는
역사할 수 없는 나 여호와의 뜻이라
저희가 느끼고 깨달을 때,
37 그들은 사탄이라는 것보다도 더 무서
운 그 자세로써 돌변해 너희를 공격
하며 상하게 할 것이며, 너희의 숨통
을 끊으려 대들 것이니, 너희는 그를
잊어서는 아니 될 것이니라.
38 그러니 너희가 그들이 공격함이 두려
워, 그들이 공격하는 것이 무서워 나
의 법전을 만들어 세상에 전하는 것을
포기해서는 아니 될 것이며, 절대 포
기해서도 아니 됨을 알아야 할 것이
니라.
39 지금 수천 년 동안 나 여호와에게 오
르는 길이요, 참진리의 길이요, 성령
의 뜻이라 그걸 위하여 구원을 받으려
고 갈구하는 그 백성, 그들이 다 나의
뜻을 저버린 자들이요, 나와는 관계없
는 자들이니라.
40 그리하여 그들이 어렵고 힘든 믿음의
그 길을 가는 것이 아니요, 말로써 그
저 재주 부리며 말로써 장난치는 그와
같은 장삿속이요, 상술에 빠져 있는
거기가 참진리요, 구원의 길이라 알고
그리 찾아가는 것이 나의 백성이니,
41 이미 너희는 사탄에게 넘어져 있으며,

이미 사탄의 자식이 되어 광명천지에 밝고 아름답고 깨끗함을 보지 못하는 어리석은 백성으로 되어 있음을 알라.

7,378 번째 하나님 말씀

2003년 9월 2일 12시 23분

1 사랑하는 나의 아들아!
2 "네, 아버님! 말씀하옵소서."
3 너희는 나의 참진리를 듣고 깨닫고 있으며, 그리고 무엇이 참진리요, 어찌 가는 것이 하늘에 오르는 참진리의 길인지 아는 백성이 수없이 많이 있음이니라.
4 그러나 너희는 그 길이 어렵고 힘들어 그때까지 기다리고 인내하는 용기가 없는 자들이니라.
5 그리하여 너희는 쓰러지며 무너지는 자들이니라.
6 너희는 누구나 다 한 번씩은 어떠한 것이 진리요, 하늘에 오르는 길인지 깨달을 기회를 다 주었으며, 그리하여 너희는 그를 쓸 수 있는 은혜를 입은 자들이니라.
7 그리하여 너희는 단 한 번씩 깨우치며 그 길을 볼 수 있으며, 악과 선을 구분할 수 있는 그와 같은 기회를 내가 다 너희에게 주었음이니라.
8 단 한 번 생각할 그 기회요, 깨달을 기회를 너희는 소홀히 그저 함부로 써버린 자들이라는 것을 알아야 할 것이니라.
9 그러니 너희가 깨달음을 얼마나 얻었느냐, 그리고 얼마나 깨달았느냐 하는 것을 모두 말할 수 있으며, 남에게 말로써는 설득하고 가르칠 수 있으나,
10 자신이 그걸 얼마나 실천하고 행동하는 삶을 사느냐 하는 그것이 가장 중요함을 알아야 할 것이니라.
11 너희가 깨달았으며 들어서 알았으며 또한 강론으로써 들었으며 너희가 생활 속에서 참진리요, 하늘에 오르는 길이 무엇이며 그와 같은 백성이 살아가는 것이 무엇인가를 한 번 이상 너희에게 기회를 주었다 하였음이니, 너희는 정녕 그와 같은 기회를 받은 자들이니라.
12 그러나 너희가 거기서 헤어나지 못하며 바로 서지 못하여 오늘날 그와 같은 길을 감이니, 그것은 바로 무엇이더냐?
13 너희가 어렵고 힘든 좁은 길을 가고자 하는 것이 아니요, 고통스러움 속에서 영광을 얻고자 하는 것이 아니요,
14 사악한 자들이 이끄는 그 평탄한 길을 가고자 했으며, 그 길을 선택한 자들이 너희임을 알아야 할 것이니라.
15 그리하여 수천 년 동안 흘러오면서 선지자요, 대제사장이요, 종교 지도자요, 그리고 수십 년 동안 믿음의 길을 간 지금 살아 있는 나의 백성이 모두 가다가 중도에서 무너지며 중도에서 포기하는 자들이 그 수를 헤아릴 수 없음이니라.
16 나 여호와의 참진리는 너희가 태어나고 죽고 병들고 살아가는 그 모든 개인의 역사가 어찌 변하든 그것과는 아무런 관계도 없이 꾸준히 지속하며 꾸준히 변하지 않고 흐르는 것이 나의 참진리요, 진정한 나의 성령의 뜻이라

는 것을 너희는 알아야 할 것이니라.
17 이 세상의 어떠한 역사하는 것, 너희
가 태어나고 죽고 사는 그와 같은 어
떠한 변화에도 아무런 관계가 없으며,
그로 인하여 중단되며 흐르고 돌아가
는 그와 같은 것이 나의 성령이요, 참
진리가 아닌 것이니라.
18 이 세상에 어떠한 변화가 있다 해도
영원히 지속하며 변하지 않는 그것이
나 여호와의 성령의 뜻이요, 내가 너
희에게 내리는 깨달음의 기초요, 근본
이니,
19 곧 그것은 선한 마음을 갖고 아름답게
살아가는 것이니라.
20 그와 같은 마음은 영원히 변하지 아니
하는 것이며, 이 지구가 깨진다 해도
그는 변하지 않는 것이 참진리요, 성
령이요, 선함을 행하고 살아가는 너희
의 모습이요, 삶이라는 것을 절대 잊
지 말라.
21 이제 너희는 영원히 살아 움직이는
것이 성령임을 알라.
22 성령이라는 것은 죽어 있어서는 성령
이 아니니라.
23 성령은 영원히 살아서 움직이는 실체
임을 알아야 할 것이니라.
24 그 성령이 너희에게 임하는 것, 그 성
령은 너희가 이 지상에서 죽고 사는
것보다도 더 무서운 변화가 있다 해도
흔들리지 아니하며, 변하지 아니하며,
그저 지속적으로 영원히 흘러가는 것
이요, 살아서 움직이는 그 실체가 성
령이라는 것을 알라, 사랑하는 나의
아들딸들아!

7,379 번째 하나님 말씀

2003년 9월 3일 0시 38분

1 사랑하는 나의 아들아!
2 "네, 아버님! 말씀하옵소서."
3 사람은 습관이라는 잠재의식이 있음
이니라.
4 그러니 하던 일을 계속 그치지 아니하
고 그 계획에 의하여 열심히 가는 자
는 너희 자신도 모르게 훈련되며 또한
그와 같은 습성으로 젖어 들고 있음
이니라.
5 그러니 너희가 믿음의 가는 길 또한
마찬가지이니라.
6 너희가 나에게 기도하는 것, 나를 생
각하는 것, 나 여호와가 존재하는 것,
그리고 나의 계명을 지키고 살겠다는
그 생각을 항상 버리지 아니하고 노력
하고 생각하고 삶을 살 때, 너희는 그
속에서 살아갈 수 있다는 것을 잊어서
는 아니 될 것이니라.
7 그러니 인간들은 모두 계획은 화려하
며 또한 구상은 그 누구도 생각할 수
없는 것들을 하느니라.
8 그러나 그걸 실천하고 행함이 없는 것
이 너희이니라.
9 너희가 믿음의 가는 길도 그러하니라.
10 너희가 믿음의 길을 갈 때 나 여호와
의 은혜를 입은 것처럼, 또한 무엇을
깨달은 것처럼, 그리고 무엇을 아는
것처럼, 그리고 인간이 무엇인가 오늘
의 삶에 축복을 받은 것처럼 울고불고
그와 같이 기도하고 경배하나,
11 그 또한 그 순간의 시간이 지남으로
인하여 모두 다 잊어버리며 그리 사는

것이 너희이니라.
12 그러니 항상 너희 자신을 다스리며, 너희 자신이 강도 높은 훈련을 반복하는 습성을 기르지 아니하면 믿음의 길을 갈 수 없는 것이 너희임을 알아야 할 것이니라.
13 지금 나의 아들을 따르는 제자들 너희가 그러하니라.
14 너희가 오늘의 삶을 사는 것은 하는 일이 그 일이요, 그리고 반복되는 그 훈련 속에 얻어지는 것이 없다 그리 생각하나,
15 나로부터 선택된 너희는 다 자리가 있으며 쓰이고자 부름을 받은 자라는 것을 잊어서는 아니 될 것이니라.
16 똑같이 먼 길을 가되 너희의 체형에 따라서 그 체질에 따라서 모두 변화되는 것처럼, 너희가 가야 하는 모든 역사가 있음이니라.
17 너희에게 하나가 되라 하는 것은, 똑같은 틀 안에 들어 있는 형국으로 그 형태로 똑같이 되라 함이 아니니라.
18 각자 특성이나 개성과 임무에 따라서 그 직분의 임무에 최선을 다할 때 정녕 하나의 큰 형체를 이루는 것이 너희가 가야 할 길이라 함을 잊지 말라.
19 내가 큰 모선을 만드는 데 쓰이는 자들이라 그리하지 아니하였더냐?
20 그러니 각자가 쓰이는 곳이 있으며 각자가 임무가 있으니, 너희가 생활하는 것, 깨닫는 것, 그리고 나의 법전을 느끼는 그와 같은 것이 모두 다름이니라.
21 그리하여 맡은 자리에서 최선을 다할 때 너희가 그 자리를 지키게 됨이니,
22 너희는 네모면 네모요, 가로면 가로요, 또 세로면 세로요, 그리고 원이면 원이요, 그와 같이 똑같은 형태로써 같이 가는 것이 아니요, 각자가 다 가는 길이 다름이니라.
23 다른 깨달음이요, 다른 믿음 속에서 너희가 설 자리요, 행할 자리를 서서히 다스려 가는 것이 너희임을 알아야 할 것이니라.
24 다만, 진리에 따라 흐르는 것, 계명에 의하여 사는 것은 똑같이 가나, 너희가 쓰이는 자리가 다르며 임무가 다 다름이니, 너희가 생각하고 가르치고 전하는 그 모두가 다 다름이니라.
25 그리고 너희는 한 사람이 어떠한 일을 했다 해서 그것이 시범 사례요, 그와 같이 똑같은 길을 가는 것이 아님이니라.
26 너희가 맡은 직분에 따라서 거기에 맞춰 감이니, 그리하여 남들이 잘하고 못하는 것을 시시비비하지 말라 함이니라.
27 너희가 열이면 열 사람이 다 그 직분이 다르고 행함이 다르며 쓰임이 다르니,
28 너희가 그걸 모르면서 그 한 사람의 모델에 의해 모두를 다 맞춰 가게 하는 것이 정답이요, 그것만이 옳은 삶이라 그리 생각하지 말라.
29 넘어지는 자, 달리는 자, 걷는 자, 쓰러지는 자, 그리고 재주를 넘는 자, 모두 다 쓰임이 있으며, 각자의 직분에서 그리 나로부터 훈련되어 간다는 것을 잊지 말라.
30 그러니 절대 남을 평하지 말며, 남의 잘못을 간파해 네 기준에 맞춰 시시비

비하는 그와 같은 어리석은 자가 되
지 말라.
31 그 모두가 다 너희 욕심이니, 너희는
나에게 필요한 자이니라.
32 너희가 살아가면서 너희 몸에 지니고
다니는 모든 것, 비가 올 때 입는 옷,
눈이 올 때 입는 옷, 추울 때 입는 옷,
더울 때 입는 옷, 거기에 대비해서 걸
치는 것이 다 다르듯이 다 쓰임이 다
르며 내가 사용하는 것이 다 다름이니,
33 너희는 그와 같은 깊은 의미를 깨달
아야 할 것이니 그리 알라.

7,380 번째 하나님 말씀

2003년 9월 3일 0시 42분

1 사랑하는 나의 아들아!
2 "네, 아버님! 말씀하옵소서."
3 '나의 법전을 가슴에 안고 정독하는
자, 반석 위에 서서 하늘에 오르는 찬
란한 그 빛을 본다' 하였음이니라.
4 그러니 반석 위에서 찬란한 빛을 보는
그 영광의 은혜가 얼마나 위대하고,
너희로서는 상상할 수 없는 이 세상에
서 가장 소중한 보배를 소유한 자라는
그 의미를 알겠느냐?
5 이는 너희가 진리의 깨달음의 길에 들
어섰음을 말하느니라.
6 반석 위에 일어서 너희가 하늘에 오
르는 그 찬란한 빛을 볼 수 있는 것을
나의 아들 예수를 통하여 너희에게
일찍이 뭐라 깨우치고 전했던가?
7 예수가 전하는 그 말을 듣고 그대로
행하는 사람은 반석 위에 집을 짓는
슬기로운 사람이라 그리 말하였으며,
그를 듣고도 행하지 못하는 자는 과연
어떠한 자더냐?
8 그러니 너희가 반석 위에 집을 짓는
그 슬기로움을 너희는 나의 아들을
통하여 내리는 강론이요, 나의 법전을
읽고 깨우쳤음이니,
9 바로 반석 위에 집을 지을 수 있는 것
은 참진리의 길을 보았으며, 참진리의
길을 볼 줄 아는 백성이며, 그리하여
그 길에 선택된 자들이며 그 길을 향
하여 가는 백성이니,
10 지금 내가 나의 아들을 통하여 너희에
게 전함이니, 너희가 반석 위에서 찬
란한 그 빛을 보는 것은 바로 참진리
의 빛을 보는 것이요, 진리에 눈을 뜨
며 그를 볼 줄 아는 백성이니라.
11 그리하여 나의 아들 예수가 반석 위에
집을 짓는 슬기로운 자들이라 그리 말
하는 그 의미를 너희는 이제 알겠느
냐?
12 구원의 역사는 눈에 보이는 것으로써
역사하는 것이 아님을 알아야 할 것이
니라.
13 너희 마음속에서 이루어지는 것, 마음
에서 행해지는 그 모두가 너희에게
역사하는 것이니라.
14 그러니 교회요, 성전이요, 성당이라
하는 것은 그 모두가 다 너희 가슴속
에 있으며 마음속에 있음이니라.
15 그리하여 너희 자신의 마음에 있는 성
전이요, 교회를 어찌 다스리고 가느냐
에 따라서 너 자신의 마음에 달렸으
며, 역사하는 그것에 따라 구원을 받
고 못 받는 것이 하늘의 뜻임을 알아
야 할 것이니라.

16 나의 법전을 가슴에 안고 읽고 또 읽
는 자, 그리고 나의 법전을 접한 자는
반석 위에서 하늘에 오르는 찬란한 빛
을 보게 된다 하였음이니,
17 예수가 하는 그 가르침을 듣고 그대로
행하는 자는 반석 위에 집을 짓는 슬
기로운 자라 말했듯이, 그는 바로 참
진리의 길을 보았으며 볼 줄 아는 백
성이요, 나에게 오르는 그 길에 돌입
해 있는 영광된 백성이요, 은혜 입은
백성이라는 것을 잊지 말라, 사랑하는
나의 아들딸들아!

7,381 번째 하나님 말씀

2003년 9월 3일 06시 57분

1 사랑하는 나의 아들아!
2 "네, 아버님! 말씀하옵소서."
3 너희가 육의 세상에 살다 죽음이라는
그 문턱을 넘지 않는 자가 없음이니라.
4 그러니 너희는 거기서 한 번의 죽음
이요, 다시 나에게 와 심판을 받는다
하였으니,
5 나에게 심판을 받을 때 영원히 살며
거듭나는 생명록에 이름이 없는 그것
보다 더 슬프고 괴로운 일은 없으며,
그곳에 너희 이름이 있고 없는 것이
마지막에 다시 태어나느냐 또한 거듭
나지 못하느냐 그와 같은 운명이 결정
이 된다 하였음이니라.
6 그러니 모두 거듭나는 삶을 살지 아니
하면 곧 죽음의 세상의 삶을 연장하
는 것이라 그리하였으며, 오늘의 삶이
죽음의 삶이요, 사는 삶이 아니라 하
였음이니라.
7 그러니 나로부터 생명을 받아 나간 백
성 너희가 똑같은 인생의 삶을 살면서
누구는 죽음의 삶을 살며 누구는 사는
삶을 사는 그와 같은 하늘과 땅의 차
이가 있는 것이 오늘의 너희 삶이라
하였음이니라.
8 나의 아들을 따르는 나의 백성이요,
그리고 선택된 백성 너희는 나로부터
구원이 무엇이며 하늘에 오르는 길이
무엇이며 거듭나는 것이 무엇이며 심
판에서 살아나는 것이 무엇인가를 지
금 나의 법전을 읽고 깨우쳤음이니,
9 너희는 그와 같은 은혜를 받음이 누구
보다도 더 큰 귀중한 은혜를 받은 것
이라 하였거늘, 그 은혜를 받은 자의
마음 자세가 과연 어떠하며, 너희는
그와 같은 은혜의 감사함을 알고 사는
백성인가?
10 이 세상의 모든 백성이 세상에 나가
생명으로써 존재하며 오늘을 살아갈
수 있는 인간으로 태어난 그 자체를
나 여호와에게 감사하는 것으로써 세
상 모두를 다 주어도 나에게 그 은혜
를 갚을 길이 없다 하였음이니라.
11 그러니 너희가 생명으로써 태어난 것,
죽음보다 더 마지막인 것이 없으며 너
희가 죽음의 그 순간을 연장하는 것보
다 더 소중한 것이 이 세상에는 없을
것이니라.
12 그러니 너희가 살아 있을 수 있다는
것은 이 세상의 모두를 다 주어도 생
명을 준 나 여호와에게 은혜를 갚을
수 없음이니라.
13 그리하여 내가 나의 아들을 통하여 너
희에게 말하기를, 오늘을 사는 것, 그

리고 존재하는 것, 그리고 너희가 아
름다운 일을 역사하는 것, 너희가 가
진 재물이요, 모든 명예요, 권력을 남
을 위해서 살아가는 삶을 사는 것이
너희가 역사하는 길이며 기준치로써
서는 것이라 그리하였음이니라.
14 모든 백성은 지금 다 함량 미달인 삶
을 사는 자들이니, 너희가 이 세상에
서 가장 소중한 것을 모두 다 놓을 수
있는 것, 그 자체가 함량에 미달이 되
지 않는 그 기준치에 도달하는 것이라
는 뜻이 여기 있음이니라.
15 그러나 나의 아들을 따르는 제자들이
요, 그리고 나의 법전을 읽고 깨우친
만백성 너희에게 두 번의 삶의 기회
를 준 것이니,
16 하늘에 오르는 길이 무엇이며, 영원히
사는 나의 나라에 오를 수 있는 그 길
과 방법을 내가 너희 손에 쥐여 줘, 그
대로 살면 나에게 영원히 거듭나는 은
혜를 입는다 하였음이니, 너희야말로
얼마나 위대한 것인가?
17 세상 것을 다 던지고 다 놓아도 받지
못할 그 은혜를 두 번씩이나 받았거
늘, 어찌하여 너희 자신을 먼저 생각
하며, 육의 세상의 삶을 먼저 생각하
며, 오늘의 삶을 먼저 생각하는 삶을
사는가?
18 그 모두를 던져 나의 법전을 만들어
만백성에게 전하는 그 역사를 해도
그것으로써 나에게 받은 은혜를 다 갚
지 못함이니, 너희 마음 자세가 과연
어떠한 것인가를 돌이켜 봐야 할 것
이니라.
19 너희는 육의 삶을 위하여 춥고 더운
것을 먼저 준비하며 사는 자들은 아닌
가?
20 나의 법전을 만들어 만백성에게 전하
는 데 모두를 바치는 것이 아니요, 춥
고 더운 것에 맞춰 사는 삶이요, 그와
같은 것에만 연연하는 삶을 사는 것이
아닌가?
21 너희 자신을 지금 다시 한 번 돌아다
봐야 할 것이니라.
22 내가 나의 아들을 통하여 나의 법전에
너희 마음 자세를 기록해 놓는 것은
너희가 그와 같이 가지 아니하면 만백
성을 구할 수 없으며 어떠한 백성도
너희를 따라 그 길을 갈 수 없기 때문
이니 그리 알라.

7,382 번째 하나님 말씀

2003년 9월 3일 11시 05분

1 사랑하는 나의 아들아!
2 "네, 아버님! 말씀하옵소서."
3 인간 세상에서 여러 자식을 둔 그 부
모에게 우산 장사를 하는 자식이 있으
며, 또한 짚신이라는 것을 장사하는
아들이 있음이니,
4 비가 내리면 우산을 파는 아들에게는
득이 될 것이나 짚신을 파는 아들은
장사가 되지 아니함이니, 비가 와도
걱정이요, 또한 비가 오지 아니하여도
걱정이요,
5 이게 부모의 마음이요, 자식을 둔 부
모의 마음이라는 것을 너희는 잘 알
것이니라.
6 나 여호와 또한 그러하니라.
7 지금 믿음의 길을 가며 하늘에 오르겠

다 몸부림치는 그 백성이 정녕 잘못
가고 있으며 그들은 나의 뜻을 거역하
고 있음이니라.
8 그렇다 해서 그들을 버릴 수도 없으며
그들을 내 자식이 아니라 내칠 수도
없는 것이 나 여호와의 뜻이니라.
9 너희같이 나의 뜻을 따라 변하고자 하
며 사랑을 베풀고 살아가고자 하며 나
의 계명을 다 지키고자 하는 너희만
내가 구원하며 너희만 내 품에 오며
내 자식이라 말할 수 없는 것이 나 여
호와가 아니더냐?
10 창조주의 모든 백성은 다 나의 아들
딸임이니라.
11 그러니 너희는 이와 같은 부모의 마
음을 헤아려야 할 것이니,
12 그리하여 깨달은 자는 자신보다도 남
을 먼저 생각하며 그들을 먼저 사랑하
는 마음으로 살라 함이니라.
13 때로는 나 여호와의 잘못 가는 아들딸
들이요, 그리고 감히 구원을 받았다
말하는 자들의 손을 놓고 버리고 싶은
마음이 이루 말할 수 없으나,
14 또한 그들도 나의 아들딸이요, 나의
자식이니, 그를 버릴 수도 없으며, 내
가 그를 모른다 할 수 없는 것이 나 여
호와의 뜻이니,
15 이리 할 수도 없고 저리 할 수도 없는
것이 나 여호와요, 부모의 마음이라
함이니라.
16 너희가 있으므로 나의 법전을 만들어
그들의 가슴에 전하며, 너희 형제이니
그들을 구원하는 데 최선을 다해야 할
것이니라.
17 그리해야만 될 것이니라.
18 그리하여 너희를 요소요소에 쓰고자
하여 나의 아들의 제자들을 선택했으
며 그를 따르도록 하였음이니라.
19 사람이 살아가는 생활도 그러하지 않
더냐?
20 비가 내리는 날 신는 신발이 있으며
날이 맑을 때 신을 수 있는 신발이 있
으며, 미끄럽고 험한 길을 가면서 신
는 신발이 있으며, 산에 갈 때 맞춰 신
는 신발이요, 체격에 맞춰 골라 신고
챙겨 신는 것이 아니더냐?
21 나의 아들딸 너희도 그와 같이 다 쓰
임이 있으며 용도가 있으며 다 직분이
있음이니,
22 높고 낮고 큰 것을 이루고 안 이루고
그걸 생각하지 말라.
23 내가 일찍이 나의 법전 열여섯 권 안
에 뭐라 가르쳤더냐?
24 너희가 타고 다니는 그 자동차요, 운
영하는 모든 기계의 부속들이 서로 잘
났다고 싸움을 하고 치고받으면, 그것
은 하나도 갈 수 없으며 이루지 못한
다고 말하지 아니하였더냐?
25 이것이 바로 나에게 쓰임이요,
26 너희는 다 선택된 자니, 높고 낮은 자
요, 작은 임무를 맡았다 하여 소홀히
해서는 아니 되며, 그것이 귀하지 아
니한 것이 없다 하였음이니라.
27 자동차라는 그 부속이 서로 제가 최고
며 제가 제일이라 싸우며, 잘났다 못
났다 하면 되겠는가?
28 그것을 만든 사람만 고칠 수 있고 다
스릴 수 있지, 너희끼리 그리해서는
안 된다고 그리하지 아니하였더냐?
29 타이어라는 것이 크다고 그를 핍박하

면, 만든 사람이 그를 다스릴 것이거늘 너희가 어찌하여 그를 평가하는가?
30 핸들이라는 그 작은 고리에 하나의 핀이 작다 하여 그걸 무시하고 욕하며 그리고 가치가 없다 생각하면,
31 그 핀이 빠짐으로 인하여 방향을 잡을 수 없으며 그 핀 하나가 얼마나 중요한 것인가?
32 전체를 다 망가트리는 그와 같은 것이니, 핀의 소중함이요, 귀함을 너희가 알아야 할 것이니라.
33 달리는 자동차가 서고 또 달리고 하는 그와 같은 역할을 하는 브레이크라는 것도 하나의 작은 핀이 그 연결고리가 되어 그 작용을 하고 역사함이거늘,
34 그 핀 하나를 무시하면 그 브레이크가 서고 달리는 것을 조정하지 못할 때 바닷속으로, 낭떠러지로, 그저 절벽으로 떨어져 자동차가 모두 다 망가지며 그 형태가 없어짐이니라.
35 핸들이 무엇이 필요하냐 하며 그게 소중한 부품이라는 것을 모르고, 그리고 가스를 배출하는 그 힘들고 어려운 곳에 있는 자들을 욕하고 핍박하고 무시하는 그것이 다 무엇이더냐?
36 너희 자신이 다 부서지게 되는 것이 아니더냐?
37 나의 아들딸 너희는 다 그와 같이 필요하여 쓸 자리가 있어서, 행할 자리가 있어서 나에게 선택된 자들이니라.
38 그가 행하는 것은 나 여호와의 뜻이요, 그가 역사하는 것도 나의 주관하에 이루어진다는 것을 너희는 알아야 할 것이니,
39 그리 마음을 먹고 다스리면 세상사에 편안함을 알 수 있음이니라.
40 너희는 어찌하여 그리 어리석은 자들이더냐?
41 이 세상의 모두는 다 나로 인하여 존재하지 아니하는 것이 없으며 내가 그 자리에 있게 하고자 하여 모두를 만들어 세상에 내보냈다 하지 않더냐?
42 사랑하는 나의 아들딸들아!
43 풀벌레 하나도 그대로 나온 것이 없으며 그 자리에 있어야 하기 때문이라 내가 그리 말하지 아니하였더냐?
44 그와 같이 생각한다면, 너희 형제가 잘하고 잘못하는 것을 핍박하고 탓하고 그리 봐서는 아니 될 것이니라.
45 그 모두를 사랑으로 보며, 그와 같이 길을 가는 것은 가르침이 있고 깨달음이 있다 하지 아니하였더냐?
46 그곳에 그가 남을 위하여 깨달음을 있게 하기 위해 그와 같이 바보스러운 짓을 하고 있다면 너희를 위하여 희생하는 사람이 아니더냐?
47 그와 같은 마음으로 세상을 보면 네 마음이 편할 것이며, 하늘이 열리는 눈을 얻게 됨이니라.
48 다만, 너희가 욕심이라는 그 한계를 벗어나지 못하며 그 욕심을 충족하기 위한 생각이 있기 때문이니라.
49 사랑하는 나의 아들딸들아, 그리고 나의 아들을 따라 더불어 같이 가는 너희는 알아야 할 것이니라.
50 사랑도 사랑 나름이라 그리하지 아니하였더냐?
51 이제 너희는 육의 세상에서 남을 도와주며 남에게 베푸는 그와 같은 사랑을 하는 것이 아니요,

52 하늘나라 나 여호와의 사랑을 해야 할 것이며, 창조주가 베푸는 그 사랑을 베푸는 것이 너희이거늘,
53 육의 세상에서 서로 얽히고 육의 세상에서 벗어나지 못하는 그 사랑에 아직도 얽매여 거기에서 헤어나지 못한다면 어찌하겠느냐?
54 육의 사랑에서는 계산이 있으며 육의 사랑에서 아무리 나눠 주고 베푼다 하여도 그건 육의 사랑의 한계이니라.
55 그러니 그 육의 사랑이요, 그 육의 세상에서 이루어지는 것이 아니요,
56 하늘나라 나 여호와의 사랑이요, 내가 베푸는 사랑이 무엇인가를 알아서 행해야 할 것이며 그를 역사해야 할 것이니라.
57 나의 선택된 백성 너희가 그와 같은 길을 가야 하느니라.
58 육의 세상에 모든 거래요, 삶은 벗어난 자요,
59 하늘나라의 그 뜻을 알아야 할 것이며, 하늘나라의 삶이요, 하늘나라의 법도에서 너희가 행하고 살아가야 할 것이거늘,
60 그를 아직도 깨우치지 못하며 그를 깨닫지 못하고 있음이니라.
61 하늘의 나 여호와가 베푸는 사랑이 무엇이더냐?
62 너희가 내가 베푸는 그 사랑을 안다면 그대로 행하면 될 것이니라.
63 너희가 모든 것을 인간 세상의 사랑의 눈으로 볼 때, 잘못되는 것이 보이며, 가시와 같은 것이 보이며, 미운 것이 보이며, 미운털이 보이며,
64 그리고 또 자기에게 잘하는 자가 사랑스러운 것이 보이며, 자기를 따르는 자가 귀엽게 보이는 것, 그 모두가 다 욕심이니라.
65 그것이 육의 사랑을 벗어나지 못한 것이니,
66 육이 사랑의 한계를 벗어나 나 여호와의 사랑을 베풀고 산다면 그와 같은 것이 다 부질없는 것이라는 그 깊은 의미를 깨달아,
67 하늘의 사랑을 실천하고 살아가는 나의 아들딸로서 거듭나도록 그리하라.
68 하늘의 사랑임이니라.
69 나 여호와의 사랑을 너희가 실천해야 하는 것이 나를 대신하여 이 세상에 존재하는 너희라는 것을 잊지 말라, 사랑하는 나의 아들딸들아!

7,383 번째 하나님 말씀

2003년 9월 3일 11시 27분

1 사랑하는 나의 아들아!
2 "네, 아버님! 말씀하옵소서."
3 수천 년 동안 믿음의 길을 가는 그 백성이요, 그리고 수없이 흐른 종교 지도자들, 그리고 이 세상에 나와 죽어간 그 많은 백성이 정녕 무엇을 믿고 살았던가?
4 그들은 믿음의 길을 가는 것으로 인하여 구원을 받았다 말하며, 나에게 오를 수 있는 길이라 그리 믿고 살아갔으며, 가르치는 지도자들의 말을 믿었음이니라.
5 그러나 나에게 와 심판을 받음이니, 선한 것은 하나도 없으며 오로지 악한 것만이 저희에게 남으니,

6 감히 제가 생각하지 못하고 알지 못했
던 그 죄목까지도 하나하나 기록되어
나오는 것을 보고 자지러지지 아니하
는 자가 없으며,
7 스스로 그 심판대에서 내려와 지옥
불로 가지 아니하고는 견딜 수 없는
것이 너희이니, 너희가 가면서 얼마나
몸부림치고 통곡하는 것인 줄 알겠는
가?
8 너희를 이끌어 간 지도자요, 평생 살
아온 것을 후회하고 쩔쩔매며 눈물로
써 얼룩진 그날의 심판대 앞에 서서
통곡하는 그 모습은 내가 법전에 기록
하는 이 내용보다도 더 처참한 것이
너희 모습이라는 것을 알아야 할 것
이니라.
9 이제 사랑하는 나의 백성들아!
10 잘못 믿어 왔든, 내가 짓지 말라는 교
회를 지었으며 그 죄의 온상에서 구
원을 받는다고 울고불고 몸부림을 친
그 백성이든, 그리고 내가 존재함을
믿지 않으려 하며 그냥 열심히 사는
것으로써 족하다고 사는 믿음이 없는
백성이든,
11 그리고 지금 나의 법전을 읽고 깨우쳐
하늘에 오르는 그 길을 가고자, 진정
참진리의 길을 가고자 어렵고 힘든
그 길을 마다하지 아니하고 가는 나
로부터 선택된 백성이든,
12 너희가 모두 다 소원하고 갈망하는 것
은 구원이니라.
13 그러니 너희가 정녕 구원을 받아 나
에게 오를 수 있다는 그 말을 하려거
든, 너희는 나의 아들 예수가 십자가
에 못 박혀 죽음으로써 역사했듯이,
14 너희는 죽은 자로서 그 삶을 살지 아
니하면 절대 역사할 수 없다는 것을
알아야 할 것이니라.
15 자기 자신을 주장하는 삶이요, 자기를
위한 삶이요, 자기를 먼저 생각하는
그와 같은 삶을 살고서는 정녕 구원을
받았다고 말해서는 아니 된다는 것을
알라.
16 너희 자신은 죽음이요, 너희 자신은
없는 자요, 너희 자신은 예수처럼 그
죽음의 십자가를 지고 묵묵히 나 여호
와의 뜻을 실천하기 위하여 그 죽음의
계곡으로 가는 나의 아들의 그 마음과
그 심성이요, 그 고통을 그대로 따라
하며,
17 그를 마다하지 아니하고 살아가는 마
음 자세가 되고 준비된 자가 구원을
받은 백성이라 그리 말할 수 있을 것
이니라.
18 너희가 함부로 구원을 받았다 하며,
육의 세상에서 죄를 지으며 위안을 얻
어 지옥문 앞에 가서 몸부림치는 그와
같은 행위를 하지 말라, 사랑하는 나
의 아들딸들아!
19 자기 자신의 이기주의로 살기 위해 하
면서 저만을 위한 삶을 생각하며 저만
우선하는 삶을 살며 욕심을 버리지 못
하고 살면서, 그리고 시기와 질투를
버리지 못하고 살면서,
20 남들보다 더 높고자 하며 더 갖고자
하며 더 행복을 추구하고자 하며, 육
의 삶에 대한 욕망을 버리지 못하고
살면서,
21 자기 자신의 십자가를 지고 가려 하지
아니하며 편안하고 넓은 길만을 찾아

가고자 하는 삶을 살면서, 어찌하여
나에게 오를 수 있으며 구원을 받았다
말하느냐?
22 고난의 삶과 고난의 그 믿음을 외면하
면서 구원을 받았다고 말하지 말라,
사랑하는 나의 아들딸들아!
23 너희는 자신을 생각하고 자신이 존재
하고는 아무것도 이루어지는 것이 없
음이니라.
24 자신을 먼저 생각하고 자신을 의식하
고 자신을 위주로 살아가는 것은, 그
것이 바로 욕심이요, 아무것도 변화된
것이 없음이니라.
25 '나'를 버리고 '남'을 위한 삶을 사는
것이 봉사요, 희생이요,
26 너희가 '남'보다 '나'를 먼저 생각해서
는 절대로 그것이 이루어지는 것이 하
나도 없음이니라.
27 그러니 나에게 구원을 받았다 말할 수
있는 백성이라면 그와 같은 마음을 가
지고 살라.
28 내가 나의 아들을 통하여 나의 법전에
뭐라 기록하여 전했느냐?
29 하늘에 나와 천사만 삶이니, 너희는
누구라 했느냐?
30 각자 나 여호와가 되라 그리 내가 너
희에게 엄명을 내렸음이니라.
31 각자가 나 여호와가 되라 그리하였음
이니, 너희는 내 뜻을 따라 그대로 행
하고 순종하는 삶을 살라 함이니라.
32 너희가 나를 대신하여 각자 나 여호와
가 되어 만백성을 구하는 그 본보기로
써 살아갈 때 나에게 오르는 길이라
내가 너희에게 수없이 일깨워 주었음
이니라.
33 이를 절대 잊지 말고 그리 가도록 하
라.
34 지금 나의 아들을 통하여 나의 법전을
내려보냄이니, 이보다 더 큰 역사요,
이보다 더 큰 변화는 없을 것이니라.
35 더욱이 내가 뭐라 했느냐?
36 이는 마지막 시대니, 모세가 역사했던
시대요, 예수가 역사했던 그 시대요,
참진리가 무엇인가를 깨우치기 위해
기도하고 눈물로써 목숨을 바쳐 왕좌
를 버렸던 석가보다도 더 위대한 역사
를 지금 이루는 것이 내가 나의 아들
을 통하는 이루는 마지막 시대에 너희
에게 내리는 은혜라 하였음이니라.
37 그러니 나의 아들과 더불어 너희가
갈 수 있으며 나에게 올 수 있는 그와
같은 길을 가고자 한다면,
38 너희 자신을 버리고 시기와 질투를 다
네 마음속에서 지워 버려야 한다 하
였음이니,
39 과연 너희가 욕심은 얼마나 지워 버
렸으며 시기하는 마음, 질투하는 마음
을 얼마나 너희 가슴에서 거둬들이고
사느냐?
40 이것이 오늘날 너희에게 가장 중요한
삶이라는 것을 알아야 할 것이니라.
41 너희가 인간으로 태어난 그 자체가 내
가 뭐라 했느냐?
42 너희는 나의 은혜 속에서 모두를 살다
단 한 번의 심판을 받게 됨이니,
43 그 심판을 받을 때 어떠한 길에서 어
떠한 점수를 받아 다시 태어나느냐,
죽음의 길로 가느냐 그것이 너희에게
가장 중요한 것이라 하였음이니라.
44 그러니 너희가 단 한 번 받는 그 심판

에 대비하여 오늘날 인간으로 태어나
서 살아가는 그 모두는 거기에 맞춰
살아가야 한다는 것을 절대 잊어서는
아니 된다 가르쳤음이니라.
45 육의 세상에 존재하는 그 삶에 연연하
여 살다 보면 너희가 단 한 번 심판을
받아 다시 거듭나느냐 못 나느냐 하
는 마지막 그 심판에 대비하지 못하
고 나에게 불려 오니,
46 그때의 참담하고 황당함은 너희가 감
히 상상할 수 없음을 알아야 할 것이
니라.
47 백 년도 안 되는 그 육의 삶을 위해서
는 너희는 온갖 정성을 다 들이고 다
바치면서, 마지막 심판하여 구원을 받
고 구원을 받지 못하는 그와 같은 다
음 세상의 삶에 대해 그 대비를 하지
아니하는 어리석은 백성이 되어서는
아니 될 것이니라.
48 미래를 준비하지 아니하는 백성은 이
세상에서도 노후에 뭐라 말하느냐?
49 가장 비참하고 처참한 죽음을 맞이한
다 하였거늘,
50 너희는 육의 세상의 죽음을 대비하여
사는 것이 아니라, 거듭 태어나고 거
듭나는 그와 같은 다음 세상을 위하여
준비된 삶이요, 미리 계획된 삶을 살
아가지 아니하면 아니 됨이니라, 사랑
하는 나의 아들딸들아!
51 이것이 너희에게 얼마나 소중한 가르
침이요, 이 세상에서 천만금을 얻는
것보다도 귀하고 소중한 나 여호와의
뜻이라는 것을 가슴 깊이 새기라.
52 너희 자신을 주장하지 말며 너희를 내
세우지 말며 너희 뜻을 들어주기를
바라며 너희 자신을 위주로 이기주의
요, 제 욕심을 버리지 못하고 사는 그
와 같은 삶에서 그 모두 손을 떼라.
53 뜨거운 물에 데어 손을 떼듯이 그리
떼고 사는 것, 그리할 수 있는 것이 너
희이니라.
54 너희는 무엇이든지 할 수 있는 능력
과 지혜를 나 여호와가 주었음이니라.
55 너희가 행하지 못하고 집행하지 못할
것을 내가 너희에게 내렸다면 공의의
하나님이 아니요, 내가 내리는 나의
법전을 듣고 깨우쳐 어렵고 힘든 이
길을 가야 할 이유도 없음을 알라.
56 사랑하는 나의 아들딸들아, 다시 한
번 너희에게 말함이니,
57 너희는 각자가 나 여호와가 되라.
58 그와 같은 삶이요, 그 목표를 두고 그
야망을 위해 살아가도록 그리하라, 사
랑하는 나의 아들딸들아!

7,384 번째 하나님 말씀

2003년 9월 3일 11시 32분

1 사랑하는 나의 아들아!
2 "네, 아버님! 말씀하옵소서."
3 너희가 이 세상에 참진리의 그 길을
가는 것은 무엇보다도 어렵고 고통스
러운 길이니라.
4 너희가 노력하고 노력한 만큼 결과는
얻어짐이니라.
5 육의 세상에서도 고통의 길이 없이 이
루어지고 역사하는 것이 없듯이, 너희
가 노력한 만큼 거둬들이는 것이 인간
세상의 삶이 아니더냐?
6 하늘에 오르는 참진리의 길을 가는

그것도 고난이요, 고통의 길을 마다하
지 아니하고 얼마만큼 노력하느냐, 그
리고 그 길을 외면 하지 아니하고 가
면서 변화의 삶 속에서 너희는 발견
하게 되어 있는 것이니라.
7 너희가 정녕 나에게 오르고자 하는
그와 같은 마음을 갖는다면 저 자신의
껍데기의 겉모습을 벗겨 내고 겉모습
을 쓸어 내는 그와 같은 아픔의 결과
가 없이는 너희가 다시 태어날 수 없
음을 알라.
8 나무의 겉모습을 다 벗겨 내고 속의
그 깨끗한 모습이 보이듯이, 너희가
겉모습과 겉의 삶이요, 그 겉에서 의
존해서 사는 생활이요, 육의 세상에
사는 것 하나하나를 벗기고 씻어 내
야 함을 잊지 말라.
9 겉치레를 벗어 버려야 하며, 하나하나
씻어 내고 깎아 내고 벗겨 내 그걸 다
던져 버리는 그 고통에서 거듭나지 아
니하면 아니 되느니라.
10 너희의 추한 모습, 더러운 모습, 시기
질투하는 마음, 너희 자신을 다스리지
못하는 그 욕심, 죄로써 둘러싸여 있
는 너희 자신을 하나하나 벗겨 내지
못하며 겉을 씻어 내지 못한다면 너
희는 변화된 삶을 살 수가 없는 것이
니라, 사랑하는 나의 아들딸들아!
11 겉은 썩고 험악한 너희 자신의 모습
을 닳고 또 닳도록 그리 네가 깎아 내
고 또 깎아 내야 할 것이니라.
12 그리하여 날로 새로운 네 모습을 찾아
야 할 것이며,
13 겉이 닳아서 새로운 모습이 보이는 그
와 같은 삶을 살아야 할 것이니라.
14 그 속에 깨끗하고 아름다운 것, 나로
부터 받아 나간 인간의 본성이요, 나
로부터 받아 나간 사랑의 마음의 씨
요, 그 깨끗하고 소중함을 봐야 할 것
이니라.
15 너희 자신이 인간 겉치레의 삶을 벗
어나야 함이니, 이를 잊지 말라.
16 너희가 인간의 겉치레에 의해 살아가
는 그와 같은 삶에서 벗어나지 못하며
그것에 만족하고 안주하는 삶을 산다
면 절대 아니 됨이니라.
17 너희가 지금 죄에 범벅이 된 그것을
벗겨 내고 또 깎아 낼 때, 나로부터 받
아 나간 진정 깨끗하고 순박한 너희
자신의 아름다운 모습을 보게 될 것이
며,
18 그 모습을 찾는 데 최선을 다하는 삶
을 살도록 나의 아들을 따르는 제자들
이요, 나의 법전을 읽은 너희는 그리
알아야 할 것이니라.
19 겉치레에 매여 살면 나로부터 너희가
받을 것이 없으며, 은혜를 받을 것이
없으며, 나에게 오는 길이 없음이니라.
20 겉치레를 모두 하나하나 다 벗겨 내도
록 그리하라.
21 나무의 껍질을 벗겨 내고 벗겨 낼 때,
속의 그 곱고 아름다움이 보이는 것처
럼,
22 너희 자신을 그와 같은 상상 속에서
너희 자신의 껍질을, 겉치레에 더덕더
덕 붙어 있는 것을 하나하나 벗겨 내
는 그 고통의 삶을 살라.
23 너희 자신의 껍질을 벗겨 내는 그와
같은 고통 속에서 진정한 너 자신을
발견할 수 있도록 네 마음을 다스리며

너 자신을 다스리는 그와 같은 삶을
살라.
24 나 여호와는 너희가 깨끗한 인간이요,
깨끗한 마음이요, 태양보다도 더 아름
다운 그와 같은 심성을 가지고 세상에
나와 살게 하였음이니, 그것이 바로
사랑하는 나의 아들딸의 본성이니라.
25 그 본성을 찾으려면 너희가 지금까지
살아오며 겉에 붙어 있는 그 껍질을
과감히 벗겨 내는 그 아픔을 겪지 아
니하면 아니 될 것이니라.
26 닳고 닳아서 껍데기가 벗겨질 때까지
너희는 노력하고 또 노력하는 것이 나
에게 오를 수 있는 그 길이라는 것을
잊지 말라, 사랑하는 나의 아들딸들아!
27 모두를 다 벗겨 내는 그 아픔이 있어
야 함이니라.
28 그 겉치레를 벗겨 내는 아픔이 없이
는, 너희 자신이 네 겉치레의 그 껍데
기를 벗겨 내지 아니하면 진정한 네
모습을 볼 수 없으며 네 속을 들여다
볼 수 없는 것이니라, 사랑하는 나의
아들딸들아!

7,385 번째 하나님 말씀

2003년 9월 3일 11시 40분

1 사랑하는 나의 아들딸들아!
2 "네, 아버님!"
3 너는 그들에게 전해야 할 것이니라.
4 내가 그들을 얼마나 사랑하고 내가 그
들을 소중히 생각하는 것인가를, 나의
아들 너는 모두를 다 바쳐 그를 전해
야 할 것이니 잊지 말라, 사랑하는 나
의 아들아!
5 나의 모든 백성이 살아가는 그 길은
나 여호와의 뜻에 동참하는 백성으로
서 살아가야 함이라 그리 전하라.
6 너희가 나 여호와가 이루고자 하는 내
뜻에 동참하는 그것이 바로 무엇이더
냐?
7 나의 아들 예수가 이루고자 했으며 그
가 나의 명을 받아 역사했던 그 모두
에 동참하는 길임을 알라 그리 전하라.
8 예수가 이루고자 했던 것, 예수를 통
하여 역사하고자 했던 것, 거기에 동
참하지 아니하는 자는 나의 뜻에 동참
하지 아니하는 백성이니,
9 그와 같은 백성은 살아가는 그 자체가
무의미하며, 진정 살아 있는 자가 아
니라 함을 그들에게 깨우쳐 줘야 할
것이니라.
10 너희가 정녕 살아 있는 자요, 살아 있
지 않은 자로 내가 구분함이니,
11 너희가 육이 살아 있어 모두를 거래하
나 성령으로써 변화되지 아니하는 자,
나의 뜻에 동참하지 아니하는 자, 그
길을 가지 아니하는 자는 살아 있어도
살아 있는 백성이 아님이니라.
12 결국, 너희는 심판대에서 나를 버리고
떠나게 되어 있으며, 또한 내가 너희
를 모른다 그리 심판을 내리기 때문
이니, 너희는 이를 명심해서 살아야
할 것이니라.
13 그러니 너희가 나의 뜻에 동참하는 백
성으로 살아야 함이니라.
14 그 길이 예수가 행함이요, 또 내가 율
법에 기록한 모든 내용을 행하며, 내
가 직접 불로 써 내린 십계명을 그대
로 지키고 살아가는 그 길을 벗어날

수 없으며,
15 제3의 시대에 마지막 너희를 심판하
기 위하여 160권의 법전을 세상에 내
려보낸 나의 새로운 성경이요, 하늘에
오르는 길이요, 나 여호와의 말씀이라
기록한 이 책대로 행하고 사는 그 길
이 나 여호와의 뜻에 동참하는 길이
요, 예수를 통하여 역사했던 그 예수
의 삶에 동참하는 것이니라.
16 아무리 너희가 '주여!' 하고 찬양하며
울고불고 광란의 행위를 한다 해도,
그는 나의 아들 예수가 역사하고자 하
는 길에 동참하는 것이 아님이니,
17 너희는 나 여호와가 이루고자 하는 새
로운 역사에 동참하는 자가 아니기 때
문임을 알라.
18 너희는 나의 법전을 읽고 깨우치고 그
대로 행하는 삶을 살 때, 다시 태어나
는 영광을 얻을 것이며 하늘나라의
백성이요, 하늘나라의 아들딸이 되는
것이니라.
19 사랑하는 나의 아들을 따르는 제자들
이요, 그리고 나의 법전을 읽고 깨우
친 백성 너희는 알아야 할 것이니라.
20 다시 거듭나고 다시 태어나는 것이 하
늘나라의 백성이 되는 것이니라.
21 하늘나라의 백성이 되지 아니하면 너
희는 구원을 받을 수 없으며 내 품에
올 수 없음이니라.
22 하늘나라의 백성으로서 거듭나는 것
은 나의 아들딸로서 거듭 태어남이니
라.
23 너희는 육의 세상에서 나의 아들딸로
태어나며 나의 아들딸로서 존재하는
것이 아니라, 하늘나라의 나의 아들딸
로서 존재하는 그와 같은 삶을 살아야
하며,
24 그 길을 가야 하는 것이 너희라는 것
을 절대 잊지 말라, 사랑하는 나의 아
들딸들아!
25 인간 세상의 나의 아들딸로 사는 삶이
아니니라.
26 나로부터 선택된 백성이요, 나의 아들
을 따르는 소중한 그 제자들 너희는
육의 세상에서 나의 아들딸로서 나의
백성으로서 살아가는 삶을 살아서는
아니 됨이니 그리 알라.
27 이 소중한 말을 잊지 말라.
28 하늘의 백성이요, 하늘의 나의 아들딸
로서 너희가 거듭나야 함을 잊지 말
라.
29 하늘나라의 나의 아들딸로서 너희가
거듭나는 삶을 살아야 함이니,
30 이 길을 가는 것이, 또 내가 이를 깨우
쳐 주는 것이 내가 너희에게 내려 준
큰 영광이니라.
31 그리하여 모든 영광이 하늘나라에 있
음이니, 그를 너희가 받을 수 있으며
그를 느낄 수 있는 것이니라.
32 너희는 하늘나라 나의 아들딸이요, 하
늘나라의 백성으로서 거듭나는 그와
같은 삶을 살아야 할 것이니라.
33 육의 세상에 아들딸로서 사는 그와
같은 생활에 만족하지 말며 거기에 안
주하지 말거라.
34 오늘의 육의 삶은 너희가 하늘나라의
아들딸로서 거듭나기 위한 과정이요,
그렇기에 사랑과 나눔을 갖고 살라 함
이 여기에 있음이니라.
35 모든 근본은 사랑이라는 것을 알라.

36 그 사랑에도 하늘의 사랑이요, 지상의
사랑이요, 육의 사랑이요, 영혼의 사
랑이 구분되어 있음이니,
37 육의 사랑이 아니라 하늘나라의 사랑
을 가지고 살아야 함이니라.
38 그러니 너희는 사랑을 베풀고 사는
것도 하늘나라의 사랑이요, 나 여호와
의 사랑으로, 세상을 사랑으로써 다스
리는 그것이 너희가 전하는 사랑이요,
39 육의 계산된 사랑으로써 베푸는 것은
사랑이 아님을 알라.
40 내가 일찍이 너희에게 뭐라 말하였더
냐?
41 천만금을 주고도 너희가 인사를 받고
자 하며 칭찬해 주기를 바라며 네 앞
에 고개 숙이기를 바라는 마음으로 천
만금을 주었다 하면, 그것은 나와 관
계없다 하였음이니라.
42 이것은 바로 인간 세상에 살아가는 인
간 세상의 계산된 사랑이지 하늘나라
나의 사랑이 아님이니라.
43 나의 사랑은 그런 것이 아니라는 것을
이제 너희는 알아야 할 것이니,
44 하늘나라의 사랑을 베풀며 그 과정의
역사함을 잊지 말라.
45 그러니 너희가 거듭나려면 하늘나라
의 사랑을 배우고 실천해야 하며, 그
리하여 만백성들이 육의 사랑과 하늘
나라의 사랑의 그 의미가 무엇이며 진
정한 사랑의 의미가 무엇인가를 그들
에게 깨우쳐 주어야 할 것이니라, 사
랑하는 나의 아들딸들아!
46 하늘나라의 나의 아들딸로서 거듭나
도록 하라.
47 사랑하는 너희는 그리해야만 될 것이
니라.
48 이 세상의 고달프고 힘든 삶을 피해
가려 하지 말며 주저하지 말며 실망
하지 말라.
49 너희는 오로지 하늘나라의 나의 아들
딸로서 거듭나는 그 길을 위하여 지금
바른길을 가고 있으며, 하늘에 오르는
그 빛을 향하여 가는 나의 아들딸임
을 너희는 알아야 할 것이니라.
50 너희의 가슴은 얼마나 화려하며 얼마
나 시원하며 너희 마음은 얼마나 편안
하더냐?
51 모든 욕심이요, 시기 질투를 버리고
나 여호와의 뜻이라 믿고 살아가는 그
마음속에, 거기에 사랑이 있으며 믿음
이 있으며 정녕 나의 아들딸로서 믿음
을 가슴에 심는 것이며 하늘나라의 사
랑을 실천하는 너희이니,
52 하늘나라의 사랑을 실천하기 시작했
을 때, 너희는 이 세상에 사는 보람을
느낄 것이며, 지금까지 알지 못하고
깨우치지 못했던 아름다움을 알게 될
것이니라.
53 나의 아들이 모든 식물과 대화하며 모
든 동식물과 대화를 나누는 것이 무엇
이더냐?
54 하늘나라의 사랑을 가슴에 안고 있기
때문이니라, 사랑하는 나의 아들딸들
아!

7,386 번째 하나님 말씀

2003년 9월 3일 11시 45분

1 사랑하는 나의 아들아!
2 "네, 아버님! 말씀하옵소서."

3 너희 자신이 부끄러운 죄의 덩어리로
지상의 삶을 지금 살아가고 있다 그리
전하여 깨우쳐 주라.
4 너를 따르는 제자들이요, 나의 법전을
읽고 깨우친 만백성, 그리고 믿음을
모르는 백성, 그리고 구원을 받았다
몸부림치며 저희가 천국 문의 열쇠를
가진 것처럼 오만과 자만에 빠진 그
불쌍한 믿음의 길을 가는 신도들,
5 그 자신이 다 부끄러운 죄 덩어리에
지금 얽매여 있으며 그 속에서 헤어
나지 못하며 지상의 육의 향락을 위한
삶을 살아가는 것이라 그리 전하여
깨우쳐 주도록 그리하라.
6 그러니 그 속에서 너희가 영광스러운
몸으로써 완전히 다시 태어나는 삶이
요, 그와 같은 영광의 은혜를 입어야
만 나에게 오를 수 있다는 것을 깨우
쳐 주도록 그리하라.
7 죄의 덩어리로써 얽히고설킨 그 백성
이 영광스러운 몸으로써 완전히 다시
태어난 것이 지금 너희 제자들이 그리
변하여 가기 시작함이니라.
8 이제 너의 제자들의 가슴에 하나의 씨
앗을 뿌렸음이니, 그 씨앗이 자라나기
시작함이니라.
9 나 여호와의 기쁨이 이루 말할 수 없
으며, 나의 법전이요, 하늘에 오르는
그 책이요, 나 여호와의 그 뜻이 이제
80권을 넘어 지금 치닫고 있음이니,
그건 모든 제자의 노고며 그들의 공로
이니라.
10 내가 그들의 이름 하나하나를 불러
그 머리에 손을 얹고 너희에게 은혜
를 내리고자 하는 것이 나 여호와의
뜻이며, 내가 너희를 사랑함이니라.
11 너희가 맡은 작은 직분이요, 소임을
다하기에 나의 아들이 오늘에 법전을
만들어 만백성을 구하는 대역사를 이
룸이니, 이 모두는 다 너희의 공이요,
은혜이니라.
12 이는 나의 아들은 나의 아들로서 그
대명을 가지고 살아간 나의 아들이니,
그는 어떠한 고통과 시련이 있다 해도
당연한 것이니라.
13 그를 따르는 제자 너희는 나의 음성
을 듣지 못하며 나를 보지 못하며, 나
로부터 직접 명을 받은 사실이 없는
너희가, 나의 아들을 통하여 내리는
나의 법전이요, 나의 성령이라는 것을
믿고 따름이니,
14 너희의 공이 배가 큼을 알아야 할 것
이니라.
15 내가 너희를 사랑함을 잊지 말라.
16 그리하여 내가 너희에게 간곡히 지금
전함이니라.
17 너희는 지금 죄의 덩어리요, 부끄러운
몸이요, 부끄러운 마음이요, 부끄러운
지상의 삶에서 아직 벗어나지 못하고
허덕였으나,
18 이제 영광스러운 몸으로써 완전한 백
성으로 태어나기 위해 가슴속에 하나
의 씨앗을 뿌리기 시작한 것이 너희이
니라.
19 내가 너희를 사랑하며, 너희의 그 변
화에 대하여 천사도 놀라며 하늘도 지
금 놀라고 있음이니라.
20 한 사람의 의인이 세상에 나왔을 때
이 세상 모두와 다 바꾸지 아니한다
했거늘, 너의 제자들이, 나약한 여인

들이 그 길을 가는 모습을 바라볼 때,
너희는 가고 있을 것이며 반드시 이룰
것이니라.
21 그리고 너희는 자신을 갖고 있음이니
라.
22 너희가 가진 그 자신이 소중함이니라.
23 그 자신으로 하여금 너희는 이미 이
룬 자와 같음이니,
24 그 자신이 변하지 않도록 너희 자신
을 달구고 달궈 완벽한 나의 하늘나
라의 백성으로서 거듭나는 그 영광을
잃지 않도록 그리하라.
25 내가 너희를 사랑함이니, 오늘 나 여
호와의 기쁨보다 더한 기쁨이 없음을
알라, 사랑하는 나의 아들딸들아!
26 내가 너희를 사랑함이니라.

7,387 번째 하나님 말씀

2003년 9월 3일 11시 52분

1 사랑하는 나의 아들아!
2 "네, 아버님! 말씀하옵소서."
3 성령으로 거듭나는 것, 성령이 임하여
지는 것, 그 모두가 얼마나 깨끗하고
아름다운 모습으로써 말하느냐?
4 너희가 성령으로 임하는 것은 신부의
자격을 완벽히 갖춘 여인을 비유하여
나의 성경에 너희에게 일찍이 깨우침
을 주었음이니라.
5 신부의 자격을 완벽히 가진 자, 그는
하나의 허점이 없으며 하나의 티가 없
는 그와 같은 자이니, 바로 성령이 임
한 자는 그와 같은 신부의 완벽한 자
격을 갖춘 여인과 같음이니라.
6 그리하여 내가 여인을 비유하여 성경
에 너희를 가르쳤음을 알겠는가?
7 성령으로 임한 자는 신부와 같이 깨끗
한 삶이니라.
8 그리하여 신부와 같은 삶이요, 그와
같은 형태로 너희가 성령이 임하여
변하는 것을 나 여호와가 원하며 그리
바람이니라.
9 성령으로 거듭나는 너희는 무엇이더
냐?
10 신부로서 칭함이니라.
11 너희는 남녀노소 말할 것 없이 성령으
로 임하여 신부의 자격을 갖추며 변하
는 것이 남녀 모두가 가야 할 길이며,
너희가 거듭나는 길이라는 그 의미를
알아야 할 것이니라.
12 여자를 신부로 칭함이 아니니라.
13 여기서 신부를 말한 것은, 육의 여자
인 신부가 아니요, 신부의 자격이 있
는 나의 모든 백성을 말함이니라.
14 신부의 자격이 있는 깨끗한 여인처럼,
너희가 성령으로써 임하여 거듭나야
함을 그리 가르침이니라.
15 그러니 너희가 신부가 되는 자격이 있
으면, 그 신부의 자격을 갖추는 것은
남녀노소 다 너희에게 해당되는 것이
며,
16 신부의 자격처럼 너희가 깨끗한 마음
으로 변하는 것, 나이 먹은 자든 젊은
자든 통틀어서 신부의 자격을 갖는 것
은 성령으로 임하는 것을 말함이니,
17 성령으로 임한 자는 하나의 티도 없는
신부로서 세상에 존재하는 그와 같은
것을 의미함을 알라.
18 이는 나의 아들딸로서 거듭나게 됨을
의미함이니라.

19 여인이요, 신부로서 여자의 자격을 갖추는 것이 아니요, 너희가 신부의 자격이 있는 여인처럼 티가 없고 깨끗한 너희 자신으로 변화되는 것을 의미함이니라.
20 너희는 교회라는 곳에서 성전에서 여자는 그 성전이요, 교회라는 곳에서 잠잠히 하라는 말로 거기에 기록되어 있음이니라.
21 그것은 여자들을 내세우지 말라 함이 아니요, 여자를 목자로 쓰지 말라 함이 아니니, 너희는 그리 어리석은 자들이니라.
22 교회에서 여자는 잠잠하라는 말은 무엇이더냐?
23 육의 인간인 여자를 비유해서 말하는 것이 아님을 알아야 할 것이니라.
24 교회 안에서 여자는 잠잠 하라 함이니, 그 모두를 이끌고 역사하는 것은 유하고 부드러운 여성들이 해야 할 일이며 그들이 앞장서는 시대가 열려 오거늘,
25 어찌하여 믿음이요, 깨우침이요, 그 모두를 여자들이 앞에 서지 말라 그리 말하는가?
26 그것은 육의 여자를 상징하여 너희에게 그리하라 말함이 아니니라.
27 너희가 남자든 여자든 남녀노소 너희가 신부의 자격이 없는 나의 백성은 말하지 말며 나서지 말며 설치지 말라 하는 것이요, 가르칠 자격도 없으며 인도할 자격도 없다 함이니라.
28 너희 종교 지도자가 잘못 가르치는 자, 그는 신부가 될 자격이 없음이니, 오로지 신부라는 것은 육의 여자를 상징하는 것이 아니요,
29 신부의 자격으로서 깨끗한 여인을 말함이요, 한 점의 부끄럼이 없는 그와 같은 것을 말함이니라.
30 그러니 이는 곧 성령으로 거듭난 것을 말함이니라.
31 성령으로 거듭나는 자가 한 점의 부끄럼이 없는 여인이요, 신부의 자격이 있음을 알라.
32 육에 대한 것이 아니요, 성령으로써 깨끗하게 거듭나는 것을 신부에 비유하여 가르쳤거늘, 너희는 육을 가진 세상의 삶에서 그저 여자를 신부라 하여,
33 여자는 말할 자격이 없으며, 종교 지도자의 자격이 없으며, 앞에 설 자격이 없다 말하지 말라.
34 이 세상의 모두를 통제하고 지배하며 그들을 다스리며 이끌어 가며, 앞으로는 유한 여성들이 이 세상을 지배하게 되는 그와 같은 시대가 올 것이거늘,
35 어찌하여 너희는 신부요, 여자는 교회요, 성당에서 나서지 말라는 그와 같은 말을 육을 가진 여자들이 행동해서는 아니 되는 것같이 말하는가?
36 너희가 지금 이끌어 가는 교회요, 성당이요, 회당을 과연 여자가 이끌어 가는가, 남자가 이끌어 가는가?
37 어리석은 백성들아! 이건 육을 가진 여자를 말하는 것이 아니요, 깨끗한 신부의 자격을 가진 남녀노소 할 것 없이 너희에게 해당하는 것을 여인에 비유하여 내가 전한 뜻임을 알라.
38 거듭나지 못하고 죄가 죄인 줄 모르고 사는 나의 백성은 신부의 자격이 없는

자들이니라.
39 그러니 신부의 자격이 없는 자들은 결
혼할 수 있는 신부의 자격이 없는 것
이라 그리 비유하여 가르쳤음이니, 이
를 만백성에게 전하도록 그리하라.
40 앞으로 역사하는 모든 것은 유한 여
성들로서 모두를 이끌어 갈 것이니라.
41 너희는 여자·남자 그를 구분하지 말
라.
42 너희보다 사랑이 많으며 인자함이 많
으며 이해함이 많은 여인이니라.
43 그리하여 유한 여성으로서 이 시대를
다룰 수 있는 새 장을 열어 가는 그 시
대에, 어찌하여 여자는 교회요, 성당
에서 회막에서 앞에 나서지 못하며 말
하지 못하며, 단상에서 교육하지 못하
며 강론하지 못하도록 그리 말하는가?
44 여인을 말하는 것은 신부를 말함이니
라.
45 남자든 여자든 늙든 젊든 성령으로 임
하지 아니하는 자는 신부의 자격이 없
음이니라.
46 그를 의미하여 가르쳐 주기 위해 그
뜻이 거기에 담겨 있었음을 이제 전하
고 깨우쳐 주도록 하라, 사랑하는 나
의 아들딸들아!

7,388 번째 하나님 말씀

2003년 9월 3일 11시 58분

1 사랑하는 나의 아들아!
2 "네, 아버님! 말씀하옵소서."
3 너희가 나에게 구원을 받고자 한다면
그것은 무엇이더냐?
4 이 세상에서 가장 중요한 것은 사랑이
라 하였음이니라.
5 그러니 너희가 몸으로써 그 사랑을 실
천함이 가장 중요하며, 그 사랑을 실
천하지 아니하는 자는 믿음의 기초가
되지 아니하였으며 구원의 '구'자도
생각하지 말라 그리 전하라.
6 사랑의 실천함이 기준 미달인 그 삶에
서 정상적인 자리에 오르는 길이기
때문이니라.
7 너희는 지금 정상적인 그 자리에 서지
못한 자들이요, 함량 미달의 백성이라
하였음이니라.
8 너희가 살아오면서 지금까지 죄를 짓
고 얽히고설킨 모든 것을 볼 때, 너희
는 절대 기준미달이며 함량 미달인
자요, 내가 너희에게 내려 준 정상적
인 인간의 수치요, 기준에 와 있지 못
하는 자들이니라.
9 그러니 내가 너희를 그와 같은 사랑
으로써 실천하라 함이니, 지금의 함량
미달은 그 정상에 도전하는 길이며 거
기에 오르는 길이니라.
10 지금 행하는 그 모두는 너희가 나에
게 상을 받기 위함이 아니요, 기준의
자리를 지키기 위함이라 내가 그리하
였음이니라.
11 그리고 사랑이 얼마나 중요한 것인가
를 내가 일찍이 나의 아들을 통하여
성경에 기록하여 너희에게 가르치지
아니하였던가?
12 성경에 기록하여 너희에게 가르치기
를, 너희가 어떠한 사람이든 방언과
천사의 말을 할지라도 정녕 사랑이 없
으면 그 소리는 구리와 같으며 울리는
꽹과리와 같은 자라 그리 말하지 아니

하였던가?

13 그와 같이 말하여 너희에게 전하였음이니,

14 너희가 사랑이 없이 천사의 뜻을 전하며 방언을 하며 역사를 한다 해도 그 모두는 그저 개구리 울음소리처럼 메아리가 되어 없어진다는 것을 알라.

15 예언하는 능력이 탁월한 자, 모든 비밀과 모든 지식을 아는 자, 산을 옮길 만 한 진정한 믿음이 있는 자라 해도 그 가슴속에 사랑이 없다면 너희 자신이 아무것도 아니라 내가 너희에게 일찍이 가르쳤음이니라.

16 너희 자신의 모든 것, 너희 자신의 어려움을 다 털어 남을 구제하며, 네 몸을 불사르기까지 너희 자신을 내어주는 희생과 봉사로써 모두를 행한다 해도,

17 기본적인 사랑이 없으면 아무것도 너희에게 이루어지는 것이 없다고 그리 말하였음이니라.

18 너희에게 아무런 이익이 없으며 또한 나에게 받을 수 있는 은혜가 없다 그리 말하였음을 너희는 깊이 깨우쳐야 할 것이니라.

19 여기서 내가 너희에게 깨우치고 가르치는 것은, 계산적인 사랑이 아니요, 이해관계를 따져서 인간 세상에서 베풀며 살아가는 그와 같은 사랑을 의미함이 아니니라.

20 나 여호와의 하늘의 사랑을 행하고 살라 함이 거기에 있음이니라.

21 그리고 너희는 성서에 기록된 내용을 알아야 할 것이니라.

22 이와 같이 너희가 천사와 같은 말을 하며 방언을 한다 하며 어떠한 역사를 하며 기적을 이루며 너희가 어떠한 일을 한다 해도,

23 정녕 그것은 부분적인 믿음이요, 부분적인 기적의 역사라 하였음이니라.

24 그러니 온전한 것이 세상에 내려올 때 그 부분적인 역사는 모두가 다 폐한다 하였으며 그를 내가 다 거둬들인다 하였음이니라.

25 그러니 너희는 그 내용을 깊이 읽고 깨우쳐야 할 것이니라.

26 내가 지금 나의 아들을 통하여 160권의 법전을 세상에 내려보냄이니, 이는 완벽한 나의 성령이요, 나의 뜻이며 너희를 심판하는 기준이라는 것을 알라.

27 그러기에 너희가 지금까지 나의 법전이 세상에 나오기 전까지 천사의 말이라 전했으며 방언을 했으며 기적을 이루었으며 예언의 능력을 가졌으나, 이제는 그 모두를 내가 다 폐함이니라.

28 그 뜻을 너희는 알아야 할 것이니라.

29 성서에 기록되었음을 너희는 알라.

30 완전한 것이 올 때 부분적인 역사요, 기적인 것은 모두 폐하여 거둬들인다는 성서의 구절을 읽었을 것이며 그를 깨달았을 것이니라.

31 그러니 너희가 귀가 있고 눈이 있다면, 오늘의 나의 법전은 완벽하고 완전한 나의 뜻이 세상에 내려감이니, 지금까지 이루어졌던 모두를 다 폐함이요,

32 새로운 시대요, 새 역사가 이루어지는 장을 연다는 것을 알아야 할 것이며,

33 깨닫고 나의 법전을 읽고 깨우쳐 거기

에 동참하는 자는 내 뜻에 동참하는
자이니, 내가 그를 거둬들일 것이며,
34 그를 거역하고 등 돌리고 가는 자는
어디로 가는 것인지를 머지않아 네가
알 것이니 그리 알라, 사랑하는 나의
아들딸들아!

7,389 번째 하나님 말씀

2003년 9월 3일 12시 05분

1 사랑하는 나의 아들아!
2 "네, 아버님! 말씀하옵소서."
3 가장 중요한 하나의 역사의 획을 긋는
것은, 너희가 지금까지 그 많은 종교
지도자요, 그 많은 나의 백성이요, 그
리고 수천 년 동안 흘러오는 그 믿음
속에서 지금 현재까지 너희는 완벽한
믿음의 길을 알지 못했으며 완벽한 믿
음의 길을 오지 못했다는 것이 가장
중요함을 알라.
4 그리하여 너희는 모든 믿음이 자신이
없는 믿음의 길을 왔음이니라.
5 너희는 말로는 구원을 받았다 하나,
구원을 받은 증거를 대라 하면 말할
수 없으며 공허하고 불안한 마음이니
라.
6 완벽히 구원을 받았다는 자에게, 곧
죽어갈 때 '과연 구원을 받을 수 있느
냐?' 그리 말해 보라.
7 그는 죽음 앞에 지금 공포를 느끼고
있으며 두려움을 느끼고 있을 것이며,
저 자신의 미래에 대해 불안을 느끼고
있을 것이니라.
8 그는 바로 무엇이더냐?
9 제가 지금까지 하고 살아온 그 모두를
남들은 모르나 그는 잘 알고 있기 때
문이니라.
10 저 자신의 추악한 죄들이요, 잘못된
것에 연루된 것, 제가 관여한 것, 저
자신을 위하여 저만의 이기주의를 위
해 나 여호와의 뜻을 거역한 것을, 차
라리 모르고 온 백성보다 못하다며 지
금 통곡하며 눈물 흘리는 백성 수없이
있을 것이니라.
11 나 여호와가 존재함을 알며 내가 원하
는 것이 무엇이며 내가 역사하는 것을
알면서도 그를 거부한 죽음 직전에 있
는 장로요, 권사요, 많은 돈을 주고 산
직함을 가진 자들이 공포와 불안에 떨
고 있을 것이니라.
12 정녕 저희가 나의 뜻을 너무나 거역
했기에, 조용히 눈을 감기 전에 생각
할 때, 나의 뜻을 거역한 것은 나 여호
와에게 도전하고자 했던 오만함이요,
나에게 대들고자 한 그와 같은 행위
요, 나를 무시했으며,
13 제가 나보다 더 높다는 그와 같은 행
위를 저 자신이 모르고 했다는 것을
죽음 직전에 이제 그들이 깨닫고 있음
이니,
14 정녕 그들이 완벽한 믿음의 길이 아니
요, 자신이 없는 믿음으로 온 것이 그
들의 오늘의 믿음의 실상임을 알아야
할 것이니라.
15 구약의 가르침이요, 신약의 가르침이
요, 구약과 신약이요, 모세의 역사함
이요, 아브라함의 역사요, 욥의 역사
함이요, 그 모두를 듣고 배우고 깨우
쳤으나,
16 거울 앞에서 너희 자신을 비추어 봐

구석구석 완전한 모습의 자세를 다스
리는 믿음을 절대로 오지 못했으며,
그와 같은 믿음의 길을 가지 못한 것
이 불쌍한 너희이니라.
17 그러나 지금 나의 법전을 읽고 깨우치
는 백성, 그를 따르는 제자들은 그 스
스로 저희의 모습을 거울에 비추어
봐 완전히 외형 하나하나를 다스리며
고쳐 가는 그와 같은 믿음의 길을 가
는 자들이니,
18 그들은 불안함이 없으며 공포가 없으
며, 다만 미래에 나 여호와의 뜻에 따
라 심판을 기다리는 고개 숙인 자세로
서 나에게 심판을 받을 때, 선의 무게
가 더 나갈 수 있는 그 길을 찾아가는
것이니라.
19 너희가 정녕 진정한 믿음이요, 지금까
지 완벽한 믿음의 길을 왔다면, 거울
앞에서 네 옷매무새를 고치듯이 구석
구석 완벽하게 보고 다스리는 그와 같
은 믿음이어야 될 것이니라.
20 그러니 거울로 너 자신을 보는 비추
어 보는 그와 같은 믿음이 아니요, 그
저 보이지 않는 희미한 안갯속 같은
믿음으로 온 것이 너희이니 그리 알
라.
21 그렇지 않다면 너희가 이다음에 나에
게 와서 그 앞에서도 과연 그리 말할
수 있는가?
22 거울에 비추어 보는 믿음을 절대 오지
못했으며, 그리하여 자신이 없으며 네
몸매가 어찌 되었으며 네가 입고 온
옷의 형태가 어떠하며 네 외형이 어
찌 되었는지 너희는 자신을 갖지 못
하는 자이니라.
23 그러나 나의 아들을 따르는 제자들이
요, 나의 법전을 읽고 깨우치는 백성
그들은 당당히 이야기함이니라.
24 자신을 거울에 비추어 보아 제 외형이
어떤 몸맵시인지 다 알고 있기 때문에,
25 몸에 갖추어진 그 모습을 보고 있기
때문임을 너희는 알아야 할 것이니라.
26 그러니 알 수 없는 믿음이요, 미래를
볼 줄 모르는 그와 같은 믿음 속에서
그리 왔으며, 가르치는 지도자 그들
또한 그들이 그 앞에 비추어 저 자신
을 들여다볼 수 있는 거울의 역할을
하지 못했으며,
27 안갯속이요, 오리무중으로, 알고도 모
르는 척 그저 재물이라 바치며 하늘에
금화와 은화를 바치면 구원을 받는다
는 것으로써 그리고 안 되면 기도하
라, 그리고 매달리라, 울고불고 부르
짖으라, 그리고 두드리라, 발광하라,
그러면 줄 것이요, 악을 쓰라 그러면
줄 것이라 하며,
28 잠자는 나 여호와가 귀찮아서 잠에서
깨어나서 너희에게 떡을 주는 것처럼
그와 같은 착각 속에서 지금 그 믿음
의 길을 감이니,
29 안갯속의 믿음이요, 거울에 비추어 보
는 믿음이 없음이니라.
30 이제는 거울 앞에서 너희 자신의 외형
을 구석구석 완전하게 볼 수 있듯이,
너희 자신의 내부를 들여다보는 그와
같은 믿음의 길을 가야 하며,
31 그 길이 아니면 너희 자신을 다스려
나갈 수 없듯이 그와 같이 너희가 내
부요, 내 마음을 다 비추어 봐야 할 것
이니, 그를 비추어 보고 들여다보는

것은 이 세상에 없음이니라.
32 그러니 내가 나의 아들을 통하여 지금
내려보내니, 곧 이것이 무엇이더냐?
33 나의 160권의 법전이 너희의 잘못된
부분의 내부를 들여다보아 수술할 수
있는 능력을 주는 것이며, 그리고 치
료하는 방법까지 나의 법전에 기록하
여 너희에게 전하여 주며,
34 너희가 거듭나는 것, 그리고 그 치료
를 한 다음에 회복하는 것, 그 모두를
나의 법전에 상세히 기록하여 너희에
게 내려보냄이니,
35 나의 거울이 나의 법전이요, 나의 법
전이 곧 나의 거울이라는 그 의미를
알라.
36 나의 법전을 읽고 정독하고 깨우치는
자는 거울 앞에 서 있는 네 모습의 외
형을 보는 것처럼 네 가슴속이요, 네
마음속이요, 네가 오늘의 존재하는 그
모두를 다 비추어 볼 수 있는 것이 나
의 법전이니,
37 이를 보지 아니하면 너희는 내부를
들여다볼 수 없으며 너희가 썩은 것
을 볼 수 없으며 치료할 것을 볼 수 없
어서 너희가 심판대에 설 수 있는 자
격이 없다 함이니 그리 알라, 사랑하
는 나의 아들딸들아!

7,390 번째 하나님 말씀

2003년 9월 3일 12시 10분

1 사랑하는 나의 아들아!
2 "네, 아버님! 말씀하옵소서."
3 정녕 나 여호와가 너를 사랑하며, 너
를 따르는 그 제자들 또한 내가 너보
다 더 그들을 소중히 사랑하며 아낌이
니라.
4 그들의 노고와 그들의 역사함이 하늘
에 닿았음이니, 내가 그들을 정녕 사
랑함이니 그리 알라.
5 그러니 너희는 이제 사랑이 어떠한 것
이며 사랑의 의미가 어떠한 것이며 진
정한 사랑은 어떠한 형태로써 이루어
지는가 그것을 깨달아,
6 만백성에게 실천하는 또 그 고비를 넘
어야 할 것이니라.
7 계명을 지키는 것, 너희가 아름답게
사는 것, 너희 자신이 아니라 남을 위
해 사는 것, 시기하고 질투하는 마음
의 뿌리를 다 뽑는 것, 그리고 욕심을
비우고자 노력하여 너희가 그 단계를
넘었음이니,
8 나 여호와가 너희에게 여기서 상을 주
며 그 모두를 끝맺는 것이 나 여호와
의 뜻이나, 너희는 하늘에 오르는 그
길이 아직도 멀었음이니라.
9 그리고 너희가 행해야 할 역사가 아직
도 멀었음이니, 내가 너희에게 어렵고
힘든 과제를 또 내리는 나 여호와의
마음이 아픔을 너희는 알아야 할 것
이니라.
10 그러나 너희는 알아야 할 것이니라.
11 사랑은 어떠한 의미요, 어떠한 형태로
써 이루어져야 하는가?
12 나 여호와가 너희에게 사랑이 두 가
지로 표현된다 그리 가르쳐 주었음이
니라.
13 너그럽고 서로 위하는 마음으로 베풀
고 덮어 주고 용서하는 것도 사랑이요,
14 잘 가르쳐 주고 깨우쳐 주고 훈계하고

나무라는 것도 또 사랑의 의미라 그리
말하였듯이,
15 너희는 인간적인 세상의 사랑을 또
너희는 나 여호와의 뜻에 따라 사랑
이 그 두 갈래의 사랑이 존재함이니,
16 너희는 여기서 세상을 사는 그 사랑함
을 지키고 살아가라 하는 것이 아니요,
17 나의 아들을 따르는 제자 너희가 인
간 세속의 사랑을 벗어나는 그와 같은
사랑을 하고 살아가는 너희들이 되라
함이니,
18 이 무거운 과제를 너희가 또 선을 넘
으려고 얼마나 피나는 노력과 고통의
그 세월을 가야 할 것인가, 나 여호와
의 마음이 아프고 저려 오나, 그러나
너희는 행해야 할 것이니라.
19 나를 대신하는 것은 육을 가진 백성이
행하는 것이요, 나의 역사하는 것은
육을 가진 너희가 이루기 때문이니,
너희는 나의 아들과 더불어 이 한고비
를 넘어야 할 것이니라.
20 인간 속에서 너희가 사랑이라 자칭하
며 베푸는 것이요, 봉사라 말하는 것,
그 사랑 속에서는 너희가 누가 무어
라 해도 계산적이며 대가성이 있는 사
랑을 벗어나지 못함이니라.
21 그러나 하늘의 사랑은 베푸는 사랑이
요, 그 조건과 대가성이 없는 사랑임
이니,
22 너희는 어떠한 사랑을 실천해야 하는
지 내가 말하지 아니하여도 알 것이니
라.
23 그러니 하늘의 사랑을 실천하는 그 길
을 가는 것이 너희이요, 이 어려운 고
비를 또 너희가 넘어야 할 것이며,
24 이를 넘었을 때 또 너희가 다음에 넘
을 높은 고개가 기다리고 있음이니,
25 그렇다 하여 주저하지 말며 실망하지
말며 등 돌리지 말라, 사랑하는 나의
아들딸들아!
26 그러니 나의 아들을 따르는 제자와 그
리고 나의 법전을 읽고 깨우친 백성
너희는 하늘의 사랑을 배우고 실천하
는 것이 너희가 가야 할 길이며 너희
가 역사할 길이니라.
27 이에 등 돌리며 너희가 돌아서서는
아니 되는 것이 너희 운명임을 알라,
사랑하는 나의 아들딸들아!
28 하늘의 사랑이란 정녕 무엇인 줄 알겠
느냐?
29 성령으로써 거듭나지 아니하는 백성,
너희는 하늘의 사랑을 알 수 없음이니
라.
30 그러니 성령으로 거듭나는 백성, 그들
만이 하늘의 사랑을 알며,
31 성령으로 거듭나는 역사를 이루지 못
하는 백성은 인간의 사랑을 할 수밖에
없으며 그 한계를 벗어날 수 없는 것
이 너희이니라.
32 하늘의 사랑을 실천하지 못한다면 너
희가 거듭날 수 없으며 나에게 올라와
나에게 아버지라 부를 수 없음이니,
33 너희가 오늘의 삶의 그 길은 하늘을
위한 사랑을 실천하는 삶을 살아야 할
것이니라.
34 그 모두를 실천하고 역사하는 것은
나의 법전에 기록되어 있으며 거기에
상세히 내가 너희에게 내렸음이니,
35 이를 가슴에 안고 정독하고 또 정독할
때 하늘의 사랑을 행함을 할 것이며,

실천함을 알 것이니라.
36 그러나 너희가 그 길을 들어서고 그
길을 넘는 이것 또한 아무것도 아니니
라.
37 내가 너희에게 계속 내리며 어렵고
힘든 그 고비를 첫 단계를 잘 넘어오
는 너희가, 그를 넘고 나면 또 너희에
게 기쁨의 행복이 있음이니, 그를 아
는 너희는 갈 수 있는 자들이니라.
38 나는 너를 믿노라, 사랑하는 나의 아
들딸들아!

7,391 번째 하나님 말씀

2003년 9월 3일 12시 16분

1 사랑하는 나의 아들아!
2 "네, 아버님! 말씀하옵소서."
3 너희는 성령으로 잉태하지 아니하면
거듭날 수가 없으며 하늘에 오를 수가
없으며 너희가 새로운 생명의 그 상
을 받을 수 없다 내가 그리 말하지 아
니하였던가?
4 그리하여 성령으로 잉태되어 다시 태
어나는 기적의 역사가 너희에게 이루
어져야 할 것이니라.
5 그때가 지금 와 있음이니라.
6 너희는 그리하여 지금의 나의 법전이
세상에 내려가는 것이 무엇인 줄 알
겠느냐?
7 너희가 그리도 다시 태어남을 갈구하
는 성령으로써 잉태되는, 그래서 다시
태어나는 기적의 역사를 이룰 수 있는
그것을 내가 너희에게 상으로 내려
주었음이니라.
8 그리하여 지금 내가 나의 아들을 통하
여 160권의 법전을 세상에 내려보냄
이니라.
9 완전한 성령이 임할 때 부분적인 것은
모두가 폐한다 했음이니라.
10 그러니 지금 나의 법전 160권이 세상
에 내려감이니, 부분적인 너희가 역사
했던 그 모두는 다 폐하기 시작하며,
그리하여 새로운 역사가 이루어지고
있건만, 너희는 이를 들으려 하지 아
니하며 이를 보려 하지도 아니하며,
이를 읽으려 하지도 아니하는 자들이
니라.
11 더욱이 너희가 이를 믿으려 하는 것도
아니며, 그를 행하지 아니하는 것이
너희이니,
12 역으로 너희가 이를 세상에 존재하지
못하게 하며 역사하지 못하게 하는
그와 같은 역사를 이루고 있음이니라.
13 예수가 성령으로써 잉태하여 이 세상
에 태어나 만백성을 구원했던 그 역사
의 기적이 바로 너희가 성령으로 잉
태하여 다시 태어날 수 있는 그 모두
를 내가 제시해 주고 가르쳐 주는 것
이니라.
14 지금 나의 법전을 가지고 너희가 공부
하고 깨우치며 그대로 행하는 것은,
15 나의 아들 예수가 성령으로 잉태하여
세상에 나온 그와 같은 역사를 똑같이
너희에게 이루어 주고자 하여,
16 너희를 성령으로써 잉태한 그와 같은
백성으로서 이루고자 하여 내가 나의
법전을 이리 만들어 내려보내건만,
17 너희가 이를 사탄이요, 사악한 것이라
하여 듣고 보지도 못함이니, 그리하여
너희가 얼마나 어리석은 것이던가?

18 이 또한 너희가 오늘의 어리석은 그
백성이요, 이를 대적하는 자들이요,
이를 폐하기 위한 자들이요, 그와 같
이 사악한 자들을 내가 미리 예견하
여, 너희가 그리 가서는 아니 되기 때
문에,
19 내가 성경에도 기록하여 너희의 어리
석음을 깨우쳐 준 대목이 있음을 알아
야 할 것이니라.
20 너희가 오늘의 어리석은 삶을 위하여
구원을 받았다 하며, 믿음이요, 관습
이요, 그 폐습에 젖어,
21 어떤 것이 하늘에 오르는 길이요, 나
의 뜻인가를 모르고 그저 맹목적으로
달려가는 것을 일찍이 깨우쳐 바른길
로 인도하고자 내가 성경에 기록한 한
구절이 있음이니,
22 내가 나의 법전에 다시 기록하여 너희
귀를 열어 주고자 함이니라.
23 성경에 기록하여 무어라 전하였더냐?
24 너희가 귀가 있어도 듣지 못하고 눈이
있어도 보지 못하며 마음이 있어도 깨
닫지 못하는 자들이니라.
25 그래도 듣는 귀라도 있는 자는 복된
자라 하여 내가 너희에게 깨우쳐 주
었음이니,
26 듣는 것만으로도, 듣는 귀가 열리는
것만으로도 너희는 그와 같은 복된
자라 하였으며,
27 너희가 이를 듣고 행하는 그와 같은
삶으로 하여금 나로부터 얼마나 큰
은혜를 얻겠는가?
28 그러나 지금 수천 년이 흘러왔으며,
지금의 종교 집단이요, 지도자요, 구
원을 받았다 하여 천국의 열쇠를 가진
것처럼, 그리고 저희가 나에게 죽어
왔을 때 얼마나 아름다운 것을 받을
것인가 하여 환각 상태에 있는 그 백
성은 듣는 것마저도 거부하고 있으며
덮어 둠이니라.
29 차라리 이방인들이 귀를 열어 나의
법전을 읽고 깨우침이니, 그들은 복됨
을 얻을 것이니, 내가 오늘을 예언하
여 그리 전하였음이니라.
30 그러니 불쌍한 백성이 지금의 종교
집단이요, 지도자요, 구원을 받았다며
울고불고하는 광신도들이니, 그들은
과연 어찌 깨우치는가?
31 그는 듣는 것만으로도 그 축복인 것조
차도 저희가 저버린 자들이니라.
32 그러나 그들도 나의 아들딸이요, 너희
형제니, 내가 그들을 버릴 수가 없어
그들마저도 구하고자 하는 것이 나의
마음이니, 너희가 아름답게 행하는 것
으로써 세상에 성령으로 잉태되는 나
의 아들딸로서 거듭났을 때, 그들을
구원할 수 있는 역사를 너희가 거둘
수 있음을 잊지 말라.
33 그러니 너희가 어찌 구원을 받을 수
있으며, 과연 너희가 하늘에 오르겠다
말할 수 있는 것이 얼마나 어리석고
불쌍한 백성인 줄 알겠는가?
34 참진리를 따라오겠다는 그와 같은 굳
은 결의로 가는 것, 참진리에 제 모두
를 바치는 것, 그리고 더욱더 정진하
고 노력하는 것, 그와 같이 너희가 살
아가는 데 성령이 임하는 것이니라.
35 그와 같이 노력하지 않는 자 성령이
임하지 못함이니, 그들은 바로 듣지도
못하며, 들어서 복됨을 얻는 그와 같

은 길마저 버린 것이며, 그것이 지금
의 종교 집단이요, 지도자요, 광신도
들이 가는 길이니,
36 이 세상에 가장 가련하고 불쌍하고 어
리석은 것은 그들이니, 그들을 어찌
깨우쳐야 하겠는가?
37 너희 각자의 몫임이니 그리 알라, 사
랑하는 나의 아들딸들아!

7,392 번째 하나님 말씀

2003년 9월 4일 0시 36분

1 사랑하는 나의 아들아!
2 "네, 아버님! 말씀하옵소서."
3 너희가 나의 법전을 가슴에 안고 정독
하는 자, 그를 깨우쳐 읽지 않는 자는
정녕 하늘에 오르는 길이 없으며, 심
판을 받을 수 없다 내가 그리 말하였
음이니라.
4 그러나 너희는 정녕 이를 믿지 아니
하며 이를 따르지 아니하고 있음이니
라.
5 그러니 지금의 믿음의 길을 가는 종파
요, 모든 백성 너희에게 정녕 참진리
요, 하늘의 뜻을 너희 손에 쥐여 준다
해도, 그를 따르며 행하는 백성이 없
음이니,
6 오로지 너희는 지금까지 흘러온 관습
이요, 습성에 젖어 그를 탈피하지 못
하는 것이 너희이니라.
7 그러니 과연 너희를 어찌 깨우치고
가르치겠는가?
8 그러니 나 여호와가 선지자요, 또한
제사장이요, 모든 예언자를 통하여 나
의 뜻을 너희에게 깨우쳐 주고 전하
고자 그들에게 내려 주었음이니라.
9 그러나 지금 그들도 이 세상에 존재하
지 아니하며, 그와 같은 능력의 인자
가 없으며, 나로부터 직접 나의 성령
을 받는 자가 없다 하여 너희는 모두
를 믿으려 하지 아니하며 인정하려 하
지 아니함이니라.
10 내가 참진리요, 하늘의 뜻을 너희에
게 내려보내나, 너희가 그를 믿으려
하지 아니하며 인정하려 하지 아니함
이니라.
11 오로지 너희는 너희가 말하는 선지자
라는 자요, 제사장이요, 예언자라 하
여 내려온 그들을 통하여 나의 뜻을
너희에게 전할 수 있으며 깨우치며,
12 그리하여 그것만으로써 너희가 들어
너희 것으로 만들려 하며, 너희가 그
것이 진리라고만 생각하는 자들이니
라.
13 또한, 나의 아들 예수로 하여금 나의
뜻을 전하고자 하였음이니라.
14 그러니 너희는 지금 나의 아들 예수를
통하여 너희에게 전하는 것, 그리고
대제사장이요, 예언자를 통해야만 된
다는 것, 그리 내렸던 것만으로써 너
희가 그것이 나 여호와의 뜻이요, 하
늘의 뜻이라 너희가 그리 말함이니라.
15 그러니 이 시대는 선지자도 제사장도
예언자도 아무도 없으며 나 여호와의
뜻을 전하는 자가 없으며, 나의 아들
예수 또한 재림하여 나 여호와의 뜻을
너희에게 전하는 그와 같은 역사가 이
루어지지 아니하고 있음이니,
16 그러니 하늘에서 내려오는 것은 있을
수가 없으며 나 여호와의 성령이 직접

내려갈 수는 없다 그리 믿고 있음이
니라.
17 그리하여 너희는 그 모두를 다 거부
하고 있으며 참진리의 빛을 내가 내
려보내는 그 모두를 차단하는 것이
너희이니라.
18 그리하여 지금 내가 나의 아들을 통하
여 그를 내가 명한 자요, 나의 아들로
하여금 나의 성령을 받아 너희를 깨
우치고자 하나, 그를 믿으려 하지 아
니하며 그를 따르려 하지 아니하며 그
를 보려 하지 아니하는 것이 너희이니
라.
19 그러니 모두 다 차단한 것이니라.
20 너희가 나의 아들 예수를 그와 같이
죽게 하여, 내가 너희를 깨우쳐 하늘
에 오르는 길을 비추어 주고자 했던
나의 아들 예수까지도 차단하여 그를
죽게 만들었으며,
21 지금 내가 나의 아들을 통하여 책으로
근거하여 세상에 이를 전하여 너희를
구원하고자 하나,
22 예수가 내려와 너희에게 전했을 때
그를 차단 시켰던 그 후예들이 지금도
나의 아들 예수에게 역사한 것보다도
더 가혹한 방법으로써 나의 아들이 전
하는 그 모든 참진리를 차단하며,
23 그보다도 더 사악하고 간악한 방법으
로써 나의 아들을 차단하려 하는 것이
지금의 그 후예들이 계획하고 생각하
는 것이니, 과연 너희를 어찌 다스려
야 죄가 두려움을 알겠는가?
24 지금의 종교 집단 지도자 너희는 예수
요, 또 나의 아들 예수가 직접 내려가
너희에게 가르치지 아니하며 예언하
지 아니하며 선지자가 없음이니,
25 오로지 나의 아들 예수가 기록하여 전
한, 그리고 그 제자들이 기록해 놓은
그 성경의 말씀이요, 성경만 가지고
구원을 받으면 되며, 그 길밖에는 아
무것도 믿을 수 없으며, 그 외의 것은
구원의 길이 아니라고 그리 머리가 굳
어져 있음이니라.
26 그러니 너희는 오로지 예언자요, 대제
사장이요, 나의 아들 예수를 통해서
내리는 것이 하늘의 뜻을 들을 수 있
으며 너희에게 성령이 임하는 길이요,
그것만 구원의 길이라 하나,
27 지금은 나의 아들 예수요, 제사장 그
누구도 너희에게 가르치는 자가 이 세
상에 없으며, 너희에게 그 깨달음을
전하는 자가 없음이니,
28 오로지 성경에만 매달려 하늘에 오르
는 그 구원의 길을 찾는 것밖에 없다
생각하고 살아가는 것이 너희의 굳어
진 머리이니라.
29 더 이상 나 여호와의 뜻을 들을 수 없
으며 접할 수 없기 때문이라 그러하니
라.
30 그러니 지금 나의 아들을 통하여 내가
책으로써 근거하여 글로써 내리는 것
도 너희는 믿으려 하지 아니하며 나
여호와의 뜻이 아니라 그리 말하느니
라.
31 그러나 너희는 알아야 할 것이니라.
32 지금 대제사장이요, 선지자요, 나의
아들 예수를 통하여서 또한 예언자를
통해서만 말씀이 내려오던 것을,
33 그들이 이 세상에 존재하지 아니함이
니, 이 세상에 내려오는 것은 사탄이

요, 악마요, 사악한 자들이 하는 짓이
라 너희가 그리 말하나,
34 내가 160권의 법전을 만들어 전하는
것은 창조주 나 여호와의 뜻이며, 너
희가 말하는 '창조주 아버님의 말씀'
이라는 나의 말임을 너희는 알아야
할 것이니라.
35 너희가 이를 거부하고 이를 따르지 아
니하면 정녕 나에게 올 수 없음을 알
라.
36 내가 성경에 뭐라 말하였느냐?
37 너희가 아무리 성경을 상고한다 하여
도 그 성경은 예수가 나의 아들이었음
을 증명하는 것으로써 그 임무를 다
하며, 성경으로써 너희가 하늘에 오르
는 그 길을 깨우쳐 인도하는 것은 아
니라는 것을 알아야 할 것이니라.
38 이제 새로운 시대요, 새 역사가 이루
어지는 지금, 나의 법전이요, 새로운
성경만이 내가 직접 내리는 나의 뜻이
며,
39 지금 내가 나의 아들을 통하여 너희에
게 나의 뜻이요, 나의 성령을 내려보
내고 있다는 것을 알아야 할 것이니
라.
40 그러니 지금 이 시대에 나의 아들을
직접 너희에게 내려보내어 모든 역사
를 하는 것은 내가 너희를 사랑하기
때문임을 알아야 할 것이니라.
41 내가 나의 법전에 기록하여 내리는 것
은 내가 너희에게 명령함이니라.
42 그 명령을 따르지 아니하고 지키지 않
는 자는 정녕 구원의 길에 오를 수 없
음이니 그리 알라.
43 이를 보지 아니하며 이를 읽지 않는
자는 구원이라는 것은 너희에게는 아
주 먼 길에 있으며, 너희와는 관계없
는 그와 같은 의미가 있음을 알아야
할 것이니라.

7,393 번째 하나님 말씀

2003년 9월 4일 0시 41분

1 사랑하는 나의 아들아!
2 "네, 아버님! 말씀하옵소서."
3 지금은 너희 육신이 살아 있으며 너희
가 살아서 활동하며 존재한다 하나,
4 내가 내려다보는 너희는 살아 있는
나의 백성이 아니요, 모두 죽은 나의
백성이라는 것을 알아야 할 것이니라.
5 너희는 정녕 육은 존재하며 건재하나,
그 육 자체가 죄의 덩어리로 엮어져
있으며,
6 너희는 영이 살아 있지 못하며 영이
죽어 있는 그와 같은 지금의 형국이
니, 그게 바로 죽은 자라 함이니라.
7 너희의 육은 죽어 흙으로 돌아가며,
영혼은 나에게 와 구원을 받고 못 받
는 그와 같은 심판을 받음이니,
8 심판을 받는 그 영혼을 너희는 다 죽
이고 있음을 알라.
9 육의 죄요, 육의 향락을 위하여 너희
영혼이 죽고 있음이니라.
10 그러니 너희가 지금 산 자가 아니요,
죽은 자라 하는 그 이유가 거기 있음
을 알라.
11 영혼은 너희가 지은 죄로 모두 죽어
가고 있음이니라.
12 육에서 너희가 생활하면서 지은 그
많은 죄로 하여금 너희 영혼이 다 죽

어 가고 있으며, 지금 다 무너져 가고
있다는 것을 알아야 할 것이니라.
13 이는 너희가 구원을 받을 수 없는 근
본임이니라.
14 너희의 영혼이 살아 있지 아니하고는
나에게 구원을 받을 수 없다는 것을
깊이 깨우쳐야 함을 알라.
15 너희의 죽어 가는 영혼을 살리는 길
은 너희가 말하는 창조주 나 여호와의
뜻이요, 곧 나의 말이요, 나의 뜻만 너
희를 살릴 수 있음을 알아야 할 것이
니라.
16 너희가 말하는 하나님 말씀만, 창조주
나 여호와의 말씀만, 너희가 말하는
나의 말만 너희를 살릴 수 있는 것이
요,
17 그를 듣고 깨우치는 백성만 삶을 얻을
수 있는 것이니라.
18 너희 영혼이 죽어 가는 삶에서 벗어
나지 않고 아무리 너희가 지은 죄를
용서해 달라 빌고 또 빌고 울고불고
그리해도 너희 영혼은 결코 살아날
수는 없음을 알아야 할 것이니라.
19 정녕 너희 영혼이 살며, 지금 살아가
는 그 삶이요, 사후 세계의 심판을 준
비하는 그와 같은 삶을 산다 하면,
20 너희는 나의 십계명이요, 나의 법전을
읽고 깨우쳐 그대로 행하는 길밖에 없
음을 알라.
21 너희가 지금 내가 새로 내리는 나의
법전을 접하지 아니하고 읽고 깨우치
지 아니한 자는 절대 심판대에 설 자
격도 없다는 것을 알라.
22 나의 법전을 읽고 깨우치는 자는 그
속에 너희가 죄를 짓지 않는 길이요,
용서받는 길이요, 구원받는 길이요,
그리고 하늘의 길이 무엇인가를 내가
상세히 깨우쳐 주었음이니,
23 그를 읽고 깨우쳐 내 뜻대로 행하지
아니하는 백성은 정녕 구원을 받을 수
없다는 것을 알아야 할 것이니라.
24 나 여호와가 너희의 죄를 용서해 줄
수 없음이니라.
25 그러니 너희가 나로부터 구원을 받을
수 있는 것은, 나 여호와가 네 죄를 용
서해 준다고 말할 때, 내가 그리 허용
할 때만 너희가 용서를 받음이요, 구
원의 길을 보게 된다는 것을 절대 잊
지 말라.
26 너희가 나의 법전을 읽고 깨우쳐 노력
했을 때, 너희가 할 수 있는 그 모든
것에 최선을 다했을 때, 내가 너희 머
리에 손을 올려 너희 죄를 용서한다
함이니,
27 그것이 너희가 나로부터 용서를 받음
이요, 구원의 길로 들어서는 것이요,
구원의 길을 보게 됨을 잊지 말라.
28 너희가 얼마나 많은 죄를 짓고 사는
줄 알겠는가?
29 너희는 죄 속에 묻혀 살기 때문에, 죄
를 지으면서 죄를 모르고 삶이니 너희
는 얼마나 큰 죄를 짓고 있는지 알겠
는가?
30 그 헤아릴 수 없는 많은 죄와 그 큰 죄
들을 짓고 살면서도 너희는 죄에 휩
쓸려 사는 것을 모르는 것이니라.
31 그러니 이제 나의 법전을 읽지 아니하
면 너희 자신을 돌아다볼 수 있는 그
와 같은 깨달음을 얻을 수 없으며,
32 너희가 나의 법전을 정독하여 읽고 깨

우쳤을 때, 너희 자신을 돌아다보며
오늘의 삶을 점검할 수 있는 그와 같
은 눈이 뜨이느니라.
33 그때서부터 너희 자신을 돌아다보며
하늘에 오르는 이치요, 길이 무엇인가
를 알게 됨이니,
34 너희가 그를 안 다음에 너희가 바로
살아가는 것, 나의 십계명 그리고 나
의 법전대로 사는 그 길만이 너희가
구원을 받는 길이라는 것을 절대 잊지
말라.

7,394 번째 하나님 말씀

2003년 9월 4일 0시 47분

1 사랑하는 나의 아들아!
2 "네, 아버님! 말씀하옵소서."
3 너희가 추우면 추운 대로 거기에 맞
는 옷을 걸쳐 입어야 할 것이며 그리
하여 추위를 면하는 것이니라.
4 그리고 더우면 더운 대로 거기에 맞춰
옷을 걸치는 것이 너희가 살아남을
수 있으며 살아가는 그 길의 순리가
아니더냐?
5 그러니 배고플 때 밥을 먹어야 배가
채워지는 것이며, 허기를 면할 수 있
어 너희가 움직일 수 있는 그 도리요,
순리가 아니더냐?
6 그러나 지금 너희가 행하는 그 믿음은
과연 어떠하던가?
7 너희는 말만으로 모두 다 이루어지며
말로써 다 모두를 역사함이니라.
8 그러고도 너희는 말로써 믿음의 길을
가면서 행함이 없이 구원을 받았다 함
이니,
9 먹지 아니하고 배부를 것을 기다리는
자요, 추울 때 옷을 걸치지 아니하고
추위를 면하려는 어리석은 백성임을
알아야 할 것이니라.
10 나 여호와에게는 아무런 관계도 없으
며, 티끌만도 못한 나의 재산인 금화
와 은화를 가지고 그걸 많이 바침으로
써 구원을 받는다고 말하며,
11 그걸 하늘나라 창고에 그득히 쌓아 놓
음으로써 구원받으며 나에게 큰 상을
받는다고 가르치는 거짓 선지자들이
요, 거짓 종교 지도자들의 말에 현혹
되어 그 속에서 깨어나지 못하고 착각
속에 헤매고 있음이니,
12 그와 같은 속에서 깨어나는 자만이 하
늘에 오르는 그 빛을 볼 수 있음을 잊
어서는 아니 될 것이니라.
13 나의 아들 예수의 죽음으로써 네 죄는
다 사해졌으며, 사랑하는 나의 아들
예수의 죽음으로 그 흘린 피로써 네
죄는 다 사해졌으며, 너 자신의 죄는
다 사해졌다 믿고 따르는 그 생각에서
벗어나지 아니하면 아니 됨을 알아야
할 것이니라.
14 과연 너희가 나의 아들 예수의 죽음
으로써 너희 자신의 죄가 사해졌다고
생각하느냐, 그리고 그 죄가 지워졌다
생각하느냐?
15 과연 너희가 정신이 있는 백성인지
없는 백성인지 그 자체도, 나 여호와
가 바라보기에 너희는 정신이 없는
백성임을 알아야 할 것이니라.
16 나 여호와가 세상을 창조한 것은 내가
무엇으로써 창조했느냐?
17 모든 것을 말로써 역사했으며 말로써

모두를 다 창조했다 함이니,
18 너희도 그 뜻을 따라 말로써 모두를
행하며 말로써 믿음의 길을 가면 구원
을 받는 것이며,
19 말로써 행하면 모두 다 이루어지는
것 같은 그와 같은 착각 속에서 지금
살아가는 것이 아니던가?
20 너희가 지은 작고 큰 죄는 죄가 아니
며, 그 모두는 다 해결되었다 생각하
며, 너희와 관계없다는 그와 같은 생
각 속에 있는 백성, 너희가 얼마나 답
답하고 얼마나 무모한 백성인 줄 알
겠느냐?
21 너희는 정녕 아무것도 모르는 백성이
니라.
22 오로지 나에게 오르는 그 길이라는 것
이 너희가 평생을 모든 것을 다 바쳐
역사하는 그 길이 나에게 오르는 길이
아니요, 구원의 길이 아니요, 지옥으
로 가는 그 역사를 하고 있다는 것을
알아야 할 것이니라.
23 이제 내가 나의 아들을 통하여 다시
너희에게 말함이니라.
24 행함이 없이 말로써 모두 이루어진다
는 것, 그리고 너희의 모든 기도요, 눈
물로 광란적으로 나 여호와를 부름으
로써 모든 것이 이루어진다는 그와 같
은 착각에서 벗어나야 할 것이며,
25 나 여호와는 너희에게 알려 주듯이
티끌만도, 먼지만도 못한 금화와 은화
를 그저 갖다 바침으로써 너희가 하
늘에 오르는 영광을 얻으며, 구원을
받으며,
26 하늘에 와 창고 앞에 그득히 쌓아 놓
은 그것으로써 나에게 큰 상을 받고
못 받는다 하여 바치고 또 바치는 그
와 같은 역사를 함이니,
27 그것은 사탄에게 힘을 실어 주는 것이
며, 나의 재물을 훔치고 도둑질하는
자라는 것을 잊지 말라.

7,395 번째 하나님 말씀

2003년 9월 4일 06시 53분

1 사랑하는 나의 아들아!
2 "네, 아버님! 말씀하옵소서."
3 내가 너에게 뭐라 일렀더냐?
4 이 세상에서 남을 때리는 자, 또한 남
에게 맞는 자 있으니,
5 때리는 자는 승자라 하여 제가 기쁘고
좋을지는 모르며 이긴 자라 말할 수
있으나,
6 맞은 자는 편안히 잠을 잘 수 있으며
때린 자는 편히 잠을 자지 못하는 것
이 인간 세상의 법도라 내가 그리 말
하였느니라.
7 너희는 남을 위하여 기도하며 남을 위
해 살라 하였음이니라.
8 이제 내가 나의 아들을 따르는 그 제
자들이요, 나의 법전을 읽고 깨우친
백성 너희를 사랑함이니라.
9 너희가 오늘날 가고자 하는 마음이 정
말 아름다우니, 하늘에서 보는 내 마
음의 기쁨이 끝이 없구나.
10 너희는 이 세상을 살면서 마음 하나
비우고 살면 아무것도 아닌 것을, 어
찌하여 그 마음 하나를 버리지 못하고
사는가?
11 맞은 자가 편하며 때린 자가 그 마음
의 고통이 더 크다 내가 그리 말하지

아니하였더냐?
12 그와 마찬가지니라.
13 너희가 마음을 비우고 살면 세상사가
다 아름답게 보이며, 모두 다 용서하
는 마음으로 보이느니라.
14 밉고 곱고 시기하는 자, 그와 같은 사
람도 다 불쌍하며 가련하게 보이며,
인간이기 때문에 사랑하는 마음이 네
가슴속에서 우러나오니,
15 그것이 나의 마음이요, 나의 뜻임을
너희는 알아야 할 것이니라.
16 질투하고 시기하고 미워하고 저주하
는 사람을 볼 때, 마음을 비웠을 때는
그 사람이 불쌍하게 보이며 사랑스럽
게 보이며, 그리고 용서하는 마음으로
변화됨이니,
17 과연 어떠한 것이 하늘에 의한 뜻이
요, 나 여호와의 마음이라 생각하는가?
18 그것이 마음을 비우고 사는 너희이니
라.
19 그러니 오늘 마음을 비우고 살아가고
자 하는 네 제자의 그 노력함이 너무
가상하여 하늘의 비밀을 알려 줌이니
라.
20 너희를 위하여 무엇인가 기도하는 것
은 그것은 절대로 아무것도 이루어지
지 않는다는 것을 명심하라.
21 너희가 기도로써 소원하며 나로부터
상을 받고자 한다면, 남을 위해 기도
를 하라.
22 남을 위해서 기도하고 남을 위해서 사
는 것이 다 네가 받는 상이라는 것을
잊지 말라.
23 너희 자신이 이루고자, 더 높고자, 무
엇을 얻고자 하는 것은 다 아무것도
아니며, 들어주지도 아니하며 이룰 수
없음이니라.
24 그러나 남을 위해서 살며 남을 위해서
기도를 하며 이웃을 위해서 기도하는
것은 내가 너희에게 상을 내려 준다
는 것을 절대 잊지 말라.
25 그것이 너희가 가야 하는 길이며, 그
를 어기는 자는 아무리 네가 세상 것
을 다 이루고 다 주는 것처럼 그리해
도 그것은 다 진정한 사랑이 없음이니,
26 사랑이 없는 행함은 계산이요, 욕망이
요, 보이기 위해 하는 것이니라.
27 사랑하는 나의 아들아!
28 너의 제자들과 나를 따르며 그리고 나
의 법전을 따르는 백성, 그들에게 반
드시 깨우쳐 주어야 할 것이니라.
29 너희가 정녕 나로부터 사랑을 받고자
하면, 너희 자신을 위해서 너를 생각
하는 기도를 하지 말며, 남을 위해서
기도를 하며 남을 위해서 삶을 살라
그리 말하라.
30 그것이 너희 소원이 이루어지는 길이
니라.
31 그러니 나의 아들을 따르는 제자요,
나의 법전을 읽고 깨우친 백성 너희는
나에게 오를 수 있으며 나에게 은혜를
받을 수 있는 하늘의 법도를 내가 가
르쳐 줌이니,
32 너희는 마음을 비우고 그리고 모두를
다 놓으며, 나 여호와의 160권의 법전
을 만들어 모두를 다 바치고자 하는
변화되는 그 마음이 너무 갸륵하고 갸
륵하여 너희 스스로 상을 받는 그 기
도를 가르쳐 줌이니라.
33 사랑하는 나의 아들딸들아, 이를 명심

하도록 그리하라.
34 내가 너희를 사랑함이니라.

7,396 번째 하나님 말씀

2003년 9월 4일 11시 34분

1 사랑하는 나의 아들아!
2 "네, 아버님! 말씀하옵소서."
3 너의 제자들에게 물으라.
4 너희가 정녕 마음을 비우고 사는 그
자세가 어떠하며, 마음을 비우고 세상
을 보는 것이 과연 어떠하더냐?
5 마음을 비우고 세상을 보는 것이 무엇
인 줄 알겠는가?
6 너희는 이 세상을 얻고자 노력하는 것
이 아니요, 이 세상을 다 얻음이니라.
7 너희가 이 세상의 것을 얻고자 노력하
는 것은 마음을 비우지 못한 자의 생
각이요, 그와 같은 삶이니,
8 너희가 마음을 비우고 세상을 보면 세
상 모두가 다 너희 것이라는 것을 스
스로 알게 될 것이니라.
9 그러니 그것이 얼마만큼 무서운 차이
이며, 얼마만큼 너희 마음이 변하는
역사인 줄 알겠느냐?
10 세상이 다 부질없음을 알며, 세상을
살아가는 의미가 무엇인가를 알며,
11 아름답게 남을 사랑하는 것, 남을 용
서하는 것, 그 한 가지 일을 행하는 것
이 세상을 다 욕심을 내어 얻고자 하
는 것보다도 더 기쁨이요,
12 세상을 얻은 것보다도 더 기쁘고 행복
한 것이 바로 무엇인 줄 알겠느냐?
13 너희가 마음을 비우고 모든 세상을 보
는 것이며, 그리고 모두를 정녕 용서
하는 마음이니라.
14 그 마음이야말로 세상 것이 다 네 것
이며 네 마음에 있는 것이니,
15 그리하여 이 세상 것이 다 나의 아들
것이며 너희 것이라 내가 그리 말하였
느니라.
16 이제 사랑하는 나의 아들을 따르는
너희는 들어야 할 것이니라.
17 너희의 그 마음의 경지요, 너희가 변
하고자 하는 그 삶이 얼마나 아름답고
소중한 것인지 너희는 모르느니라.
18 내가 그리하여 나의 아들에게 명하여
주지 아니하였더냐?
19 너희는 이제 하나를 더 알아야 하니,
너희는 나의 아들 예수가 누구를 위하
여 죽었다 하였느냐?
20 너희를 위하여 죽었음이니, 각자 너희
를 위해서 그가 죽어갔다 하였음이니
라.
21 그러니 내가 너희에게 기도하는 것은
어찌하라 하였더냐?
22 자기를 위하는 기도는 기도가 아니라
하였음이니라.
23 이제 너희는 알아야 할 것이니라.
24 너희가 남을 위하여 기도하는 것, 남
을 위해서 경배하는 것은 모두 너희가
그 상을 받는 것이요, 다 네 것이 됨을
알라.
25 그러나 너희 자신을 위하여 기도하는
것, 너희 자신을 위해서 경배하는 것,
그 모두는 나에게 파도 소리요, 개구
리 울음소리만큼도 들리지 아니하며,
다 무익한 것이라 하였음이니,
26 이제 너희는 그 의미를 알아야 할 것
이니라.

27 너희가 기도하는 것은 남을 위해서
기도해야 함을 알라.
28 너희 자신을 위해서 기도하는 것은 내
가 말하는 벌레 소리만큼도 내 귀에
들리지 아니하며 파도 소리만큼도 나
와 관계없다 하였음이니, 다 허황된
것이며,
29 너희에게 얻어지고 거둬들이는 것이
아무것도 없으며, 너희 심신이 고달파
지니, 너희 욕심의 죄만 쌓게 됨이니
라.
30 그러니 나의 아들을 따르는 제자 너희
는 절대 자기를 위해서 기도하는 자가
되어서는 아니 될 것이니라.
31 너희는 이제 마음을 비우는 그 단계에
이르렀음이니, 남을 위해서 기도하며
남을 위해서 경배하는 그와 같은 기도
를 할 때, 그것은 너희 자신을 위해서
너희에게 모두가 다 얻어진다는 것을
그들에게 모두 깨우쳐 주어야 할 것
이니라.
32 그러니 지금의 믿음의 길을 가는 백
성, 재물을 바치며 모든 금화와 은화
를 바치며, 너희가 내기 벅찬 그 모든
헌금을 다 내면서 그들은 무엇을 위해
서 기도를 하느냐?
33 저희 자신을 위해서 기도하는 것이요,
저만을 위해서 기도하며,
34 더 얻고자 더 이루고자, 힘들고 어려
운 그 삶을 전지전능한 나 여호와의
능력을 빌려 무엇인가를 이루고자 하
니, 그것이 얼마나 사악한 욕심이더냐?
35 그러니 그건 죄만 쌓는다는 의미가 거
기 있음이니라.
36 그들이 주일에 곱게 단장하고 가는 것
을 남을 위해서 기도하는 마음으로 가
야 할 것이며,
37 재물을 바치는 것도 저를 위해서 바치
는 재물은 죄가 됨이니, 남을 위해서
남을 축복하기 위해서 헌금을 내고 바
치는 것은 너희가 아니라 남을 위하
는 것임이니라.
38 그러니 과연 남을 위하여 그리 곱게
몸단장하며 헌금을 바치며 재물을 바
치며 각종 헌금을 낼 수 있는가?
39 그것이 너희를 위하는 것이 아니요,
남을 위하는 것이라면 너희는 절대
그를 내지 못할 것이며, 네 심장이 떨
려 그 자금을 내놓지 못하며, 금화와
은화를 바치지 못할 것이니라.
40 그러니 어디 그게 사랑이더냐?
41 나의 아들 예수는 생명을 던져 너희를
위해 그와 같이 모두를 다 했으니, 너
희가 하늘에 오르는 길이요, 구원의
그 역사가 무엇인지 알겠는가?
42 바로 나의 아들 예수가 살아가는 그
삶을 그대로 병행하고 살아가는 것이
너희가 나의 아들 예수와 하나가 되는
것이요,
43 그리하여 너희가 그 예수의 삶을 살
때, 나의 아들 예수는 나의 뜻에 따라
세상에 내려갔음이니 하나가 된다 하
였음이니라.
44 너희가 나와 더불어 큰 전체의 하나의
단체요, 하나의 전체를 역사하는 것임
이니라.
45 그러니 그와 같은 의미가 여기 있음이
니라.
46 그러니 너희가 남을 위하여 기도하고
경배하고 헌금하고 십일조를 내며 모

두를 바치는 것을 너희 자신을 위해
낸다는 것은 죄악이요, 남을 위해서
내는 자, 그리고 남을 생각해서 내는
자, 그를 위하여 낼 수 있는 그것만이
나에게 은혜를 받을 수 있으니,
47 아들딸들아! 소중한 모든 것을 내놓
을 때 남을 위해서 내놓으며 남을 위
해서 기도를 하며 남을 위해서 삶을
살라.
48 그것이 바로 너희 자신을 위하는 삶이
니, 그 속에서 네가 아름다움을 알며
즐거움을 알며 행복함을 알며,
49 네가 나로부터 생명을 받아 이 세상에
사는 그 존재함에 감사함을 느끼게 될
것이며 거기에 행복을 느끼게 될 것이
니라.
50 너희가 먹고 자고 쓰는 그 모두가 다
소중하며 그게 다 행복하며, 너희가
나 여호와의 뜻에 따라 살아가는 그
삶을 위하여 도구로써 사용됨이니, 그
모두가 소중하지 아니하고 귀하지 아
니한 것이 없는 것이니라.
51 그러나 자기를 위하여 기도하고 자기
를 위해 사는 것은 욕심에 의해서 자
기 자신을 위해 사는 것이니,
52 그게 지옥으로 가는 길이요, 바로 너
희는 나와 관계없는 그 길을 가는 것
이라 하였음이니,
53 너희가 먹고 쓰고 자는 그 모두가 다
무엇을 위해서 사느냐?
54 너희는 지옥을 가기 위해 걸치는 옷
이요, 먹고 사는 것이 그와 같이 형국
이 되느니라.
55 마음을 비우고 사는 것, 마음을 비우
고 행하면 세상 것이 다 네 것이니, 그
건 네가 하늘에 오르는 그 길을 위하
여 너에게 존재함이니,
56 풀 한 포기, 네가 걸치는 신발 하나,
양말 한 조각, 네 몸에 있는 먼지 하나
까지도 그 모두가 얼마나 소중하고 아
름답고 귀한 것인가를 알게 됨이니,
그것이 너희가 은혜를 받으며 사랑을
받으며 그게 하늘로 오르는 길이니라.
57 그러니 이제 나의 아들을 따르는 제자
너희는 무엇을 쓰든 그것은 너희가
나를 기쁘게 하기 위해 쓰며 나에게
오르고자 하여 쓰는 것이요, 그렇지
못한 백성은 지옥을 가기 위해 똑같
은 것을 쓰고 있음이니라.
58 그러니 이것이 하늘과 땅의 차이라는
나 여호와의 뜻을 너희가 알아야 할
것이니라.
59 내가 너희를 사랑함이니라.
60 너희는 스스로 알 것이니라.
61 너 자신을 위하여 기도하지 아니하며,
너를 위하여 네가 무엇을 얻고자 하지
않는 것, 그것을 내가 알고 있음이니,
62 그리하여 내가 너희에게 하늘의 법도
요, 이치를 깨우쳐 줌이니라.
63 사랑하는 나의 아들딸들아!
64 여기서 너희가 좀 더 전진하며 조금
만 더 변하면 나의 음성을 들을 것이
며, 나와 대화를 할 것이며, 나와 모두
를 역사할 것이니라.
65 성령으로 임하는 것이 바로 너희가
변해 가는 길이니, 성령으로 임하는
것은 곧 내가 너희에게 임함이니, 너
와 내가 하나가 됨이니라.
66 그러니 이 위대함을 알라.
67 그리하여 너희가 지금 나의 아들 예

수가 나의 뜻에 행하고 나와 하나가
되었기에,
68 하나가 된 그 전체적인 하나로 우리가
역사하는 것을 모르고 그와 나와 똑
같다고 너희가 말함이니,
69 세상을 창조하고 만들고 역사한 그
권능까지 있는 것처럼 그리 너희는
착각할 것이니라.
70 너희가 예수의 삶을 그대로 행하는 것
이 예수를 닮음이요, 예수를 닮는 것
은 나를 닮으니, 너희와 내가 하나가
된다 해도, 모든 것이 다 너희가 나와
똑같이 역사하고 창조주가 되는 것이
아니라,
71 너희는 나의 분신으로서 한 부분의 역
할을 분담하며, 나의 분신으로서 역사
한다는 것, 그 겸손한 마음을 가지고
너희가 하나를 생각하면, 삼위일체라
는 것의 잘못된 의미를 알 것이니라.
72 내가 너희를 사랑함이니라, 사랑하는
나의 아들딸들아!

부 록

【하나님께서 가르쳐 주신 운동】

천재지변이 일어날 때, 동물이나 미물들은 미리 알고 대피하지만, 인간은 알지 못하고 큰 화를 당합니다. 하나님께서 인간에게 가장 높은 지혜를 주시고 완벽하게 창조해 주셨기에 동물들보다 더 잘 알 수 있지만, 욕심으로 마음이 혼탁해져서 한 치 앞을 보지 못하는 것입니다.

마찬가지로, 인간은 누구나 스스로 필요한 운동을 해서 건강을 지킬 수 있도록 하나님께서 만들어 주셨습니다. 우리의 머리에서 우리 몸에 필요한 동작을 해 달라고 끊임없이 신호를 보내지만, 인간이 혼탁하게 살아서 그 신호를 알아채지 못합니다. 그러니 자연스럽게 자기 몸이 원하는 그 신호를 따라서 운동하는 것이 하나님께서 가르쳐 주신 운동 방법입니다. 바로, 우리의 영이 육을 이끄는 운동입니다.

▶ 하나님 운동법

1. 눈을 감고, 발을 어깨너비로 벌리고 바르게 선다.
2. 몸에 힘을 풀고, 허리를 숙이면서 손과 머리를 아래로 내린다.
3. 허리를 펴고 싶을 때, 천천히 펴면서 하고 싶은 동작을 하면 운동이 시작된다. (사람마다 다르다.)
4. 멈추지 말고, 어떤 동작이든지 자기 몸의 느낌대로 계속 이어서 한다.

▶ 참고 사항

① 눈을 감은 상태로 아무 생각 하지 않고, 자기 몸의 느낌대로 움직입니다.

② 마음을 비우고, 욕심을 버리고, 지난날의 잘못을 반성하면서 몇 차례 시도하다 보면, 자기도 모르게 하고 싶은 동작이 끊임없이 생깁니다.

③ 운동 장소는 방 안이든 운동장이든 관계없으며, 걷거나 달리고 싶을 때는 눈을 떠도 됩니다.

④ 매일 40분 이상, 주 4회 이상, 3개월 이상 하면 음식 조절에 들어갑니다.
- 음식으로 생긴 병은 음식으로 치료하게 되며, 어떤 음식을 먹어야 하는지 스스로 알게 됩니다.
(자기 몸에 필요한 음식만 먹고 싶어집니다.)

⑤ 사랑하는 사람과 함께 운동하면 서로 치료해 주기도 합니다.

⑥ 운동을 하다가 몸의 어느 한 부분을 계속 손으로 자극한다면 그쪽에 이상이 있는 것이니, 의사에게 상담을 받고 적절한 치료를 받으면 됩니다.

⑦ 다이어트 및 기타 건강관리에 효과적입니다.

⑧ 꾸준히 운동하여 영이 맑아지면, 자신의 과거와 미래를 스스로 보게 됩니다.

누구나 스스로 하실 수 있습니다.

간행사

《새로운 성경》은:

· 새로운 성경은, 하나님께서 선량하고 선한 자를 선택하여 십계명을 암송하도록 하시고, 십계명을 암송한 다음에 음성으로써 들려주시는 말씀을 듣고 그대로 카세트테이프에 녹음해서 받아쓴 책입니다.

· 90분짜리 녹음테이프 700여 개에 달하는 말씀으로, 1999년 8월부터 2004년 7월까지 총 160권(권당 288쪽)을 완성하였으며, 그 이후에도 현재까지 계속 말씀을 내려 주고 계십니다.

· 새로운 성경은 "하늘을 두루마리 삼고 바닷물을 먹물 삼아 쓰고 써도 다 못 쓴다"는, 끝없이 방대한 하나님의 말씀이 두루마리로 직접 내려오는 것입니다. 이러한 새로운 성경은 구약과 신약을 폐하려는 것이 아니라 "인봉된 성서의 비유의 뜻"을 상세히 설명하여 완성하고자 하나님께서 직접 내려 주신 말씀입니다.

《새로운 성경》의 구성:

· 제 목: 2013년, 160권 모음집을 발간하면서, 본 도서의 제목을 "하나님! 말씀하옵소서"에서 《새로운 성경》 으로 명해 주셨습니다.

· 단행본: 각 권당 288쪽(신국판) 책이 160권까지 시리즈로 출판됩니다.
(모음집은 단행본을 16권씩 묶어서, 총 10부로 구성됩니다.)

《새로운 성경》의 성경적 근거:

· 신약 성경 [요한복음] 16장 13절에 "진리의 성령이 오시면 그가 너희를 모든 진리 가운데로 인도하시리니 그가 자의로 말하지 않고, 오직 듣는 것만을 말하며" 하신 말씀처럼 하나님의 음성을 들은 것만 기록하였으며,

· "장래 일을 너희에게 알리시리라" 하신 말씀과 같이 개인, 나라, 인류의 "장래"일을 하나님께서 알려 주시는 것만 기록하여 책으로 만들었습니다.

《새로운 성경》의 기록 방법:

- 1999년 8월부터 하나님께서 저에게 들려주시는 음성을 기록하였습니다. 처음에는 제가 들은 말씀을 불러 주면 저의 아내가 기록하여, 2000년 1월 29일에 1권 초판이 세상에 나왔습니다. 2000년 4월부터는 주시는 말씀을 받아 녹음기에 기록하여 시리즈로 출간하기 시작하였습니다.

- 녹음을 시작하면서 하나님의 말씀을 받는 데 가속도가 붙었고, 2001년 5월 3일에 1부(1~16권까지)를 인쇄하여 출판하였으며, 2004년 7월까지 총160권 분량의 말씀을 받아 기록하였습니다.

하나님께서 저에게 주신 것은:

- 첫째, 만백성을 상대로 내려 주시는 "기도", 둘째, 수시로 내려 주시는 "묵상", 셋째, 개인의 과거, 현재, 미래를 알려 주시는 "개인 기도", 넷째, 개인의 건강을 위해서 내려 주시는 "음식 처방", 다섯째, 하나님께서 가르쳐 주신 "운동"등이 있습니다. 이 중에 첫 번째, "기도"를 책으로 편찬하였습니다. 사람의 생사, 개인의 미래에 관한 천기는 수록하지 말라 하셨습니다.

강론 안내:

- 하나님께서는 지금도 매일 저에게 새로운 하늘의 비밀의 말씀을 내려 주고 계십니다. 수시로 내려 주시는 말씀을 정리해서 제자를 육성하라는 말씀에 따라 매주 강론을 하고 있습니다. 누구나 무료로 들으실 수 있습니다. (book160.com)

《새로운 성경》을 읽는 분들에게 드리는 선물:

- 개인 기도: 개인의 과거, 현재, 미래에 관하여 말씀을 내려 주십니다.

- 음식 처방: 사람은 음식을 먹고살다가 건강을 잃으니, 음식과 운동으로 건강을 되찾는 방법을 알려 드립니다. 단, 하나님이 계심을 믿고, 십계명을 지키겠다고 진실로 서약하는 분들께 알려드립니다.

《새로운 성경》의 은혜와 기적:

- 새로운 성경 전160권은 16권씩 묶어서 총 10부의 모음집으로 구성됩니다. 모음집 한 부를 읽고 깨우치는 자에게 하나님께서 다음과 같은 기적이 있다고 하셨습니다.

· "첫째, 그가 죽어 하늘에 갔을 때 그의 죄를 묻지 아니하며, 구원을 받는 위대한 은혜가 있으며, 둘째, 그의 소원과 소망이 이루어지고, 셋째, 죽은 자(부모, 형제, 자식, 사랑하고 은혜 입은 분)의 이름으로 구입한 책을 읽고 누군가 한 사람이 깨우칠 때, 그 죽은 자가 지옥에서 천국으로 구원을 받게 되며, 넷째, 유산, 중절 수술 등으로 태어나지 못한 아이를 위하여 구입한 책을 보고 한 명이 깨우쳤을 때, 그 아이가 사람으로 다시 한 번 태어나는 은혜를 받는다."

· "새로운 성경"을 3회 이상 정성을 다해 정독하는 자, 성서의 비밀을 알게 되고, 세상의 이치를 알게 되며, 세상을 지배하고 통제할 수 있는 지혜를 다 얻게 된다고 하셨습니다. 이 책은 만백성이 정독하고 이웃에게 전하여, 평생 가슴에 묻은 슬픔과 고통의 짐을 벗고 미래를 위한 힘찬 삶을 살아가도록 하는 책입니다.

끝으로

· 하나님께서는 흰 눈이 세상을 덮듯이 새로운 성경을 온 세상에 전하라고 하셨습니다. 《새로운 성경》을 각국어로 번역해서 온 인류에게 구원의 길을 깨우쳐 주고, 그 수익으로 가난하고 어려운 백성을 구제하여, 만백성의 영과 육을 함께 구원하는 선지자의 임무를 수행하라고 저에게 명하셨습니다.

· 하늘에서 내려 주신 말씀의 보화를 만백성에게 나누어 주는 것이 선지자의 임무라고 하셨습니다. 새로운 성경을 통해서 얻는 재물을 사용할 곳도 하나님께서 일일이 명해 주십니다. 모든 재물은 저의 자의로 쓸 수 없고, 하나님께서 명하시는 대로만 쓰여집니다.

· 어떤 명분으로든 십일조나 각종 헌금을 거두어들이지 말라 하셨으며, 국내뿐 아니라 각국에 성전과 단독 서점을 운영하며, 한국의 많은 젊은이들을 전 세계에 지도자로 내보내라고 하셨습니다.

· 우리는 세계적으로 새로운 성경을 보급하며 어려운 이들을 돕는 역사를 해 나갈 것입니다. 지금까지 비록 몇 명 안 되는 제자들과 함께 이러한 일을 역사했지만, 앞으로도 계속 하나님께서 기뻐하시는 일들을 해 나갈 것입니다. 부족한 저희에게 여러분들의 지혜와 성원을 보내 주시기를 바랍니다. 많은 분들의 참여와 도움을 간절히 기다립니다. 감사합니다.

한국어로 내려온 《새로운 성경》 단행본을 출간하며
2016년 4월 10일

발행인 **김 용 철**

한국어로 내려온

새로운 **성 경** · 7부 · 제102권

지은이 하나님 말씀
대역자 김용철

ⓒ 김용철, 2017. Printed in Korea
저자와의 협약으로 인지는 붙이지 않습니다.

초판인쇄 1쇄 2017년 4월 3일

펴낸 곳 도서출판 하얀마음
등록번호 제 10-2107호 (2001년 2월 14일)
주소 서울시 노원구 덕릉로86길5, 2층
전화번호 02) 313-1114
팩스 02) 393-5554
전자우편 book160@hanmail.net
편집위원 조나영 김미향 이석교
제작지원 김남태 이은미 김보라 조옥순

도서상담 1600-7527
ISBN 978-89-5875-202-8 (04230)
978-89-5875-100-7 (세 트)

값 10,000원
잘못된 책은 구입하신 곳에서 바꾸어 드립니다.

※이 책은 10부로 제작되며, 각 부 16권씩 총160권으로 구성됩니다.※

1부	2부	3부	4부	5부	6부	**7부**	8부	9부	10부
1권	17권	33권	49권	65권	81권	97권	113권	129권	145권
2권	18권	34권	50권	66권	82권	98권	114권	130권	146권
3권	19권	35권	51권	67권	83권	99권	115권	131권	147권
4권	20권	36권	52권	68권	84권	100권	116권	132권	148권
5권	21권	37권	53권	69권	85권	101권	117권	133권	149권
6권	22권	38권	54권	70권	86권	102권	118권	134권	150권
7권	23권	39권	55권	71권	87권	103권	119권	135권	151권
8권	24권	40권	56권	72권	88권	104권	120권	136권	152권
9권	25권	41권	57권	73권	89권	105권	121권	137권	153권
10권	26권	42권	58권	74권	90권	106권	122권	138권	154권
11권	27권	43권	59권	75권	91권	107권	123권	139권	155권
12권	28권	44권	60권	76권	92권	108권	124권	140권	156권
13권	29권	45권	61권	77권	93권	109권	125권	141권	157권
14권	30권	46권	62권	78권	94권	110권	126권	142권	158권
15권	31권	47권	63권	79권	95권	111권	127권	143권	159권
16권	32권	48권	64권	80권	96권	112권	128권	144권	160권